# SANTÉ, INTIMITÉ, ET IDENTITÉ

# Purdue Studies in Romance Literatures

## Editorial Board

Íñigo Sánchez-Llama, Series Editor
Elena Coda
Paul B. Dixon

Beth Gale
Laura Demaría

Howard Mancing, Consulting Editor
Floyd Merrell, Consulting Editor
R. Tyler Gabbard-Rocha, Production Editor

## Associate Editors

*French*
Jeanette Beer
Paul Benhamou
Willard Bohn
Thomas Broden
Mary Ann Caws
Allan H. Pasco
Gerald Prince
Roseann Runte
Ursula Tidd

*Italian*
Fiora A. Bassanese
Peter Carravetta
Benjamin Lawton
Franco Masciandaro
Anthony Julian Tamburri

*Luso-Brazilian*
Marta Peixoto
Ricardo da Silveira Lobo Sternberg

*Spanish and Spanish American*
Catherine Connor
Ivy A. Corfis
Frederick A. de Armas
Edward Friedman
Charles Ganelin
David T. Gies
Roberto González Echevarría
David K. Herzberger
Emily Hicks
Djelal Kadir
Amy Kaminsky
Lucille Kerr
Howard Mancing
Floyd Merrell
Alberto Moreiras
Randolph D. Pope
Elżbieta Skłodowska
Marcia Stephenson

*PSRL* volume 91

# SANTÉ, INTIMITÉ, ET IDENTITÉ DANS LA BANDE DESSINÉE AUTOBIOGRAPHIQUE DE TRADITION FRANCO-BELGE

Cynthia Laborde

Purdue University Press
West Lafayette, Indiana

Copyright ©2024 by Purdue University. All rights reserved.

Printed in the United States of America

Cataloging-in-Publication Data on file at the Library of Congress

978-1-61249-958-1 (hardcover)
978-1-61249-959-8 (paperback)
978-1-61249-960-4 (epub)
978-1-61249-961-1 (epdf)

Cover image: Continuous one line drawing of a woman with confused messy feelings: Olga Ubirailo/iStock via Getty Images Plus

## Table des matièrs

**1 Introduction**
    **2** Contextes et définitions
    **12** Les chapitres

**19 Chapitre un**
  La santé et l'enfance: Corps et identité
    **21** Représenter des histoires de famille
    **37** Cerner l'invisible
    **58** Processus créatif et mythe personnel
    **66** Conclusion du chapitre 1

**69 Chapitre deux**
  La santé et le couple: Au cœr de l'intimité
    **74** La rencontre amoureuse, ou toute identité est relationnelle
    **77** Féminité, nudité, intimité physique
    **84** Les moments clés, ou la répétition avec un changement
    **88** Ancrer le lecteur dans sa narration
    **89** La multiplicité des temps dans l'intimité familiale
    **93** Autoportrait et transgénéricité
    **97** Conclusion du chapitre 2

**101 Chapitre trois**
  Santé physique et santé mentale: Quand le cerveau est touché
    **101** L'autopathographie
    **104** Découvrir la maladie
    **108** Représenter le monde médical
    **116** Regards et rôles des autres
    **125** Dessiner la douleur
    **128** Démarche artistique et réappropriation de son histoire
    **133** Conclusion du chapitre 3

**135 Chapitre quatre**
    Santé mentale: Anxiété, stress, dépression
    **139** Les couleurs, et le noir
    **144** Tensions misanthropiques
    **150** Humour
    **153** Multiplicité et complexité
    **157** Se dire et se faire comprendre
    **164** Conclusion du chapitre 4

**167 Chapitre cinq**
    Santé mentale: Traumatismes
    **170** Ne pas représenter l'évènement traumatique
    **178** L'isolement
    **185** De l'humour à l'absurde
    **191** Conclusion du Chapitre 5

**195 Conclusion générale**

**205 Notes**

**213 Annexe**

**219 Références bibliographiques**

**229 Index**

# Introduction

Le monde de la bande dessinée, en tant que médium narratif visuel, offre une perspective unique pour explorer la condition humaine, particulièrement la notion d'identité lorsque la santé physique, la santé mentale, et bien souvent les deux, sont mis à rude épreuve. Cet ouvrage examine la façon dont plusieurs témoignages sous forme de bandes dessinées autobiographiques d'expression française et de tradition franco-belge traitent de divers problèmes de santé et de leur influence sur la construction identitaire. Là où les mots peuvent parfois échouer à exprimer toute la complexité d'une expérience, les images prennent le relais, le tout créant un terrain fertile pour la réflexion et l'exploration. Les bandes dessinées autobiographiques deviennent des archives visuelles de ces facettes de l'intimité la plus profonde. Dans les pages qui suivent, je me penche sur les diverses stratégies narratives, les choix artistiques et les implications socioculturelles que ces bandes dessinées soulèvent. Je m'interroge sur la manière dont ces œuvres éclairent notre compréhension de l'intimité, de la santé et de l'identité, tout en considérant l'impact culturel plus large de ces représentations. Profondément ancrée dans notre période moderne, ce genre autobiographique particulier fait écho à notre monde contemporain digitalisé où des images autrefois considérées comme privées s'offrent maintenant publiquement. L'étude se concentre sur la tension permanente présente chez les bédéistes entre l'anxiété de révéler une vulnérabilité profonde et le désir de donner un sens à la souffrance. En mêlant une approche littéraire et psychanalytique, ce livre tente de répondre à plusieurs questions telles que: comment les auteurs de bandes dessinées autobiographiques d'expression française, en alliant mots et images, expriment-ils l'inexprimable autour des notions de santé, d'intimité et d'identité? Comment peut-on représenter visuellement la douleur physique?

*Introduction*

Comment la maladie influence-t-elle l'intégrité de l'être? Quel est le rôle de l'autre dans notre propre histoire? Non seulement les lecteurs sont de plus en plus friands de romans graphiques, mais la bande dessinée est de plus en plus légitime comme objet d'étude académique.

Malgré la popularité de ce que les Français appelle le 9e art, il existe relativement peu d'ouvrages académiques publiés en français analysant la bande dessinée (en excluant la multitude d'ouvrages publiés sur les « classiques », tels Tintin ou Astérix) si on compare avec la production abondante et en pleine expansion en anglais. De plus, l'autobiographie est devenue depuis ces dernières décennies, un genre majeur de la bande dessinée actuelle. Il existe un ouvrage sorti en 1998, *La santé dans les bandes dessinées* de Philippe Videlier et Pierine Piras, qui prend une approche générale, proche de l'anthologie, analysant tous les genres, y compris les super-héros, dans les productions de différents pays dans la perspective de la relation entre culture de masse, éducation pour la santé, et perception des problèmes sanitaires. En ce qui concerne les autobiographies en bande dessinée, l'unique ouvrage en français est: *Autobio-graphismes: Bande dessinée et représentation de soi*, un ouvrage collectif sous la direction de Viviane Alary, Danielle Corrado, et Benoît Mitaine sorti en 2015. Lui aussi suit une approche générale, puisqu'en plus d'inclure des ouvrages du monde entier, les auteurs entendent l'adjectif « autobiographique » au sens large en incluant les bandes dessinées reportages, l'autoreprésentation humoristique, et l'autofiction. Ce livre est donc le seul, à ce jour, en français et sur des bandes dessinées d'expression française, à proposer une analyse détaillée de la représentation de la santé dans les bandes dessinées autobiographiques à travers quelques exemples précis. Il couvre les champs littéraire, artistique, sociologique, sémiotique, psychologique et psychanalytique. De nature pluridisciplinaire, il fait partie à la fois des ouvrages sur la littérature mais également sur la bande dessinée, sur l'autobiographie, sur les humanités médicales, et sur les études relatives au handicap.

## Contextes et définitions

Le mot "intimité" se trouve communément associé au mot "privé," ainsi "vie intime" est-il souvent synonyme de "vie privée," celle que l'on ne montre pas aux autres, par opposition à la "vie publique," celle qui est exposée. Paradoxalement, on peut aussi parler d'intimité entre deux personnes lorsqu'elles sont proches mentalement ou spirituellement—comme entre amis, mais également physiquement—comme pour des amants. L'aspect privé de la vie n'est donc plus absolument personnel puisqu'il implique communément d'autres personnes. L'intimité à deux est déjà une intimité partagée. Mais cette intimité peut être partagée entre bien plus que deux individus et peut même avoir une expression publique. La littérature intime est l'exemple parfait de l'intimité partagée. Selon la typologie de Philippe Lejeune, le genre intime regroupe les autobiographies et les journaux intimes, et tout ce qui se situe entre les deux. Alors que les autobiographies sont un récit rétrospectif en prose, un journal s'écrit au jour le jour, manquant du recul qu'offre une autobiographie parfois écrite des années après les faits évoqués. Leur point commun essentiel reste qu'ils sont tous les deux écrits à la première personne, qu'il n'y a donc qu'une seule et même identité pour l'auteur et le narrateur, et que chacun clame sa vérité: ce sont des récits de faits réels qui traitent d'une multiplicité de thèmes sur des tons divers, du comique au tragique, et qui évoquent des circonstances allant du plus léger événement quotidien au plus lourd traumatisme d'une vie.

Même si la majorité des écrits de la littérature intime s'adresse à une personne, les lecteurs imaginés occupent eux aussi une place spécifique, celle de l'autre et du destinataire. Dans *L'Autobiographie* (datant de 1979), Georges May explique qu'il existe plusieurs mobiles rationnels et affectifs pour écrire ce genre de littérature et en dresse la liste: l'apologie, le témoignage, la volonté de se mesurer au temps, et trouver un sens à son existence (40–60). Parfois, la vanité joue également un rôle dans la genèse des écrits autobiographiques (60). Toutes ces raisons d'écrire une autobiographie montrent que le lecteur importe énormément, car c'est lui qui donne le pardon, qui reçoit le témoignage, et qui aide à donner un sens à la vie de l'écrivain-narrateur. Cependant, cette relation auteur/lecteur n'est pas à sens unique. Toujours d'après May, la lecture de l'autobiographie d'un tiers sert à assouvir une certaine curiosité du lecteur, mais également à apprendre sur soi à travers l'autre, car dans cette intimité dévoilée et ces détails futiles, le lecteur se reconnaît (92–111). May reprend là une idée répandue depuis le 16e siècle, notamment dans les *Essais* de Michel de Montaigne, considérée comme l'une des premières œuvres littéraires ayant mis en son centre l'écriture à la première personne. En effet, pour Montaigne, "chaque homme porte la forme entière, de l'humaine condition" (Livre III, 1256). Ainsi, même dans l'individualité (la vie d'une personne), on touche à l'universalité (la vie de toutes les personnes).

Au lieu de trouver l'universel dans l'individuel, divers écrits, notamment la préface de *The Female Complaint* de l'académicienne Lauren Berlant, proposent que l'individuel reproduise le collectif. Pour Berlant, il y a une certaine performance de l'intimité, qui s'opère de manière involontaire ou inconsciente, et ce non seulement dans la littérature autobiographique, mais également dans les émissions de téléréalité, les médias sociaux et les blogs, pour ne citer que quelques supports culturels qui encouragent la production de discours intimes. Ceux-ci correspondent à une attente implicite du public. Berlant appelle ce public qui se nourrit de détails de la vie privée des autres des *intimate publics* (en français "les publics de l'intime"). Ces groupes d'individus forment un lien affectif à partir de l'identification entre personnes qui, sans un tel médium, resteraient étrangères les unes aux autres. Ils créent une sorte de communauté où les personnes partagent "a worldview and emotional knowledge that they have derived from a broadly common historical experience" (viii). Berlant rattache cela au fonctionnement du monde capitaliste: l'intime est consommé, il devient une commodité. Elle inscrit alors l'intimité dans un contexte social mais également politique et commercial, et affirme que "[t]he autobiographical is not the personal," (vii) mais bien le collectif dans un mouvement inverse à celui de Montaigne. De plus, l'autobiographie ajoute une dimension à la fois dramatique et théâtrale à l'écriture intime: elle est une sorte de spectacle qui a tendance à être surjoué.

Cet aspect exagéré de l'autobiographie n'est toutefois pas nouveau. De nombreux travaux sur *Les Confessions* de Jean-Jacques Rousseau, considéré par Philippe Lejeune comme la première autobiographie définissant le pacte de vérité de l'auteur envers le lecteur, montrent que Rousseau emploie différents tons et différents registres en fonction des scènes de sa vie. Il dépeint par exemple les voyages à pied de sa jeunesse en empruntant beaucoup aux romans picaresques. Pour Berlant, cette dramatisation vient du fait que "we might imagine lives that make more sense than the one we are living," (*The Female Complaint* 286) ce qui rejoint ce que dit May lorsqu'il parle de donner un certain sens à sa vie à travers l'écriture autobiographique. Ce qui est nouveau, en revanche, c'est ce que Margaretta Jolly appelle "the autobiographicalization of public culture as a whole," (vi) lorsqu'elle évoque les travaux de Berlant. D'ailleurs, Berlant et ceux qui reprennent ses théories s'en servent pour analyser non seulement des œuvres littéraires, mais également tous les supports où le moi profond, l'intime, peut s'exprimer librement, notamment des blogs, des réseaux sociaux, des cartes postales et même de sujets qui paraissent plus lointains, comme le don d'organe ou le communisme.

Les bandes dessinées, et plus particulièrement les bandes dessinées autobiographiques, correspondent sur plusieurs points aux théories que Berlant propose. L'exploration autobiographique dans les bandes dessinées américaines, appelées *comics*, remonte aux années soixante avec les artistes du mouvement *underground* américain en révolte contre le Comic Code Authority (El Refaie, *Autobiographical* 24, Chute 13, Hatfield 11). Le CCA regroupe les principaux éditeurs de *comics* qui, dans les années cinquante, se rassemblent pour former un comité définissant des règles de bienséance pour le genre. Le CCA a interdit la représentation de la violence, de la nudité, ainsi que d'autres expressions considérées comme vulgaires. Ces éditeurs forment ce groupe par peur de tomber sous le coup de la censure gouvernementale après le succès du livre *Seduction of the Innocent*,[1] du psychiatre Fredric Wertham, dans lequel celui-ci prétend (d'après des recherches pseudo-scientifiques qui seront plus tard discréditées) que les bandes dessinées, les *comics*, poussent la jeunesse au crime, et qu'elles exercent de manière générale une très mauvaise influence sur leur lectorat. Le CCA doit donner son accord et apposer son cachet pour qu'un *comics* soit officiellement publié dans leurs maisons d'édition (El Refaie, *Autobiographical* 30). De nombreux artistes, dont Robert Crumb en chef de file, se révoltent contre ces nouvelles règles et décident de créer un mouvement *underground* (en dehors des réseaux de distribution officiels). Ils choisissent de prendre les règles à contre-pied, changeant même le nom de *comics* en *comix* pour insister sur le caractère tabou de leurs œuvres (El Refaie, *Autobiographical* 31). C'est à ce moment-là que les artistes commencent à se tourner vers eux-mêmes et leurs propres vies pour nourrir leurs œuvres (à l'opposé des comics conventionnels qui contenaient alors des super-héros, souvent dans un univers de science-fiction

*Introduction*

où s'affrontent le bien et le mal de manière très manichéenne). L'intime devient alors intriqué dans le politique, car c'est une politique anti-comics qui pousse ces artistes à dévoiler leur plus profonde intimité dans un esprit de provocation, mais aussi de renouveau artistique. Leur public intime est alors un nombre très limité d'autres artistes et de fans de la première heure, qui eux aussi rejettent le carcan imposé, autant dire une toute petite minorité du public associé au genre.

Pour Thierry Groensteen et bien d'autres chercheurs, la bande dessinée *Binky Brown rencontre la Vierge Marie* de Justin Green,[2] sortie en 1972, marque véritablement la naissance du genre autobiographique en bande dessinée (Groensteen 59, Chute 17). Pendant quarante pages, l'auteur-narrateur raconte les tourments qu'une éducation religieuse puritaine et stricte lui a causés alors qu'il traversait l'adolescence et devait faire face au développement de ses désirs sexuels. C'est véritablement sa souffrance intime, profonde et personnelle qu'il expose à travers des dessins très explicites, avec notamment une prolifération d'organes sexuels masculins. Selon Art Spiegelman, "avant Justin Green, on attendait des dessinateurs qu'ils gardent secrètes leur psyché et leur histoire personnelle, ou du moins qu'ils les déguisent et les subliment en divertissement" (cité dans Groensteen 61). Spiegelman ajoute que sans *Binky Brown*, il n'y aurait pas eu de *Maus*,[3] un témoignage sur la persécution des Juifs dans les années trente et quarante à travers l'histoire de son père, survivant des camps de concentration (cit. in Chute 17). *Maus* est l'une des bandes dessinées autobiographiques les plus connues et les plus lues. Elle a reçu le prix Pulitzer en 1992 et se trouve au programme de lecture dans les cours de littérature dans de nombreuses universités. Mais Spiegelman ne raconte pas uniquement l'histoire de son père; en réalité, deux histoires se croisent: celle de son père et celle de sa relation avec son père. Encore une fois, il y a un lien évident entre l'intime (l'histoire personnelle du père et l'histoire de la relation père-fils) et le contexte culturel, social et politique (la Seconde Guerre mondiale et la Shoah). À l'inverse de *Binky Brown*, qui s'adresse encore beaucoup aux mêmes lecteurs de comics *underground*, *Maus*, en se réappropriant une histoire mondiale et en abordant un thème chargé politiquement, trouve écho au sein notamment de communautés internationales affectées par la Shoah, celles-ci incluant les survivants, mais également leurs descendants.

*Introduction*

Crumb, Spiegelman et les bédéistes *underground* vont ainsi exercer une très grande influence sur le monde de la bande dessinée, et cela au niveau mondial. Ceci m'amène au corpus de ce livre, à savoir la bande dessinée autobiographique d'expression française. Il faut attendre les années quatre-vingt-dix pour que cette influence américaine se fasse véritablement ressentir en France (Groensteen 58). Nombre d'artistes sont alors fatigués des contraintes d'un travail en équipe qui amène peu de reconnaissance à l'auteur, sur des séries à héros qui traitent toujours des mêmes thèmes, et cela souvent d'une manière édulcorée. Ces conditions de travail laissent peu de place à l'aspect créatif personnel et ces artistes veulent rompre avec la fameuse tradition franco-belge des *Spirou*, *Astérix*, *Lucky Luke* et tant d'autres. Bart Beaty analyse cet aspect en reprenant la terminologie de Bourdieu: "Bourdieu argues that the artistic field is defined by the constant struggle that exists between proponents of two divergent principles of cultural hierarchization, the autonomous and the heteronomous" (20). Pour lui, ces artistes veulent rompre avec le champ hétéronome, "in which a bestseller status is a guarantor of quality," (6–7) c'est-à-dire rompre avec l'aspect économique de la production de bande dessinée pour laquelle la chose la plus importante est le nombre d'exemplaires vendus. Ils souhaitent alors privilégier le champ autonome de la production, où les "principles of artistic creation are mobilized in relation to artisanal creation … soit le prestige et la reconnaissance des pairs. Les premiers bédéistes à le faire, ceux qui marquent le tournant, ce sont les membres de l'équipe de L'Association (Beaty 9, Groensteen 67). Quelques figures très connues de cette (anciennement) petite maison d'édition indépendante sont David B., Marjane Satrapi, Jean-Christophe Menu et Lewis Trondheim. D'autres éditeurs indépendants émergent et leur emboîtent le pas, notamment ego comme x, maison qui s'est spécialisée dans la bande dessinée d'inspiration autobiographique. Cinq ans après la création de L'Association, la maison d'édition indépendante, "victime" de son propre succès, connaît une grande réussite commerciale. Cette dernière est si importante que L'Association révolutionne l'industrie de la bande dessinée et devient le modèle commercial adopté par les grandes maisons d'édition qui à présent les copient (Beaty 242). Tout comme ces auteurs qui privilégiaient déjà—et privilégient toujours—l'expression personnelle et l'individualité de l'auteur, on trouve maintenant une prolifération de

7

bandes dessinées à caractère plus ou moins autobiographique chez tous les éditeurs du genre. L'intime est donc bel et bien devenu une sorte de produit commercial lorsque l'on parle du renouveau de la bande dessinée française.

Ce phénomène de prolifération de l'intime n'est pas restreint au domaine de la littérature graphique, il est au contraire présent partout. Margaretta Jolly explique notamment, dans son introduction au numéro spécial de *Biography*, *Life Writing as Intimate Publics*, que "Late modernity has spotlit intimate relations. Families, feelings, and love lives have been opened to public politics through diverse pressures of globalization, digitization, the mass media, and social movements such as feminism" (v). De même, pour Groensteen: "C'est un trait dominant de l'art contemporain, dans toutes les disciplines, que la place faite au corps, à l'intériorité, à la sphère de l'intime" (65).

Il est intéressant, dans cette dernière citation, que Groensteen insiste sur le corps et l'intériorité en relation à l'intime. La citation de Margaretta Jolly, par exemple, montre qu'elle considère la sphère intime comme celle des relations personnelles, comprenant les relations d'amour, d'amitié, et les liens familiaux. Berlant parle du monde affectif en opposition au monde rationnel, que l'on peut entendre ici comme le monde des liens affectifs, des émotions. Mais Groensteen souligne l'importance d'autres circonstances intimes, représentées dans les bandes dessinées autobiographiques: celles de la santé, à la fois mentale et physique. En y regardant de plus près, c'est bien ce thème de la santé qui est mis en relief par les dessinateurs *underground* lorsqu'ils parlent des fonctions les plus intimes de leurs corps et de leurs pensées les plus profondes et les plus taboues. Crumb est connu pour ses bandes dessinées qui évoquent sa vie sexuelle (santé physique par l'acte, et santé mentale par l'obsession de perpétuer l'acte). La femme de Crumb, elle aussi dessinatrice *underground*, donne une place très importante à son corps. Elle représente son sexe sous ses aspects les moins glamours et décrit également quand elle va aux toilettes, quand elle a un bouton, quand elle attrape un coup de soleil, en se demandant constamment si elle est "normale." D'une manière similaire, Justin Green dessine ses obsessions mentales, comme lorsqu'il transforme tous les objets autour de lui en phallus.

Si cette tendance se fait sentir dans les bandes dessinées autobiographiques, elle est cependant un trait du genre intime en général. Dans *American Autobiography*, Rachael McLennan explique qu'un nombre étonnant d'autobiographies à succès "focus on deeply unhappy experiences of physical and mental health problems," (130) particulièrement depuis les trente dernières années. Ce type d'autobiographie a même un nom: l'autopathographie, terme dérivé de "pathographie," soit le récit d'une maladie. Ann Jurecic, dans *Illness as Narrative*, définit les autopathographies comme des "autobiographical accounts of illness spoken or written by patients" (2). Pour Stéphane Grisi, une autopathographie correspond à "tout écrit autobiographique dans lequel l'auteur évoque, de façon centrale ou périphérique, des faits, des idées ou des sentiments relatifs à sa propre maladie" (25). La maladie et le corps ont cependant toujours fait partie des récits de vie. En ce qui concerne la littérature française, Montaigne parle déjà de ses coliques néphrétiques dans ses *Essais,* inaugurant ainsi "des thèmes qui se retrouveront dans nombre d'écrits autopathographiques" (69). Du reste, pour Grisi, "au XVIe siècle, Montaigne invente l'intimité dans la littérature et le genre de l'autoportrait avec ses *Essais*" (89). Au 19e siècle, période "d'expansion de la littérature intime," (89) on parle surtout de maladies psychiques. Au 20e siècle d'autres maladies sont évoquées: tuberculose au début du siècle (Sheila Rothman les qualifie de *sanatorium narratives* dans *Living in the Shadow of Death*[4]), puis le cancer (Grisi cite Fritz Zorn, Claude Roy ou encore Georges Perros). La tuberculose et le cancer sont par ailleurs les deux maladies analysées par Susan Sontag dans *Illness as Metaphor*.[5] Ce qui l'intéresse, c'est la manière dont les malades sont stigmatisés à cause de la littérature et de la mythologie qui déforment notre vision de ces afflictions. Sontag rejette la métaphorisation de ces maladies en bataille. Enfin, dans les années quatre-vingt, le SIDA suscite une prolifération de pathographies et en encourage d'autres sur des maladies différentes (Jurecic 9). D'après Ann Jurecic, chaque autopathographie "has been constructed by medical discourse and political, economic, and cultural forces," (3) assertion qui rejoint la pensée de Berlant, à savoir que l'intime est une reformulation de la culture et qu'il est ainsi, d'une certaine manière, toujours lié au domaine public.

Pourtant, peu de recherches ont été faites au sujet de la représentation de la santé dans les bandes dessinées autobiographiques. Il existe bien un groupe américano-britannique qui travaille sur ce qu'il appelle les "bandes dessinées médicales," ou *graphic medicine*, mais pas spécifiquement sur les bandes dessinées à caractère autobiographique. Leur site internet[6], créé en 2007, se décrit comme "a site that explores the interaction between the medium of comics and the discourse of healthcare" dans lequel il est possible de trouver "a growing collection of comic reviews, articles, podcasts, links" produits par "academics, health careers, authors, artists, fans, and anyone involved with comics and medicine." C'est donc bien une approche beaucoup plus large et générale qui est envisagée ici. Néanmoins, ce site regroupe principalement des bandes dessinées anglophones, ou du moins traduites en anglais. Or un grand nombre des bandes dessinées faisant partie du corpus de ce livre ont été publiées par de petites maisons d'édition et font partie d'un nombre relativement restreint de titres qui n'ont pas tous été traduits dans d'autres langues.

Dans *The Body in Pain*, Elaine Scarry déclare: "[p]hysical pain does not simply resist language, but it actively destroys it" (4). En effet, la douleur physique ou mentale est l'une des choses les plus difficiles à exprimer. La présente étude vise à montrer que, contrairement à d'autres supports, la bande dessinée permet à l'artiste plus de liberté d'expression, et au lecteur un accès à une intimité plus profonde. À la différence des autobiographies classiques, dites "littéraires," faites purement de mots (bien que certaines incorporent des photos), les autobiographies graphiques utilisent à la fois les mots et les images. L'auteur, qui se trouve être le narrateur et le personnage principal dans le cas des récits autobiographiques, doit constamment se dessiner, ce qui le met forcément en face de lui-même et de sa propre image, beaucoup plus qu'un auteur "classique" qui ne fait que retranscrire ses pensées. À l'inverse des romanciers, l'auteur de bande dessinée a le choix entre écriture manuscrite et écriture typographiée, entre dessin en noir et blanc et dessin en couleur, entre dessin réaliste et dessin fantaisiste, entre utiliser des cases ou dessiner librement sur le papier, et bien d'autres choix artistiques. Dans la bande dessinée, chaque décision prise par un auteur a une signification, et il n'est pas rare de trouver ces différents procédés mêlés dans les bandes dessinées. Ce que permet le dessin dans les bandes dessinées autobiographiques, c'est de dire l'ineffable. Pour Ann Jurecic, les images permettent de combler un manque, celui de "the absence of words for embodied suffering" (5). L'utilisation d'images abstraites permet parfois aux auteurs d'exprimer leurs angoisses, leurs peurs, voire de dessiner leurs rêves.

*Introduction*

Dans un article intitulé "Graphic Medicine: How Comics are Revolutionizing the Representation of Illness," Ian Williams explique que, "[i]n addition to manipulating the depiction of illness, comics artists use a range of rhetorical visual devices to articulate the feelings associated with the illness, offering a window into the subjective realities of the author" (25–26). Cette réalité fait partie de l'identité. Or on sait que l'identité, l'expression de soi, est fragmentée depuis la fin du 20ᵉ siècle (comme l'a théorisé formellement Freud, dont les différentes théoriques, avec celle d'autres, me servent de base théorique notamment pour la notion d'identité tout au long de cette étude). L'identité n'est plus considérée comme unique et unidimensionnelle, mais au contraire l'identité est une multiplicité de couches de consciences humaines fortement intriquées. L'être en crise, en mauvaise santé, est un être encore plus fractionné et fragile que l'être humain l'est normalement, car la crise fait ressortir ces différentes dimensions de l'existence, à l'inverse de l'être en paix qui semble trouver une certaine cohérence au sein de cette multiplicité. Justement, comment cette multiplicité est-elle représentée dans les bandes dessinées autobiographiques? Souvent, les artistes jouent avec les différents moyens qui sont à leur disposition comme ceux cités précédemment, moyens dont ne disposent pas les auteurs des genres littéraires "traditionnels."

Si le thème de la santé est l'un des plus importants dans les bandes dessinées autobiographiques, c'est parce que la maladie renvoie à la mortalité de l'être. Grisi, en s'appuyant sur les théories de Freud, défend l'idée que la maladie perturbe l'être et son identité, et que "la maladie est une blessure narcissique qui rend le sujet méconnaissable pour lui-même" (215). Écrire une autobiographie est pour lui une forme de restauration du narcissisme car elle permet au sujet de retrouver "son image comme dans un miroir" (216–17). Rachael McLennan l'explique d'une autre manière. D'après elle, la maladie rend l'être exceptionnel car il est touché directement par les maux décrits, à l'inverse des ceux qui ne sont pas malades. Une autobiographie qui parle d'une maladie peut révéler un désir présent dans tous les textes autobiographiques: celui de témoigner de son existence (131). La maladie marque la différence, et permet d'une certaine façon de se démarquer des autres. D'après Ann Jurecic, qui se base sur plusieurs autres théoriciens comme Arthur Kleinman ou Anne Harrington, c'est d'abord pour répondre à la question "pourquoi?" que les auteurs parlent de leur santé physique et mentale (9). Raconter son histoire, c'est lui donner un sens: "Narrative is a fundamental human way of giving meaning to experience" (Mattingly 1). Souvent, la souffrance mentale et/ou physique devient une source de méditation sur la vie en général, et sur soi et son rapport avec les autres en particulier. Dans la société postmoderne, tout revient à l'être humain qui tente de donner un sens à son existence (l'aspect identitaire), une existence dont la fragilité est menacée (la santé), et une existence en relation avec les autres existences (l'intimité). Sans oublier que nous faisons partie d'une société numérique où les images et les photographies, en lien avec l'identité, ont une place de plus en plus importante. Sur les réseaux sociaux, les images occupent une place d'une importance indéniable dans la mise en scène du *moi*. Les images (souvent de l'intimité) dans notre société deviennent, presque plus que les mots, une manière d'exprimer son identité en montrant publiquement sa vie.

## Les chapitres

Ces trois notions—santé, intimité et identité—ne s'articulent pas de la même façon en fonction des différentes bandes dessinées autobiographiques. Dix-neuf bandes dessinées autobiographiques sont utilisées pour cette recherche, produites par treize bédéistes différents.

Chaque chapitre se concentre sur deux ou trois pathographies graphiques en particulier, mais dresse des points de comparaison et de contraste entre tous les textes du corpus. Le narrateur peut être celui qui souffre du mal représenté. Dans ce cas, il est possible de parler d'autopathographie. Mais il peut aussi s'agir de la santé d'un autre qui est proche du narrateur et cela affecte donc aussi profondément sa vie. En effet, la première définition de l'intime contient déjà "l'autre," celui ou celle qui partage l'intimité. Il est alors possible de diviser le thème de la santé en deux catégories[7]: les récits qui traitent de la santé des autres, et ceux traitant de la santé du narrateur. Enfin, deux aspects de la santé paraissent importants: celui de la santé physique, et celui de la santé mentale. Cependant, dans les cinq chapitres suivants, ces quatre aspects de la santé (l'autre, le soi, le physique, le mental) sont très fréquemment imbriqués et presque impossibles à séparer.

*Introduction*

Dans le premier chapitre de ce livre, intitulé "La santé et l'enfance: Corps et identité," l'attention est portée sur la santé et l'enfance à travers trois ouvrages: *L'Ascension du Haut Mal*[8] de David B., *Couleur de peau: miel*[9] de Jung, et *Deuxième Génération: ce que je n'ai pas dit à mon père*[10] de Michel Kichka. Ce premier chapitre se penche sur le rôle formateur des expériences vécues dans la construction de la personnalité. La mention des sources d'inspiration et de la genèse des œuvres est un point commun des trois albums de ce chapitre. Les trois petits garçons passent leur enfance à dessiner et font preuve d'une certaine obsession pour la guerre et les guerriers, projection externe de leurs tensions internes, radoucie chez Jung par la figure maternelle idéalisée, chez David B. par la présence de ses amis imaginaires, et chez Kichka par les héros humoristiques franco-belges tel Gaston. Traité de manière très différente, le corps est un élément-clé dans le développement de l'identité, et la santé du corps met l'identité et le statut social de l'être en péril. David B., Jung, et Kichka exposent donc leur intimité mentale et corporelle, et celle de leur famille dans une perspective rétrospective et chronologique, en quête de compréhension du soi du présent, celui qui écrit et dessine. Ce chapitre met en évidence que même les expériences perçues comme anodines contribuent à ce processus, que l'individu en soit conscient ou non. Toutefois, les expériences marquantes, particulièrement celles dont l'importance est reconnue, peuvent s'avérer difficiles à assimiler seul. La combinaison d'expériences identitaires fortes et d'une conscience de soi élevée peut donner lieu à des monologues intérieurs prolongés ou à des dialogues avec autrui (réel ou imaginaire), cherchant ainsi à construire des récits cohérents sur soi-même. J'analyse comment ces artistes utilisent la bande dessinée pour dialoguer avec eux-mêmes, leur famille et leurs lecteurs. En partageant leurs histoires autobiographiques liées à l'enfance, ils guident les lecteurs à travers le flux de leurs pensées, privilégiant la compréhension subjective plutôt que de suivre une chronologie stricte des événements. Ces bédéistes confrontent leur moi adulte avec leur moi enfant, soulignant ainsi la nature multiple et évolutive de l'identité. En reproduisant des dialogues passés avec d'autres, ils impliquent le lecteur dans le processus de remémoration, invitant à partager une intimité inhabituelle et à dénoncer la stigmatisation, tout en construisant un discours parallèle sur la "normalité."

*Introduction*

Si l'enfance est un moment déterminant de l'existence, le deuxième chapitre de ce livre, "La santé et le couple: Au cœur de l'intimité," se concentre sur la suite logique de cette première partie de la vie, à savoir le début de la vie à deux. Dans les deux ouvrages examinés, la perspective est encore une fois masculine, mais le regard se pose sur le féminin, voire sur une troisième personne qui vient se mettre entre les deux, à savoir l'enfant. *46XY*[11] de Raphael Terrier et *Pilules Bleues*[12] de Frederik Peeters plongent les lecteurs dans les méandres de la rencontre amoureuse, de l'intimité conjugale, et de la représentation artistique du corps féminin. Les deux auteurs font pénétrer le lecteur au cœur de différentes intimités, que ce soit l'intimité familiale, de couple, sexuelle, ou individuelle. Ces deux récits offrent une perspective intime sur l'amour. Ils partagent une structure narrative similaire, débutant par une exploration de l'aspect émotionnel de la relation avant de revenir sur les origines de leur histoire respective. Malgré le rôle central de la relation de couple dans leurs récits, les auteurs privilégient une perspective du "je" plutôt que du "nous." Ils explorent la féminité, la nudité, et l'intimité physique de leurs compagnes, insérant ces éléments dans la trame narrative pour refléter la complexité des relations de couple et défier les normes sociales et médicales associées. Partager l'intimité du couple devient ainsi une manière de créer une proximité avec le lecteur, bien que les approches de Terrier et Peeters diffèrent significativement. Terrier adopte une forme de quasi-journal intime, exposant sa vie de manière codifiée et originale, tandis que Peeters utilise des jeux d'angles visuels pour placer le lecteur dans une position intime similaire à celle d'un proche. Les récits, centrés sur l'avortement et le sida, sont narrés du point de vue de la personne amoureuse, permettant au lecteur de choisir son identification. En contrecarrant le regard stigmatisant de la société, les auteurs cherchent à changer l'idéal culturel à travers leur art. Terrier et Peeters offrent des contre-exemples aux intimités souvent mises en scène dans la sphère publique, en se focalisant sur l'expérience universelle du sentiment amoureux. En se positionnant en tant que médiateurs, ils invitent les lecteurs à découvrir, apprendre et comprendre à travers leur regard subjectif.

Dans le troisième chapitre, "Santé physique et mentale: Quand le cerveau est touché," le problème de santé affecte le cerveau, ce qui a des répercussions lourdes à la fois physiques et mentales. Contrairement aux chapitres précédents, ce troisième chapitre se penche sur l'autopathographie pure, l'autobiographie qui se concentre uniquement sur un épisode où le narrateur / personnage principal est atteint de maladie. Les deux auteurs, Elodie Durand avec *La Parenthèse*[13], et Mattt Konture avec *Sclérose en plaques*[14] partagent leur relation avec le monde médical, les réactions de leurs proches face à la maladie, leurs sensations physiques et mentales, ainsi que leur état actuel. Le regard occupe une place centrale dans ces récits, les bédéistes adoptant souvent un regard dépréciatif sur eux-mêmes. Konture se caractérise par une forte autocritique et un manque de confiance en soi, tandis que Durand se remémore la honte liée à sa régression physique et mentale. Bien qu'ils aient du mal à se reconnaître, la création de leurs albums respectifs, en confrontant leur propre image sur plusieurs pages, les oblige à se définir et les aide à se redéfinir. Maîtres de leur propre récit, ils retrouvent ainsi une certaine agentivité dans des vies où ils semblaient l'avoir perdue. Les regards médicaux et ceux des proches compliquent davantage leur expérience. Le regard médical, ajoutant parfois au déni de la personne en tant que telle, réduit le corps à un objet, un territoire d'exploration pour les médecins. Les proches, constituants du troisième regard, sont souvent aussi difficiles à supporter, car ils perçoivent les changements et la détresse, mêlant souvent pitié avec soutien. Grâce aux images, la bande dessinée offre une représentation unique de l'expérience du point de vue de la personne malade notamment par l'insertion de morceaux dessinés antérieurement, en plein cœur de la maladie. Les récits soulignent comment la maladie a fragmenté leur unité perçue, et la création de l'album devient un moyen de la retrouver, même partiellement. La notion de souvenir est aussi cruciale dans ces récits, montrant que la somme des souvenirs ne définit pas simplement un sujet. Konture explore différents moments passés à travers le prisme de sa maladie, tandis que Durand assemble les souvenirs de plusieurs années avec l'aide de sa famille. Raconter leur histoire et reconstruire des moments de leur vie leur apporte une cohérence à eux-mêmes lorsque celle-ci était perdue. Enfin, partager publiquement ces histoires affirme leur individualité et leur statut d'artistes. Le langage de la douleur, qui n'est pas seulement expressif mais aussi transactionnel, sert à être entendu et à expliquer l'expérience tant à soi-même qu'aux autres.

Le quatrième chapitre, intitulé "Santé mentale: Anxiété, stress, dépression" traite de la santé mentale, phénomène encore plus abstrait. Chez les trois auteurs examinés dans ce chapitre, l'accent n'est pas mis sur une maladie physique, mais plutôt sur des troubles psychologiques qui imprègnent toute leur existence. Ces artistes exposent de manière distincte, tant par leur style que par leur ton, les profondeurs de leur être. L'analyse porte sur l'utilisation de la couleur, ou de l'absence de celle-ci, pour exprimer la tristesse ou l'angoisse, mettant particulièrement l'accent sur le noir, associé depuis longtemps dans les cultures occidentales à la mort, à la dépression, et à tout ce qui est négatif. Il est également noté que ces artistes entretiennent fréquemment des relations conflictuelles avec eux-mêmes et avec les autres, et ces conflits sont souvent traités avec dérision, introduisant de l'humour dans leurs albums, que ce soit par le biais du comique de caractère ou du comique de situation. Cette utilisation de l'humour allège le ton, facilite la lecture et établit un lien avec le lecteur. De plus, ces artistes se représentent souvent de manière variable, soulignant la complexité de l'être humain et de l'expérience humaine, ainsi que l'aspect parfois multidimensionnel de la réalité. Les récits révèlent une certaine solitude, provenant à la fois de l'unicité de l'expérience traversée et de l'absence d'écoute des autres pendant cette période. Coucher ces expériences sur le papier permet aux auteurs de restaurer un équilibre perdu, de reprendre le contrôle sur un moment de leur vie et enfin d'être entendus par les autres. Le monologue intérieur se transforme ainsi en dialogue. Ces albums témoignent d'un double besoin, à la fois confessionnel et pédagogique. Au-delà de la publication de leurs œuvres, les auteurs engagent des conversations avec les médias, leur lectorat, et parfois même avec leurs fans. L'art devient un exutoire, offrant une voie d'expression et de compréhension, et témoigne du pouvoir de la narration pour connecter et sensibiliser.

Enfin, le chapitre 5 traite de traumatismes et présente beaucoup de similarité avec le chapitre précédent. L'analyse approfondie des bandes dessinées *Presque* de Manu Larcenet[15], *Mon Bataclan, La Morsure, Conversation avec ma mort* de Fred Dewilde[16] et *Chroniques d'une survivante* de Catherine Bertrand[17] offre un éclairage significatif sur la complexité de la représentation des événements traumatiques et leur impact sur la santé mentale ainsi que sur la vie en général des personnes qui les ont subis. Ces romans graphiques adoptent une approche "flux de pensée" qui met en lumière la difficulté à représenter de manière linéaire et précise les traumatismes et leurs conséquences. La fragmentation inhérente au medium qu'est la bande dessinée, tant dans la structure que dans la représentation des personnages, se présente comme une métaphore puissante de la fragmentation psychique causée par le traumatisme. Les artistes déploient une diversité d'approches visuelles et narratives pour exprimer l'emprise du stress post-traumatique dans leurs vies, fournissant une multiplicité de métaphores visuelles au lecteur, constituant la majorité des dessins. Les nuances introduites par le mélange de styles de Larcenet, la représentation symbolique de Dewilde et l'approche minimaliste de Bertrand ajoutent des dimensions uniques à la compréhension des traumatismes et de leur impact. Même l'humour, poussé jusqu'à l'absurde, trouve sa place et sert même à souligner l'aspect tragique des faits décrits. Au-delà de leur aspect cathartique, ces œuvres visent à briser l'isolement des survivants, à sensibiliser la société et à encourager la reconnaissance sociale des victimes. L'art devient ainsi un puissant moyen de résilience.

Dans tous les ouvrages du corpus, on assiste à une négociation constante entre le dévoilement de l'intimité, une intimité liée à la maladie, liée à un être en position de faiblesse, et la volonté de se trouver, se retrouver, de construire ou de reconstruire, une identité. La plupart de ces bandes dessinées ne suivent pas les règles traditionnelles du genre. Aucun des albums ne fait la même taille, n'a le même nombre de pages, ce qui démontre dans l'objet physique les décisions prises par les artistes. Les auteurs mélangent les styles pour pouvoir exprimer ce qu'ils ressentent de la façon la plus précise possible. L'usage des mots et des images leur permet d'exprimer doublement la souffrance, en espérant être encore plus entendus. Dans ces ouvrages, il y a toujours l'avant maladie, et l'après. Ces livres permettent aux auteurs d'établir une nouvelle relation avec eux-mêmes. En se montrant sous leur jour le plus faible, ils s'exposent au moment où leur identité est instable et menacée. Ainsi, la conclusion est que les bandes dessinées autobiographiques traitant principalement de la santé, qu'elle soit mentale ou physique, permettent de renverser certains paradigmes de la littérature. D'abord elles permettent aux auteurs de s'exprimer intimement, domaine généralement dominé par les femmes. Ensuite, elles permettent à ceux qui souffrent de problèmes de santé, et qui ont souvent été infantilisés, de renverser la position de pouvoir en se racontant, et donc de retrouver un certain contrôle sur

*Introduction*

leur vie. Grâce à ce médium, les bédéistes peuvent faire pénétrer, de manière unique et personnelle, le lecteur au plus profond de leur monde. Comme le déclare très justement Charles Hatfield, "unlike first-person narration, which works from the inside out, ... cartooning ostensibly works from the outside in," (115) et permet donc de faire rentrer réellement "l'autre" dans son intimité.

**Chapitre un**

## La santé et l'enfance
### Corps et identité

Dans ce premier chapitre, nous allons commencer par le début littéral de l'histoire, celui qui coïncide avec le début de la personne, celui qui pose souvent les bases de ce que nous devenons. Au cœur de ces 3 autobiographies centrées sur l'enfance des narrateurs, on trouve d'abord la représentation d'une dynamique familiale compliquée, et donc une difficulté des enfants à se construire, car les trois artistes étudiés ont tous vécu des enfances difficiles, difficultés présentes dans les images.

David B. (de son vrai nom Pierre-François Beauchard) est l'un des membres fondateurs de L'Association (Beaty 29). Né à Nîmes en 1959, il a suivi les cours à l'école des Arts appliqués Duperré, à Paris. Dans *L'Ascension du Haut Mal*, il raconte son enfance, rythmée par les crises d'épilepsie de son frère aîné, jusqu'à son départ du nid familial pour suivre des études supérieures. *L'Ascension du Haut Mal* est de manière formelle une autobiographie, puisqu'il s'agit d'un récit rétrospectif en prose, même si l'autobiographie reste incomplète, l'auteur mettant l'accent sur la maladie de son frère et la façon dont cette maladie a bouleversé sa vie familiale, mais également celle de l'entourage de Jean-Christophe, ce grand frère qui souffre d'épilepsie. *L'Ascension du Haut Mal* est dessiné entièrement en noir et blanc, ce qui n'enlève rien à la richesse du dessin. L'enfance et l'adolescence sont des moments cruciaux de développement de l'identité, et la santé défectueuse d'un proche affecte forcément le développement ultérieur de la personnalité. On peut aussi se demander dans quelle mesure ce livre a été écrit pour lui-même, et dans quelle mesure David B. a écrit cette bande dessinée pour donner une voix à son frère, voix qu'il a perdue depuis bien longtemps. En exposant l'intimité de sa famille, David B. dénonce également la profession médicale au sens large du terme, puisqu'il a tendance à critiquer les médecins qui veulent

*Chapitre un*

à tout prix opérer. Il évoque également les médecines douces ou parallèles, et les nombreux charlatans qui sévissent dans ces milieux. Souvent, il exprime aussi son impuissance face à une force qui contrôle son frère et qu'il lui est impossible de contrôler, sauf à travers son art, en écrivant cette histoire.

C'est également pour se réapproprier son histoire que Jung écrit *Couleur de peau: miel*. La santé est un thème sous-jacent dans cette bande dessinée, mais il n'en est pas le thème central, comme dans l'œuvre de David. B. Enfant coréen adopté par une famille nombreuse belge, Jung raconte ses difficultés pendant l'enfance et l'adolescence, ainsi que celles des autres Coréens adoptés. Tout comme David B., Jung se fait le porte-parole de tous les enfants asiatiques adoptés par des familles occidentales. Celui qui ne pouvait pas s'exprimer, ou ne s'exprimait que par des dessins, peut maintenant ajouter des mots aux images.

Le non-dit, comme le titre l'indique, est également au cœur de l'ouvrage de Kichka. Cette bande dessinée est véritablement centrée autour du silence. Celui du père, survivant des camps de concentration, et celui des enfants, souffrant du syndrome de la deuxième génération, sans trop la comprendre, même si omni présente depuis le début de leur vie. C'est pour combler, ou rattraper ce vide laissé par le manque de communication initiale qu'existe cette œuvre, née d'un besoin intense et presque violent, après tant d'année de refoulement. Je mentionnais précédemment l'impact immense de *Maus* d'Art Spiegelman dans le monde de la bande dessiné occidentale, cet album fut évidemment une source d'inspiration double pour Michel Kichka, l'inspiration première de faire l'ouvrage, et l'inspiration seconde du thème de l'ouvrage, assez similaire en apparence, mais avec quelques différences fondamentales que j'aborde dans l'analyse, notamment le fait que Spiegelman raconte l'histoire de son père en tant que prisonnier des camps, alors que Kichka raconte l'histoire de sa relation avec son père et de sa propre relation avec l'histoire de son père.

Les trois œuvres tournent autour de la formation de l'histoire personnelle. Les auteurs abordent notamment les difficultés rencontrées à négocier leur ancrage social pendant leur enfance. Cette enfance, et les obstacles auxquels ils ont dû faire face, les a définis en tant que sujets d'abord, puis en tant qu'artistes.

## Représenter des histoires de famille

Dans chacune des œuvres, le contexte familial a une place très importante. David B. ouvre son œuvre sur la représentation physique de son grand frère, et surtout sur les séquelles physiques que l'épilepsie lui ai laissées dans la première planche du tome 1 qui se passe en 1994, avant de repartir au tout début de l'histoire de la maladie de son frère, trente ans plus tôt. La première vignette de la deuxième page du tome 1 ressemble à une photo de David B., alors âgé de 5 ans et nommé Pierre-François, de son grand frère Jean-Christophe âgé de 7 ans, et de leur petit sœur Florence de 4 ans. La relation qui est la plus représentée tout au long des tomes est celle des deux frères, et l'élément perturbateur de la vie de famille est l'épilepsie de Jean-Christophe. Chez Kichka, le lecteur est averti dès le titre que l'ouvrage s'attache principalement à la figure paternelle. *Deuxième Génération: ce que je n'ai pas dit à mon père*, indique clairement avec son titre que l'album se veut, du moins en partie, un dialogue avec le père de l'auteur. Dès la première vignette, lui aussi présente son père, mais en tant que survivant du camp de concentration d'Auschwitz en mettant au premier plan son bras tatoué de numéros, laissant le jeune Michel, dessinée à ses côtés, perplexe. Pour contexte, il faut savoir que Henri Kichka est lui-même auteur d'un livre intitulé *Une adolescence perdue dans la nuit des camps* sorti en 2005 aux éditions Luc Pire. *Deuxième Génération*, lui, sort chez Dargaud en 2012. Au contraire de *Maus*, *Deuxième Génération* ne raconte pas l'histoire du père de Kichka, mais bien l'histoire de Michel, fils d'un survivant. Dans cette même première vignette, on peut lire dans la cartouche "Papa ne parlait pas ou très peu de sa famille" (5). Kichka divise son œuvre en plusieurs chapitres, le premier se nommant "Le Non-Dit." À la fois la couverture de l'album, le titre du tout premier chapitre, et l'incipit parlent donc du fait de ne pas parler, et c'est autour de ce silence, paradoxalement lourd de signification, que tourne l'histoire du père et du fils. Kichka a également deux sœurs qui interviennent quelques fois, et un petit frère à qui il consacre un chapitre. Enfin, chez Jung, c'est le manque de famille biologique qui amorce l'album. Le premier chapitre du premier tome relate beaucoup d'inconnues, sa naissance quelque part en Corée du Sud, son arrivée à l'orphelinat lorsqu'il a environ cinq ans, et ce dont il se souvient de sa vie là-bas. Le chapitre se termine sur une figure qui sera ensuite récurrente dans l'œuvre: une femme de dos portant une ombrelle qui lui cache le visage, la mère biologique de Jung, dont il ignore les traits. L'auteur a publié 4 tomes, dont le dernier est sorti en 2016, le premier étant sorti en 2007. Mais cette figure maternelle allusive et fantasmagorique, est en constante opposition avec la mère adoptive de Jung, qu'il représente de manière assez froide. Les deux premiers tomes racontent l'enfance de Jung, alors que les deux derniers montrent plus sa vie d'adulte. Il y incorpore les retours qu'il a reçus sur ses deux premiers tomes, et la façon dont ils ont changé sa vie. Le quatrième tome commence avec la mère adoptive, et se termine sur l'image de la mère biologique imaginée. Dans l'œuvre de Jung, c'est donc bien ces deux mères qui ont une place dominante dans la narration, même si lui aussi a une grande fratrie. Chaque auteur a donc une personne de référence qui a le plus modelée son enfance.

Comme de nombreux spécialistes tels que Freud[1], Wallon[2] ou encore Piaget[3] l'ont démontré à travers leurs travaux en psychologie, l'enfance est une période cruciale de la vie, un moment qui marque profondément le développement de la personnalité. Plus spécifiquement, pour Freud et Lacan, les parents (ou ceux de substitution) sont les premiers à influencer le développement psychologique de l'enfant (Silverman, *The Subject of Semiotics* 133–49). Dans une famille traditionnelle, la mère est le premier "objet" aimé, tandis que le père représente les règles de la vie en société à travers lesquelles l'enfant apprend à se comporter, c'est-à-dire principalement à contrôler ses pulsions pour se conformer aux règles du groupe. Les premiers objets aimés sont aussi souvent ceux que l'enfant va prendre comme modèles. Le sujet est social, il a besoin de l'autre pour se constituer par un processus d'identification: "The ego is formed through a series of identifications with objects external to it." (Silverman, *The Subject of Semiotics* 134). Pour Lacan, il est impossible de parler de soi sans en parler en termes de relation à l'autre (Silverman, *The Subject of Semiotics* 154). Lorsque l'enfant n'est que pulsions et instincts primitifs—dont manger, boire et dormir—, il est pour Lacan dans "le réel," une sorte d'état de nature défini par le besoin, un état que l'enfant quitte à jamais avec l'apprentissage du langage (Silverman, *The Subject of Semiotics* 133–72). En effet, pour Lacan, le langage fait partie de ce qu'il appelle "le symbolique," ce qui représente les lois de la société,

La santé et l'enfance

permet l'interaction avec l'autre et par extension l'intégration dans une communauté (Silverman, *The Subject of Semiotics* 149–72). Dès l'entrée dans l'ordre symbolique, qui se fait avec l'acquisition du langage, le sujet intègre les règles, les principes, la culture de la communauté dans laquelle il évolue, et ce par l'identification avec les parents d'abord, puis des autres membres de cette communauté (Silverman, *The Subject of Semiotics* 160–63).

Paul John Eakin, dans *How Our Lives Becomes Stories*, considère, tout comme Lacan, que le *moi* émerge au moment où l'enfant commence à s'approprier le langage (106), ce qui rappelle la célèbre citation du philosophe et mathématicien Descartes dans son *Discours de la méthode* (1637): "Je pense, donc je suis"[4] (22). Toujours d'après Eakin, le fait que le langage ne soit pas encore acquis est l'une des raisons pour lesquelles nous n'avons pas, en général, de souvenirs avant l'âge de trois ans (*How Our Lives Becomes Stories* 108). Appuyant son argument sur les théories de Nelson (cf. l'article intitulé "Ontogeny, Phylogeny, Paleontology, and the Biogenetic Law"), Eakin défend l'idée qu'avant l'âge de trois ans, l'enfant n'a pas vraiment besoin de souvenirs, car il vit dans le présent et seul lui est utile ce qui l'aide à survivre, comme manger et dormir (*How Our Lives Becomes Stories* 108), rejoignant ainsi les théories de Freud et de Lacan. Ce qui importe alors est la santé physique de l'enfant; l'instinct primitif de survie est au-dessus de tout, avant même l'émergence d'une conscience individuelle. L'un des points les plus intéressants dans l'argument d'Eakin est la façon dont il fait le lien entre la naissance du moi et la naissance sociale. En effet, une fois qu'une partie suffisante du langage a été acquise, l'enfant peut se situer dans le passé ou se projeter dans l'avenir, et s'inscrire ainsi dans un contexte interpersonnel. "[s]haring memories with others is in fact a prime social activity … the result of this learning is the establishment of a store of memories that are shareable and ultimately … forming a personal history" (qtd. in Eakin, *How Our Lives Becomes Stories* 109). Tout ceci est extrêmement pertinent dans le cadre des autobiographies analysées dans ce chapitre, autobiographies centrées sur l'enfance.

Jean-Christophe a certainement été un objet d'identification pour David lorsqu'il était enfant. David admirait son frère et voulait être comme lui. Cependant, il voit ce grand frère qui est pour lui un modèle, régresser … jusqu'à ce que la position symbolique de grand frère lui revienne à lui, le cadet. David est passé

*Chapitre un*

de celui qui est guidé à celui qui guide. L'un des exemples les plus frappants est l'épisode dans lequel David explique que son frère, avec qui il créait des bandes dessinées, n'arrive plus à dessiner ne serait-ce qu'un carré. Page 37 du premier tome, David B. dessine un passage clé de sa relation avec son frère et sa maladie. Il menace Jean-Christophe de lui déclencher une crise d'épilepsie en le provoquant. Il est sur le point de réussir lorsqu'il prend conscience de son erreur. David s'étonne lui-même d'avoir presque réussi, et comprend à cet instant le pouvoir qu'il peut exercer sur son frère, la responsabilité qui lui incombe, mais aussi de ses propres pulsions malveillantes. Il prend alors la décision de ne jamais recommencer. Pour tenter de faire ressentir aux lecteurs l'ampleur de la force qui s'empare de son frère, David B. dessine la ville et les maisons de manière qu'elles envahissent de plus en plus l'arrière-plan, jusqu'à devenir un tourbillon de fenêtres, d'arbres et de portes dans lequel sont entraînés les deux frères. David B. se représente comme un petit diable aux traits maléfiques; son frère, lui, semble perdre de plus en plus le contrôle de son corps. Ce tourbillon, figuré sur une planche composée de neuf vignettes réparties sur trois bandes, est parfaitement symétrique. Il va *crescendo* jusqu'à l'image centrale, puis *decrescendo*. L'image tout au centre de la planche est presque abstraite; seule une partie de la tête de chaque frère est visible. Visuellement, l'auteur retranscrit les sensations physiques qu'il imagine son frère éprouver, puisqu'une crise est une sorte d'évanouissement, mais le corps se raidit et il peut même y avoir des convulsions. David B. se met à la place de son frère et s'identifie ainsi à lui ouvertement.

Cette identification, une fois adulte, est rejetée. On peut le voir encore une fois dans cette première planche porteuse d'énormément de sens, qui ouvre les 7 tomes *de L'Ascension du Haut-Mal*. David et son frère, maintenant adultes, se retrouvent dans la salle de bain de la maison familiale à l'heure du coucher. David dessine son frère et lui-même de manière complètement opposée. Il est mince, son frère est en surpoids, il est encore bien habillé, son frère est à moitié dénudé ne portant qu'un bas de pyjama, son frère peut à peine faire des phrases complètes, derrière David se trouve un fond blanc et derrière Jean-Christophe se trouve un fond noir. Dans les derniers tomes, David manifeste même la peur "d'attraper" la maladie de son frère, comme si celle-ci était contagieuse, voire une certaine colère envers son frère.

La rage de David est un sentiment normal. Selon les travaux du D$^r$ Elisabeth Kübler-Ross, le processus de deuil comporte plusieurs étapes: le déni, la colère, le marchandage, la dépression et enfin l'acceptation. Ce modèle, pionnier en la matière, a été repris par différents psychologues et adapté à d'autres situations, comme le licenciement ou la rupture amoureuse. Il est possible d'y voir toutes les étapes par lesquelles l'être humain passe lors d'un changement malheureux et brutal. Or, dans le cas de l'album, toute la famille Beauchard est concernée par ce changement et passe par ces étapes. Dans les deux premiers tomes, ils sont encore souvent dans le déni. Plusieurs fois, David B. écrit que son frère est guéri. La recherche constante par les parents d'une cure pour leur fils est également une forme de déni. Mais elle est aussi une forme de marchandage. Après avoir consulté une myriade de médecins pour savoir si Jean-Christophe doit subir une opération, ils décident que cela est trop risqué et se tournent vers des solutions alternatives. Dans le premier tome, toute la famille se met à la macrobiotique et à l'acupuncture, ce qui semble fonctionner, ou en tout cas faire du bien à Jean-Christophe. La famille entière participe même à des communautés à partir du tome II, tandis que Jean-Christophe est suivi par un médecin, un neuropsychiatre et un psychiatre (vol. II 28). Sa maladie bouleverse entièrement l'équilibre familiale.

David B. ne se contente pas de montrer la souffrance de son frère, il montre également la souffrance de toute sa famille et les répercussions que la maladie a sur eux. David B. insiste sur la normalité de sa vie familiale, même s'il commence déjà à la quatrième page du premier tome à décrire ses premiers cauchemars, comme s'il pressentait qu'un malheur allait s'abattre sur sa famille.[5] À la huitième page du premier tome se produit la première crise, alors que les enfants jouent dehors. Ils accourent pour aller chercher les parents, qui parlent d'un "petit malaise." À la planche suivante, le diagnostic tombe: Jean-Christophe souffre d'épilepsie. "La grande ronde des médecins a commencé pour mon frère et mes parents" (vol. I 10), annonce le narrateur. Une grande vignette, prenant la place normalement réservée à six vignettes, fait le portrait de cette ronde. Les parents de Jean-Christophe sont avec lui, au centre, alors que les médecins, tous des hommes en blouse blanche, les encerclent en se tenant par la main, semblant danser autour d'eux. David B. donne l'impression au lecteur que dès le départ, sa famille se bat seule contre tous. Contre la médecine en général, mais aussi contre la connaissance scientifique symbolisée par les livres présents aux coins de l'image. Ces livres symbolisent également l'autorité scientifique, et l'exercice du pouvoir associé à cette autorité.[6] Les parents de Jean-Christophe et Jean-Christophe sont à la merci de ces médecins qui prétendent être les seuls à détenir la clef de sa guérison. De plus, le cercle peut aussi faire figure d'une sorte d'emprisonnement. Par ailleurs, après cela, la médecine traditionnelle est peu représentée dans les six albums, car très rapidement la famille se tourne vers toute une série de médecines parallèles. Dès le départ, la médecine traditionnelle n'a pas su apporter de réponses claires à la famille Beauchard et est implicitement critiquée. Qui plus est, David et sa sœur ne sont pas présents dans cette vignette, ce qui souligne le fait qu'au sein même de la famille, une scission a eu lieu, et toute l'attention des parents se dirige vers l'enfant qui a besoin d'aide.

Alors que le mal de Jean-Christophe *monte*, c'est-à-dire prend de plus en plus d'importance, la famille, elle, descend petit à petit aux enfers. Si, à la fin du tome II, on pense Jean-Christophe sorti d'affaire, à la fin du tome III, celui-ci part en centre spécialisé. Avoir une vie normale est à présent hors de question. David B. représente la maladie de Jean-Christophe comme une créature invisible qui s'empare de lui, proche de la salamandre ou du serpent. Mais au milieu du tome IV, un changement s'opère. David B. dessine son frère autrement, grimé de noir. Sa famille et lui aussi portent désormais ces traits. En réalité, le reptile disparaît, car Jean-Christophe est devenu sa maladie: il n'y a plus de dédoublement. Il a en quelque sorte absorbé le monstre en abandonnant la lutte. On peut lire, dans l'un des récitatifs: "Nous sommes malades de sa maladie" (vol. IV 28) Mais également: "Maintenant, je sais qu'il ne guérira plus" (vol. IV 48). La maladie a affecté tous les membres de la famille, elle les a tous changés; elle fait maintenant partie de leurs vies.

Le désir d'éradication de cette maladie, une lutte de tous les jours, est représenté de façon multiple dans le livre, et inclut les nombreux dessins de guerre de David, ainsi que la métaphore de la montagne à escalader: d'où le titre de l'œuvre. La figure de la montagne apparaît pour la première fois dans le deuxième tome, mais elle revient de manière plus explicite dans le troisième, et se présente en tout quatre fois dans l'œuvre. Sur cette montagne, il n'y a pas que Jean-Christophe. Toute la famille essaie de grimper, en vain, car chaque crise les ramène tous en bas. Ainsi Jean-Christophe les entraîne-t-il avec lui dans sa chute. Cette montagne, qui est une figure de la lutte de la famille—contrairement à la salamandre, qui représente la lutte personnelle de Jean-Christophe—, évoque le mythe de Sisyphe.[7] Parfois, David essaie d'arriver au sommet, mais c'est peine perdue ... Pour renforcer l'idée de hauteur, David B. a tendance à joindre deux cases qui auraient été l'une sous l'autre pour ne former qu'une longue vignette verticale. Seul lors de la première apparition, le sommet de la montagne est visible. Ce sommet semble si inaccessible par la suite ne peut par la suite qu'être imaginé en dehors des cases. L'espoir de guérison (atteindre le sommet) a été détruit.

La maladie de Jean-Christophe a aussi sur chacun des membres individuellement. Le tome III est profondément marqué par la tristesse de la sœur de Jean-Christophe, dont David parle relativement peu au cours de l'œuvre, même si c'est elle qui écrit la préface et la postface. Quelques pages après le début de ce tome, David B. annonce déjà que la fratrie prend des chemins opposés: "Nous ne faisons plus rien ensemble, nous partons chacun de notre côté" (vol. III 12). L'adolescence étant une période difficile pour tout le monde, la maladie de Jean-Christophe la rend apparemment encore plus difficile pour son frère et sa sœur, qui oscillent entre envie d'indépendance et culpabilité. Ils finissent donc par se renfermer un peu sur eux-mêmes. Une planche est consacrée à sa sœur, qui s'intéresse alors à la poésie comme moyen d'évasion. Une dizaine de pages plus loin, David D. annonce qu'à cette même période, Florence fait une tentative de suicide (vol. III 46). Peu après, elle est confiée pendant quelques semaines à des amis dont la femme se dit médium. Les révélations qu'elle fait à Florence perturbent encore plus la petite.[8] Par soucis d'authenticité, mais aussi pour donner du relief à son récit, David B. incorpore parfois des prolepses pour faire intervenir directement dans l'histoire les membres de sa famille concernés, changeant ainsi la perspective narrative. David B. insère une prolepse à ce moment-là du récit et reproduit une discussion qu'il a avec sa sœur en 1998. Florence déclare, "c'est à partir de ce moment que je suis devenue triste" (vol. III 49). Elle ajoute dans la case suivante, tout en fumant sa cigarette de manière nonchalante: "Je ne suis jamais sortie de cette période-là" (vol. III 49). David B. marque ainsi sa sœur d'un sentiment de morosité qui ne l'a jamais quitté, même s'il ne fait pas de lien direct entre l'épilepsie de son frère et la mélancolie profonde de sa sœur.

Dans le quatrième tome, c'est à sa mère que David B. donne la chance de s'exprimer directement en retranscrivant un entretien qu'il a eu avec elle. Elle explique pourquoi elle et son mari ont malgré tout continué à explorer toutes les options possibles, même les plus fantaisistes. "C'est la seule chose qui nous restait" (vol. IV 37), confesse-t-elle à David, ce qui montre le refus de la part des parents d'abandonner la lutte contre la maladie de leur fils, et en quelque sorte d'accepter sa condition. Tant et si bien qu'ils en ont peut-être oublié le bien-être, moins urgent, de leurs deux autres enfants. Elle ajoute à la planche suivante: "Je cherchais une solution en aveugle" (vol. IV 38). Cet aveuglement peut être causé par le choc, le déni et la tristesse de la situation. Ainsi, le symbole de la circularité, comme noté par Baetens et Van Gelde,[9] n'est pas présent uniquement au niveau des images, il est aussi présent au niveau des émotions et états d'esprit des personnes représentées. Tous sont enfermés dans un cercle constant où se succèdent déni, colère, marchandage et dépression. Autre symbole de ce cercle sans fin, la présence des vies antérieures que David détaille sur plusieurs vignettes. Chacun des membres de la famille subit son propre cycle, dans cette vie mais également dans un cycle de vies. Par ailleurs, cette idée de destin, et plus particulièrement de destin maudit, est présente à plusieurs reprises dans les différents tomes, avec Jean-François d'abord, puis avec David dans le dernier tome, lorsqu'il découvre que ses chances d'avoir des enfants sont très minces, à cause d'une malformation touchant presque tous ses spermatozoïdes.

Si, en tant qu'album, le tome III était empreint de tristesse, le time 4 de négociations, le tome V, lui, est marqué par la violence. Mais cette violence est extériorisée, il ne s'agit plus simplement des dessins de David. Jean-Christophe donne des coups de pied à son père alors qu'il se réveille d'une crise (vol. V 32), puis il essaie de frapper sa mère (vol. V 40). Quelques planches plus loin, autre accès de rage: Jean-Christophe renverse une casserole de soupe sur ses parents et donne un coup de poing à son père, avant d'être contenu par lui et David (vol. V 45–46). Pendant ces coups de folie, David B. prend soin de marquer son frère de noir pour insister sur le fait que c'est sa maladie qui le fait agir comme cela, qu'il n'est pas lui-même. Il dessine également Jean-François d'une manière démesurée, pour souligner que c'est le monstre en lui qui le pousse à agir de cette façon. Il est par ailleurs possible de lui trouver des ressemblances avec un personnage de fiction: Hulk. Dans l'univers Marvel, le D$^r$ Bruce Banner, sous le coup de la colère et du stress, se transforme en monstre colossal enragé à la peau verte. Hulk est apparu en mai 1962, dans le *comic book* intitulé *The Incredible Hulk* (vol. 1). Cette double personnalité à l'intérieur d'un même personnage peut être également comparée à celle du personnage de *L'Étrange Cas du docteur Jekyll et de M. Hyde*. Jean-Christophe et Hulk prennent tous les deux des proportions importantes sous le coup de la colère qui leur fait perdre le contrôle d'eux-mêmes, et tous deux changent de couleur (Hulk devient vert, et sous les traits de David B., le visage de Jean-Christophe se noircit). Hulk ne contrôle pas sa force; lorsque sa transformation s'opère, il perd le contrôle de son corps, mais aussi de son esprit. Comme Jean-Christophe, David B. est sans défense lorsque tout cela lui arrive. Cette force fait aussi des ravages à l'extérieur. Tout comme Hulk, Jean-Christophe fait des dégâts matériels lorsqu'il est en colère. La violence escalade même jusqu'au désir de meurtre. Jean-François s'empare de couteaux de cuisine pour "se défendre" (vol. V 47), et tente de poignarder son frère dans la nuit, mais celui-ci, méfiant, ne dormant que d'un œil, l'arrête à temps (vol. V 49). Alors qu'il perd sa lutte contre ses propres démons, Jean-Christophe libère cette rage accumulée intérieurement et la dirige contre ceux qui l'entourent. Et le fantasme de meurtre est réciproque: "Ma sœur et moi, nous avons aussi envie de le tuer" (vol. V 50), avoue David. Jean-Christophe exprime une certaine jalousie envers son frère et sa sœur (une fois, d'ailleurs, il leur demande pourquoi il est malade, et pas eux). Le malaise familial est encore une fois souligné, David et sa sœur envient l'attention portée à leur frère, tandis que ce dernier envie le fait qu'ils soient en bonne santé et puissent vivre comme tout le monde. David B. soulève un tabou important en avouant que sa sœur et lui partagent une même violence envers leur frère. Ils lui en veulent de ne pas leur permettre de vivre normalement, d'être une sorte de poids pour la famille, poids dont ils rêvent parfois malgré eux de se débarrasser.

Après six tomes, le lecteur comprend que ce n'est pas à une ascension qu'il a assisté, mais bien à la descente aux enfers de Jean-Christophe. David B. montre comment chaque membre de

*Chapitre un*

la famille gère la maladie de Jean-Christophe, alors que ce dernier la subit. Il accepte les traitements dans les premiers tomes, se révolte contre l'injustice d'être malade alors que son frère et sa sœur ne le sont pas dans le troisième tome. Enfin, dans le dernier tome, il semble avoir accepté sa condition, peut-être même s'y complaît-il un peu trop comme paraît lui reprocher sa famille. Sa tristesse (la phase de dépression) n'est pas énormément montrée. Un jour, David est chez ses parents et il lit des fragments de textes écrits par son frère. "Il y parle de son désespoir, et de sa solitude, et c'est comme si c'était moi qui l'avais écrit," dit la cartouche, porte-parole de David B (vol. V 41). Encore une fois, David s'identifie à son frère, mais cette fois à son côté humain, à cette partie de lui qui souffre. Il comprend que son frère lui ressemble peut-être plus qu'il ne le pensait, et que malgré les apparences, le Jean-Christophe qu'il connaissait se cache tour à tour derrière la nonchalance et la violence. Cette réalisation semble réveiller en lui l'amour fraternel, depuis longtemps enfoui sous une myriade d'émotions.

Dans *Deuxième Génération*, le point central est le père de Michel. Autour de lui tourne énormément d'interrogations du jeune Michel, et aussi une part de peur. La première vignette de l'album plonge le lecteur au cœur thématique de l'œuvre en présentant le père de Michel défini par son statut de survivant, et les questions que se posent Michel générées par son intense désir de comprendre ce que son père, sa famille, et sa communauté ont vécu. Le reste de la planche présente la famille du père à travers la reproduction d'une photo, dont Kichka dit "Je n'ai cessé de la regarder en cachette, en versant de grosses larmes" (5). Malgré un certain silence entre le père et le fils, Michel a une bonne relation avec son père. C'est une relation d'autant plus privilégiée car comme il l'explique, "maman aimait faire les enfants, pour papa, mais elle n'aimait pas s'en occuper" (27). En effet, Michel nous brosse le portrait d'une mère plutôt froide. On peut la voir en train de manquer de patience avec les sœurs et le frère de Michel à plusieurs reprises (pages 30 et 35 par exemple), ou bien encore imposer des règles strictes aux enfants qui ont parfois peur d'elle (dès la seconde page, et page 32). Elle n'est du reste pas vraiment présente dans le reste de l'album. De plus, dans son enfance, la fratrie était séparée, "nous avons tous été en pension, loin les uns des autres" (27). Sauf quand ils sont tous à table, Kichka a tendance à se dessiner seul, ou à dessiner ses sœurs et son frère à une certaine distance les uns des autres, marquant ainsi visuellement ce manque de proximité à la fois physique et émotionnel. Kichka évoque quand même quelques moments de complicité qu'ils partagent avec son frère et ses sœurs, mais toujours en lien avec leur relation avec leurs parents. Il décrit d'abord la chambre qu'il partageait avec son petit frère Charly, qu'il fallait tenir bien rangée car sinon leur mère les grondait. Plus tard, lorsqu'il est adulte, il se montre avec sa sœur ainée en train de converser de leur père et de leur enfance, qui pour elle n'a pas été particulièrement heureuse (75). Au contraire, Michel semble avoir une relation privilégiée avec son père, et cet amour qu'il a pour lui se traduit en tristesse par procuration lorsqu'il repense à tout ce qu'a perdu ce dernier. En plus d'être les deux "personnages" les plus dessinés, Michel multiplie les souvenirs avec son père, de sa petite enfance, à l'âge adulte: son père qui fait le pitre à table (6), qui le console de ses cauchemars (10), qui l'amène à l'école (11), qui lui rend visite une fois par mois au pensionnat (17), qui lui dit qu'il est fier de lui (18), Michel qui s'occupe de son père malade quand il est adolescent (31), son père qui lui rend visite pendant quelques jours lorsqu'il est adulte, qui l'aide à dessiner lorsqu'il est petit (37), etc. suivis de nombreuses interactions et discussions plus adultes dans la second moitié du livre. Malgré cette relation privilégiée, il reste de nombreux non-dits entre le père et le fils. C'est l'intimité de son traumatisme que refuse le père au fils, par le refus d'en parler directement lorsqu'il est enfant, puis par la volonté d'en parler dans un contexte public lorsqu'il est adulte. Michel refuse pendant très longtemps d'accompagner son père en pèlerinage à Auschwitz avec ses groupes scolaires parce que ça n'est pas cette version-là de son père qu'il veut connaître. Il ne veut pas connaitre son père qui joue le rôle de survivant. Il aimerait au contraire que son père puisse être vulnérable et ne se confier de façon sincère, rien qu'à lui.

Dans la dynamique familiale, tout est fait pour ménager le père, voire amender son passé traumatique. Michel explique que "la règle à la maison était la suivante: papa avait toujours raison" (30), et la famille devait toujours se présenter comme exemplaire, ce qui est par ailleurs le nom du second chapitre, "une famille exemplaire." Et c'est un rôle difficile à tenir pour tout le monde. Comme l'explique Robert Ezra Park, "It is probably no mere historical accident that the word person, in its first meaning, is a mask. It is rather a recognition of the fact that everyone is always and everywhere, more or less consciously, playing a role … it is in these roles that we know each other; it is in these roles that we know ourselves" (259). Il ajoute, "this mask represents the conception we have formed of ourselves—the role we are thriving to live up to" (259). Cette idée de masques que l'on porte liés à notre identité en société se retrouve dans plusieurs recherches sociologiques, et Goffman en s'appuyant sur les travaux de Park, développe l'idée que "the self [is] a performed character" (245), dont tous les masques forment la personne entière qui ne peut être entièrement elle-même que lorsqu'elle est seule car ces différents masques sont souvent imposés par nos interactions sociales. Autant on peut porter un masque que l'on a choisi, autant il est difficile de porter celui qu'on nous impose.

La mère de Michel a du mal à assumer son rôle de mère et préfère se concentrer sur son rôle d'épouse. Les enfants, quant à eux, ont beaucoup à porter sur leurs épaules. En public, ils doivent se présenter comme la famille parfaite. En privé, les règles de vie renforcées par la mère sont assez strictes. Page 30, Kichka explique que sa grande sœur Hannah a eu une adolescence "brimée," que sa mère manquait de tact lorsqu'Irène rencontrait des difficultés scolaires, et que Charly, souvent malade, aurait pu bénéficier d'un peu plus d'amour maternel. À la même page, il indique que lui était "l'enfant modèle." Kichka essaye de répondre à presque toutes les attentes de ses parents. Il a en effet de bonnes notes qui font que son père le parade chez toutes ses connaissances du quartier juif (17–18), il fait sa Bar-Mitsvah, plus par respect pour sa communauté que par croyance religieuse, puisqu'il avoue lui-même que son père est athée depuis les camps (43–45), il rompt avec une jeune fille dont il est très amoureux car elle n'est pas juive (47), et lui qui a toujours eu un penchant pour la bande dessinée fait toutefois une école et obtient "un bon diplôme" (48). Son père est présent dans ces moments-là, et l'influence familiale se fait sentir à travers les images. On peut le voir page 17 au centre de l'image dire à Michel de dos au lecteur "je n'ai pas pu finir l'école à cause des nazis. Alors sois toujours premier de classe, promis?" Henri est au premier rang de la Bar-Mitzva de son fils (43), et de sa cérémonie de remise de diplôme de son école de dessin en bâtiment (48). Dans cette image en particulier, il ressort de la foule vers laquelle il se tourne pour annoncer "c'est mon fils!" (43). Le seul acte de rébellion pour montrer son individualité semble être le fait que Michel change ses vêtements avant d'aller à l'école lorsqu'il est adolescent (32–33). Ce chapitre entier expose le contexte familial de son enfance, les différentes pressions plus ou moins conscientes subies, mais sans jugement. Kichka ne tombe jamais dans l'accusation, il cherche surtout à exposer et comprendre le dynamisme de la seconde génération (comme l'indique son titre), c'est-à-dire la génération d'après celle qui a subi un violent traumatisme, en l'occurrence ici la Shoah. Ce qui fait partie de la mémoire pour les survivants, devient la post-mémoire pour leurs enfants. Marianne Hirsch définit cette notion comme "grandir avec l'héritage d'écrasantes mémoires, être dominé par des récits qui ont précédé sa propre naissance" et qui font de l'ombre à la vie présente car même si "ces évènements sont survenus dans le passé, ... leurs effets continuent dans le présent (205). En simplifiant, on pourrait parler de traumatisme par procuration. Et ce traumatisme est caché, plus ou moins bien, derrière les différents masques.

Jung, lui aussi, jongle avec une grande quantité de masques pendant son enfance. D'abord, lorsqu'il arrive dans sa nouvelle famille, une famille qui ne lui ressemble pas, une famille qui ne parle pas sa langue, qui ne mange pas ce qu'il mange, une famille complètement étrangère au sens à la fois littéral et figuratif, il se sent comme une bête étrange. Il entre dans une fratrie de quatre enfants et remarque tout de suite que chez eux, ce ne sont pas leurs peaux mais leurs cheveux qui sont de la couleur du miel (vol. I 45). Jung fait une présentation complète de sa nouvelle famille, une place et une case par membre, sauf pour les parents qui sont dans la même case, en indiquant le nom, le sexe, et quelques informations sur la personne, comme ce qu'elle aime ou n'aime pas (vol. I 46). Malgré ses réticences, la sphère dans laquelle Jung s'intègre parfaitement, et cela depuis le début, est celle de ses frères et sœurs. Il choisit de se remémorer en premier lieu un incident où il manque de rendre sa sœur borgne en voulant jouer à Guillaume Tell. Même s'il a très peur d'être puni, les enfants se mettent d'accord pour mentir aux parents, afin qu'aucun d'entre eux ne se fasse disputer (vol. I 51–55). Jung se remémore certainement cet événement comme un bon souvenir, car ce mensonge participe à la création d'une sensation de lien fraternel, et que peut-être pour la première fois il a eu l'impression d'appartenir vraiment à un groupe grâce à ce secret qui les liait. De plus, Jung peut entretenir une relation particulière, plus proche, avec l'un de ses frères, car ils ont le même âge. Lorsqu'ils sont petits, les deux garçons jouent beaucoup ensemble car ils partagent les mêmes centres d'intérêt. En outre, ils grandissent en même temps, commencent à s'intéresser aux filles au même moment, et c'est ensemble qu'ils voient leurs corps changer sous l'effet de la puberté. Il est également proche de sa sœur Coralie. Cette dernière prend sa défense dans plusieurs situations, lorsque d'autres enfants les accusent de ne pas être frères et sœurs, ou bien lorsque leur grand-mère dit à un voisin que sa fille n'a que quatre enfants (vol. I 89). Coralie lui permet également de copier sur elle en classe car elle a de bonnes notes (vol. II 57). Les deux enfants ont donc en quelque sorte gardé le même lien depuis l'aventure Guillaume Tell. Rapidement, Jung se sent bien dans la fratrie, car ses membres n'ont jamais fait de différence. "J'étais des leurs" (vol. I 82), dit-il fièrement. À l'inverse des adultes, les enfants ne semblent pas faire de différence raciale, ce qui permet enfin à Jung de se sentir à sa place quelque part. Le soutien et l'affection dont il manque auprès des adultes, il les trouve au sein de sa fratrie. Ses frères et sœurs sont capables de voir au-delà des différences physiques, pour se trouver des points communs: ils sont tous des enfants.

Par contraste, les relations de Jung avec sa mère adoptive sont houleuses, autant qu'elles semblent l'être avec les autres enfants, d'où peut-être la solidarité qui se manifeste entre eux. Quand Jung parle de "bloc," en référence aux relations qu'il entretient avec ses frères et sœurs, il est possible de l'interpréter comme un bloc contre les parents, mais aussi contre le reste de la communauté. Pendant très longtemps, Jung ne se sent pas aimé par sa mère adoptive. On la voit d'abord manquer de patience, renonçant à essayer de lui apprendre à faire du vélo (vol. I 49), et c'est le père qui s'y attelle. De plus, elle montre rarement des signes de tendresse. Par exemple, elle ne prend jamais les enfants dans ses bras. Jung semble en souffrir cruellement (vol. I 61). C'est pour lui une autre forme de rejet, qui s'ajoute à la peine de l'abandon. Il accepte douloureusement cette situation, et envie les enfants qui ont une famille différente. Il est d'ailleurs plus qu'enchanté lorsqu'une tante fait preuve avec lui d'une certaine tendresse physique (vol. I 63). Elle ne fait que le laisser poser sa tête sur ses genoux pendant un trajet en voiture, mais l'enfant s'imagine sur un petit nuage de douceur. Visiblement, ce souvenir l'a profondément marqué. Enfin, à seize ans, il n'a plus peur de sa mère adoptive et ose lui répondre lorsqu'elle lui crie dessus (vol. I 37). Toutefois, il explique que sa petite sœur (Valérie, une petite Coréenne) est le "souffre-douleur" de sa mère, une sorte de Cendrillon, et Jung en arrive même à se demander pourquoi ils l'ont adoptée, une question qui reste sans réponse (vol. II 39–40). L'affection qu'elle ne trouve pas chez sa mère, elle la trouve un peu chez son père, et il en va de même pour Jung.

Un autre souvenir de sa mère adoptive lui a laissé une cicatrice au cœur. Après qu'il a dérobé des tickets repas à l'un de ses camarades, sa mère adoptive, devant tous les enfants, dans la voiture, s'adresse à Jung de manière très dure. D'après Jung, cette violence verbale lui a fait plus de mal que n'importe quelle violence physique. Elle lui dit: "Tu es une pomme pourrie." Et elle ajoute: "Je veux que tu restes loin de MES ENFANTS"[10] (vol. I 78). L'adulte qu'est devenu Jung peut comprendre que sa mère était très fâchée ce jour-là, et semble s'en vouloir de lui en avoir tenu rigueur jusque-là. Encore une fois, le double sentiment attaché au fait d'avoir été adopté ressort: comment en vouloir à ceux qui vous ont "sauvé," même si ce "sauvetage" n'était pas votre choix? Malgré tout, Jung admet que "depuis ce jour-là, quelque chose avait changé … Le doute s'était installé" (vol. I 83). Cet incident le pousse à réfléchir à son adoption, surtout le pourquoi de celle-ci. Ce n'est qu'à la fin du second tome que Jung entend ce qu'il a toujours eu envie d'entendre. Après avoir été très malade et avoir failli mourir, la mère adoptive de Jung lui montre enfin l'affection qu'il a attendue toutes ces années. Elle lui met une main sur l'épaule pour le consoler lorsqu'il pleure, et lui dit qu'il a la même place dans son cœur que ses autres enfants. Il se rend alors compte que lui aussi avait peut-être été réticent au fait de laisser entrer sa mère adoptive dans son cœur, comme une trahison de sa mère biologique, et une trahison de ses origines. Jung est visiblement tiraillé entre son désir de garder ses racines et son désir de s'intégrer. On peut même aller jusqu'à dire que chaque mère représente les deux patries de l'enfant.

Cependant, l'ombre de la mère biologique plane sur toute l'œuvre dès le premier chapitre (vol. I 28–29). Son visage est caché, car inconnu, et elle marche dans une forêt dont les arbres n'ont plus de feuilles. Ce paysage fait penser à un paysage hivernal, infertile. Jung imagine des retrouvailles fantasmées et ajoute: "On réécrirait notre histoire" (vol. I 30). La plupart de ces scènes sont dessinées en vue plongeante, comme pour mettre de la distance et souligner l'aspect onirique. La quête de sa mère, c'est la quête de sa propre identité, de ses racines doublement perdues (biologiques et nationales). Jung rêve d'une histoire qui se serait passée différemment, où il n'aurait pas été abandonné. "Si les événements s'étaient passés ainsi" (vol. I 31), dit-il, éprouvant du regret et partageant avec nous un dialogue interne. Mais ce n'est pas ainsi que les choses se sont passées, Jung le sait, et à la fin du premier chapitre, la mère et le fils partent dans des directions opposées. À la fin du premier tome, Jung évoque sur plusieurs planches la situation très difficile des femmes en Corée depuis les dernières décennies. Il imagine que sa mère était une mère célibataire qui a dû l'abandonner à cause de pressions sociales, mais qui l'a aimé "de toutes ses forces jusqu'à son dernier souffle" (vol. I 129). L'amour qu'il a pour elle reste une image qu'il a créée, car il n'a aucun moyen de savoir qui elle est et pourquoi elle n'a pu le garder. En revanche, il avoue ne penser que très peu à son père biologique (vol. I 132). Cela s'explique notamment, d'après Freud et Lacan, parce que la mère est le premier objet d'amour de l'enfant, or dans ce cas, il est manquant et devient comme obsessionnel. Sa mère adoptive ne peut donc pas lutter contre cette image de femme parfaite que Jung s'est faite de sa mère biologique. Jung adulte, prenant du recul, conclut tout de même qu'il n'a jamais manqué de rien (matériellement) et que ces gens lui ont donné une famille. Il se demande s'il n'en attendait peut-être pas trop, renvoyant la faute sur lui-même (vol. I 136) et montrant ainsi le sentiment de culpabilité associé à celui de honte. Sa mère adoptive n'est pas la seule à devoir lutter contre l'image d'un fantôme. Lorsqu'il est adolescent, Jung entretient une correspondance avec une jeune fille pendant six mois. La jeune fille tombe amoureuse de lui, ils se rencontrent et échangent leur premier baiser. Mais Jung prend peur et rompt le contact. Il admet qu'à cette époque, aucune fille n'aurait été assez bien pour lui, car au fond, c'est sa mère qu'il recherchait (vol. II 282). Du reste, il n'est pas étonnant qu'il éprouve des difficultés d'attachement, vu la manière dont il a toujours été traité par les adultes qui devaient s'occuper de lui.

Comme mentionné précédemment, les deux premiers tomes de *Couleur de Peau: Miel* sont assez différents des deux derniers car Jung a acquis une notoriété jusqu'en Corée où il a alors l'occasion de faire plusieurs voyages et même de passer à la télévision. Il a aussi l'occasion de faire ce que fait David B., c'est-à-dire demander à sa mère ce qu'elle pense de ses tomes I et II dans lesquels elle n'est pas montrée de manière élogieuse. C'est dans le chapitre 1 du tome 4 que se passe cet échange. La mère de Jung, alors divorcée, vit seule, et Jung avoue ne pas aller la voir souvent. L'âge adoucissant peut-être, elle ne semble pas lui en vouloir et être même fière de lui, elle lui dit: "Pour moi, tu as décrit la vérité; il est vrai que j'ai pu te dire des choses parfois dures sous le coup de la colère, mais ça arrive à tout le monde. Je ne le pensais pas ... Moi, j'ai beaucoup aimé ton livre ..." (IV 27) Ce qui est intéressant dans cette scène est la façon dont Jung la dessine. Dans les planches précédentes, il alterne entre quelques images de lui-même, puis des images de sa mère qui en train de parler, qui vont du plein pied au gros plan. Cette image en particulier qui contient le court monologue de la mère de Jung sur ce qu'elle pense de son travail de dessinateur, prend une planche entière. Environ un quart de la page est dédié au monologue présent dans la cartouche, l'autre partie est l'image de la maison d'enfance de Jung, où réside toujours sa mère adoptive. Son monologue se termine avec la mère demandant à son fils de dédicacer ses exemplaires de ses bandes dessinées. Cette maison d'enfance est tout autant le symbole de son enfance que sa mère adoptive. Par ailleurs, avant et après cette scène, il dessine certaines pièces de cette maison et évoque des souvenirs qui leur sont associés. Indirectement, la quête de sa mère biologique lui a permis de faire la paix avec son passé, et surtout de trouver cette mère adoptive telle qu'il l'espérait petit. Cela est par ailleurs confirmé dans la conclusion du tome "Plus jeune, j'ai rêvé de ma maman coréenne ... Aujourd'hui, tout ça n'a plus beaucoup d'importance ... il faut chérir les gens qu'on aime" (IV 139), suivi d'une vignette où l'on peut voir le haut du visage de sa mère adoptive. Jung n'abandonne pour autant pas ses recherches (dans ce tome, il va deux fois en Corée, sans succès mais avec des pistes). L'auteur annonce clairement dans sa préface que sa "quête identitaire" est "en constante évolution, en devenir" et qu'il "pense déjà au tome V" (IV préambule), c'est-à-dire que son histoire s'écrit, et se dessine, devant nos yeux.

## Cerner l'invisible

Cette histoire qui s'écrit et se dessine devant nos yeux montrent au lecteur bien plus que la simple histoire, si on considère l'histoire comme une liste de faits. Souvent, ces auteurs tentent également

*Chapitre un*

de montrer au lecteur tout un monde invisible à l'œil nu: le poids de la maladie, le poids du traumatisme, le poids de la différence, le poids du regard des autres.

Dans *L'Ascension du Haut Mal*, Jean-Christophe porte de différentes façons la maladie sur lui. Dans la toute première scène, deux des vignettes présentent en gros plan le visage de Jean-Christophe, et ce portrait n'est pas flatteur. Il n'a plus de dents de devant, des cicatrices parsèment son visage, ses yeux sont fatigués. Les plans plus éloignés ajoutent à cette image dépréciative. Jean-Christophe est plus grand que son frère, mais il ne se tient pas droit et semble presque bossu. Il souffre clairement de surpoids, et il n'a plus de cheveux à l'arrière du crâne. À travers ces dessins, David B. insiste sur l'aspect physique de la maladie de son frère, sa manifestation visible à l'œil nu. Dans cette scène, David B. prend conscience de la différence de son frère, du fait que toute trace du grand frère qu'il imaginait a été effacée par la maladie. Il veut faire passer à travers ses dessins le choc qu'il a lui-même ressenti devant ce frère qui lui apparaît alors comme un étranger: "L'espace d'un instant, je n'ai pas reconnu mon frère," (vol. I 1) Les mots et les images se répètent pour insister sur les traces extérieures de l'épilepsie: Jean-Christophe porte la maladie sur lui. Les deux frères n'ont plus rien en commun, et ne savent même plus comment communiquer. Jean-Christophe a peur de déranger son frère et n'ose pas entrer dans la salle de bain, David lance un "bonne nuit" marqué par l'hésitation en quittant la pièce (vol. I 1). Le lien fraternel entre les deux hommes paraît avoir été considérablement rompu par la maladie.

Si David B. peut insister sur l'aspect visuel de la maladie, c'est parce qu'il a choisi comme médium la bande dessinée pour relater son histoire. Tout au long des six tomes, à travers ses dessins, David B. essaie de cerner l'épilepsie. C'est une maladie que l'on pourrait qualifier de difficilement saisissable. Jean-Christophe ne se souvient pas de ses crises, et ceux qui sont là quand elles se produisent y assistent, impuissants, sans avoir pu la prédire, sans savoir ce qui se passe dans la tête de Jean-Christophe, ni combien de temps elles vont durer. Enfin et surtout, personne ne sait vraiment pourquoi elles surviennent. La seule chose que les médecins savent, c'est qu'il s'agit d'une affliction neurologique (une lésion cérébrale) à l'origine souvent inconnue. Plusieurs fois, dans les différents tomes, David B. dessine son frère, le crâne disproportionné et ouvert en deux, entouré de différents médecins qui creusent, aspirent, ou électrocutent son cerveau, à la recherche d'une réponse. Ces médecins tentent de percer l'origine du mal qui affecte Jean-Christophe, sans succès. Ces images reflètent les interrogations de David, et, en quelque sorte, celles de toute la famille. Ils se demandent tous d'où vient l'épilepsie, comme si en connaître la cause permettrait de la contrôler, voire de l'éradiquer.

Pour faire comprendre comment les crises de son frère se manifestent, et ce qu'elles provoquent chez ceux qui les observent, David B. les dessine fréquemment. Il dessine parfois des crises entières, lorsque les traits de son frère se figent, que son corps se crispe, puis bascule et tombe, partageant même des détails intimes peu flatteurs, comme Jean-Christophe qui bave. D'autres fois, il dessine simplement son frère en crise, c'est-à-dire par terre, les yeux dans le vague, voire révulsés, les membres raidis, tout semblant tourner autour de lui. La toute première crise est montrée dès la huitième page. Les deux frères jouent sur une moto à l'arrêt, quand Jean-Christophe semble s'évanouir (vol. I 8). Dans ce premier tome, David B. dessine deux autres crises qui se produisent alors que la famille est à table en train de manger, et un début de crise que Pierre-François (David, avant qu'il ne décide de changer de nom dans le tome IV) s'amuse à provoquer chez son frère. La toute dernière vignette du premier tome représente Jean-Christophe, une épée à la main, ayant terrassé une sorte de créature mi-lézard mi-dragon, proche de la salamandre, qui symbolise la maladie de son frère. Cette salamandre est une métaphore visuelle récurrente tout au long de l'œuvre. Dans la première partie, elle est présente à chaque crise. Elle semble "croquer" Jean-Christophe. Comme l'origine du mal est inconnue, David B. imagine une force extérieure qui vient s'emparer de son frère pour l'emmener dans un autre monde. Rendre la maladie concrète, c'est rendre son apprivoisement possible en donnant un visage, une forme, à l'ennemi. Dans la cartouche de la vignette où Jean-Christophe semble l'avoir terrassée, David B. déclare: "Il est guéri" (vol. I 51). Mais le lecteur se doute bien que la salamandre ne va pas se laisser vaincre aussi facilement. La présence de cet animal, ainsi que celle d'autres animaux présents uniquement dans l'imagination du narrateur, ne fait que renforcer le caractère mythique de l'histoire racontée par David B. Ces animaux sont des symboles de forces extérieures à l'être humain et personnifient l'incompréhensible. Même s'ils ne sont pas réels, ils font partie de la réalité du narrateur. Ces animaux sont le seul moyen pour David d'appréhender certaines choses ou sentiments, comme la maladie ou la mort. Il s'agit d'une forme de compensation causée par un manque de connaissance, ce qui est la fonction principale du mythe.

Dans le premier tome, les crises sont donc limitées à l'espace familial. Cependant, dans le deuxième tome, elles ne s'y confinent plus. Sur onze crises dessinées, une se produit alors que les deux frères jouent avec d'autres enfants du quartier, une autre pendant un voyage en train, et la dernière chez le médecin. C'est à partir de ce moment-là que la famille et ses membres comprennent à quel point la maladie affecte également leur vie, notamment socialement. Au poids invisible de la maladie, s'ajoute alors celui tout aussi pesant du regard des autres. Dans le livre *Stigma, notes on the management of spoiled identity*, le sociologue Erving Goffman explique que les personnes différentes, les personnes qui ne correspondent pas aux attentes ni aux normes de la société, sont stigmatisées par cette dernière, c'est-à-dire qu'elles sont "disqualified from full social acceptance" (preface 3). Il classe les différents types de stigma en trois grandes catégories: les personnes au corps difforme, les personnes avec des problèmes mentaux, et enfin les stigmas basés sur l'ethnicité ou la religion d'un autre. Il oppose les individus stigmatisés au individus "normaux." Il explique que par définition, les personnes qui présentent ces stigmas ne sont pas, aux yeux des autres, complètement humains, et qu'ils subissent alors plusieurs types de discrimination rationalisée par les discriminateurs (5). Le résultat étant, ces personnes qui se sentaient au départ "normal" commence à avoir honte de leur différence, voire à internaliser cette discrimination, au point de vouloir changer pour être accepté par cette société (7–9). Évidemment, cela va de pair avec beaucoup de souffrance. Dans *L'Ascension du Haut-Mal*, le lecteur n'a pas un accès direct aux ressenti de la personne stigmatisée, cependant par association, toute la famille s'ostracise. Les enfants, surtout au moment de l'adolescence, ne veulent pas être associés à leur frère qui est différent, et lui en veulent à la fois d'attirer le regard désobligeant d'autrui et d'accaparer toute l'attention de leurs parents.

Dans le troisième tome, deux crises publiques sont dessinées. L'une se produit à l'école, ce qui vaut un renvoi, et l'autre dans la rue. Pour cette dernière, David B. choisit de composer sa planche dans une grande case unique, qui prend donc la place qu'occupent normalement six vignettes. Jean-Christophe est au centre, le visage couvert de sang, mais il est aussi dessiné en petit, à droite, sur le côté de la route, entre les griffes du reptile dont le corps se fond avec la route menant au supermarché. Cette double présence de Jean-Christophe est le symbole d'une dissociation que fait David B.: son frère malade est une autre personne. De plus, d'après Jan Baetens et Hilde Van Gelde, les "larges vignettes" sont utilisées par David B. comme pour montrer le bégaiement d'une histoire qui n'arrive pas à se dégager de la fatalité du malheur répété" (193). Ici, la route qu'emprunte Jean-Christophe est celle de la maladie, et il n'y en a pas d'autres. Il est celui à son centre, même si d'autres personnes peuvent parfois l'accompagner, et ce petit double de lui-même sur la route peut aussi représenter la petite partie—si petite qu'on ne peut la localiser—de son cerveau qui est malade. Ces auteurs font une autre remarque très pertinente: pour eux, l'œuvre présente "une logique de non-progression et de circularité sans fin qui constitue exactement le noyau tragique de *L'Ascension du Haut Mal*" (Baetens et Van Gelde 190). Cette sensation d'impasse et de tragédie est montrée à travers les dessins d'une manière subtile, à savoir la récurrence du symbole du cercle. Tout au long de l'œuvre prolifère "une structure visuelle qui correspond parfaitement aux particularités du récit: l'encerclement, que *L'Ascension du Haut Mal* varie de mille et une façons ... les unes centrifuges (le rayonnement, l'éclatement, le pullulement), les autres centripètes (le resserrement, l'enfermement, l'étouffement)" (Baetens et Van Gelde 189). D'ailleurs, la salamandre est toujours très longue, entortillée autour de Jean-Christophe presque comme un serpent. Encore une fois, la dimension mythique est accentuée, associée avec un certain sentiment de fatalité. Par ailleurs, le symbole du serpent rappelle le serpent de la Bible, cause de la chute d'Adam et Ève. Ce sentiment d'enfoncement, mais en même temps de cycle, est présent chez d'autres autobiographes. Philippe Lejeune, dans *Le Pacte autobiographique*, procède à une analyse détaillée du début des *Confessions* de Jean-Jacques Rousseau et en tire la conclusion que le philosophe construit son récit de manière similaire au mythe des quatre âges: or, argent, airain et fer (94–100). Ces quatre temps sont une progression du paradis à l'enfer. Alors que Rousseau commence sa vie avec son père dans une maison où la vie est douce, son premier livre se termine sur sa fugue, livré à lui-même. David B. procède de façon similaire en commençant son récit lorsque sa vie était "normale" et que Jean-Christophe n'était pas malade. Dans son dernier volume, il est un adulte, et ne voit Jean-Christophe que rarement, mais la maladie de ce dernier continue de le hanter. Elle affecte ses amitiés, car ses amis ont du mal à comprendre ce qu'il a traversé et cela est parfois trop lourd pour eux. Il fait également des cauchemars, et se demande si sa propre difficulté à avoir des enfants est liée à la maladie de son frère, une sorte de malédiction génétique, entre superstition et médecine.

Dans le tome V, Jean-Christophe fait cinq crises, toutes en dehors du cadre familial. La famille a perdu tout contrôle, à la fois sur Jean-Christophe, sur sa maladie, mais aussi aux yeux des autres. La question du regard de la société revient fréquemment. D'après les anthropologues Marc Augé et Claudine Herzlich, le désordre biologique devient un désordre social dans le sens sociétal, ce qui rejoint ce que dit Goffman. En effet, être malade constitue un événement à la fois fondateur et social, au même titre que la naissance et la mort (23–29). On ne se souvient pas de notre propre naissance, et on ne la connaît qu'à travers les récits des personnes présentes à ce moment-là, de même que notre mort sera racontée par d'autres; d'où la dimension sociale de ces deux événements. Pour Augé et Herzlich, la maladie est elle aussi à l'intersection du biologique et du social, puisqu'elle affecte le sujet, mais également le groupe et la société (23–69). Dans le cas de Jean-Christophe, la maladie affecte non seulement la famille qui a fait le choix de vivre en s'adaptant à ses besoins, mais également la communauté qui ne sait pas toujours comment réagir face aux manifestations de cette maladie. David B., en exposant les crises que Jean-Christophe fait en public, montre au lecteur le regard de l'autre, et lui renvoie en quelque sorte son propre regard, comme une dénonciation indirecte: ceux qui ne savent pas jugent. Or le lecteur est dans une position ambivalente: il est parfois le confident imaginé qui peut comprendre David, et aussi cette figure anonyme qui juge et se fond dans la masse des "autres."

Dans le sixième tome, l'auteur nous dit aussi que la maladie isole; elle est comme avoir un monstre en soi. Son frère est une sorte de monstre aux yeux des autres. Très souvent, Jean-Christophe est montré de manière disproportionnée, il fait deux ou trois fois la taille de ceux qui sont autour de lui. Il devient une sorte de géant, ce qui signifie d'une part qu'il n'est plus complètement humain, d'autre part qu'il ne peut se soustraire au regard des autres. Cette image reflète également la peur disproportionnée que les autres ont de lui. La violence qu'ils lui attribuent est en réalité la violence avec laquelle ils le rejettent. Ces "autres," c'est-à-dire ceux qui ne font pas partie de son entourage proche, ceux qui ne le considèrent pas complètement comme humain comme l'explique Goffman, qui n'ont pas l'habitude d'interagir avec des personnes souffrant d'épilepsie, et qui pour leur part, ne souffrent peut-être pas de graves problèmes de santé. Dans le tome II particulièrement, il y a d'abord les enfants du voisinage qui refusent de jouer avec Jean-Christophe, et leurs parents demandent à ceux de David s'ils peuvent l'empêcher de sortir. Mais les adultes réagissent également de manière excessive. Lorsque Jean-Christophe fait une crise violente dans un train, un homme qui assiste à la scène sort en claquant la porte du wagon, complètement outré par ce qu'il vient de voir. De même, dans le cinquième tome, une foule (dont les yeux font presque la taille de la tête des Beauchard) les entoure et les fixe du regard alors que Jean-Christophe est en pleine crise d'épilepsie. Dans cette scène particulière, les lecteurs se trouvent à une place intéressante en termes de point de vue. David B. ne les place pas parmi la foule, mais il ne les place pas non plus aux côtés de la famille Beauchard. Ils sont placés aux côtés de Jean-Christophe. À ce moment de l'histoire, le lecteur en sait assez sur Jean-Christophe et sur sa maladie pour ne plus être considéré comme un vulgaire passant. Le lecteur est devenu ce que Lauren Berlant nomme "un public intime." En nous faisant entrer dans sa vie intime, David B. nous permet de changer notre regard sur son frère et sur cette maladie en général. Nous ne faisons plus partie de ceux qui rejettent, et les lecteurs, ce public intime, commencent à condamner ceux qui le rejettent. Le rejet du monde extérieur est toutefois réel, et dans le dernier tome, Jean-Christophe se fait passer à tabac par des policiers qui le prennent pour un drogué.

David ressent particulièrement le poids du regard des autres lorsqu'il sort de l'espace familial. Dans les derniers tomes, il se rend compte qu'il a du mal à se faire des amis. Beaucoup de gens ne veulent pas entendre parler de la maladie de son frère, et même ceux qui sont ouverts au départ finissent par trouver le fardeau trop lourd à porter et prennent leurs distances. David B. met en évidence la dimension sociale de la maladie qui l'affecte lui aussi,

*Chapitre un*

même lorsqu'il ne voit plus son frère au quotidien. "Nous sommes solidaires de Jean-Christophe" (vol. IV 49), dit-il, et l'utilisation du mot "solidaire" par David B. est un choix qui caractérise la relation ambiguë que les membres de la famille partagent avec la maladie de Jean-Christophe, maladie qui devient dans ce contexte métonymique de sa personne. Le mot "solidaire" porte en effet en lui deux connotations. La première est négative, car un débiteur est solidaire de son créancier, c'est-à-dire dépendant de la personne à qui il emprunte et doit de l'argent. La dépendance est forcée, obligatoire. La seconde connotation est plus positive, puisqu'il s'agit d'une dépendance volontaire, d'un soutien, voire d'une responsabilité envers quelqu'un. Ce mot représente donc bien la scission entre la maladie de Jean-Christophe (le point négatif) et Jean-Christophe comme frère (le point positif). Cette scission est aussi présente dans les images, puisque les visages de la famille Beauchard présentent des contrastes noirs et blancs marqués, rappelant le symbole du yin (blanc) et du yang (noir) provenant de la cosmogonie chinoise et symbolisant une tension entre les deux pôles opposés mais complémentaires présents dans l'Univers.

Par ailleurs, David B. fait donc constamment appel à des métaphores visuelles. Ce monde onirique particulier à cet auteur est, de tous les bédéistes du corpus, et de loin, celui qui incorpore le plus de rêves et de souvenirs fantasmés. Son style est d'ailleurs loin du style réaliste[11]; on peut même le qualifier de surréaliste.[12] Cela peut surprendre, lorsque l'on parle d'une bande dessinée *autobiographique*. Cet adjectif porte une idée de réalisme, mais le réalisme d'une histoire personnelle ne passe pas obligatoirement par le réalisme du dessin. Jonas Engelmann fait la même remarque. Selon lui, de nombreuses bandes dessinées autobiographiques ont la "tendency ... to consider the unreal, fantasy, and dreams as equal importance to reality" (47). Il ajoute que, si dans un film, les éléments venant de rêves ou de fantasmes donnent une dimension presque fantastique, ils semblent au contraire ajouter à l'objectif de réalisme des bandes dessinées autobiographiques (47). En effet, le bédéiste ne dévoile pas uniquement la chronologie des événements, il fait pénétrer le lecteur au cœur de son monde intérieur. D'après Charles Hatfield, ceci constitue la différence fondamentale entre les autobiographies "classiques" et les autobiographies "graphiques." Il explique que "the cartoonist projects and objectifies his or his inward sense of self" (115). Ainsi, "[unlike] first-person narration, which works from the inside out, describing events as experienced by the teller, cartooning ostensibly works from the *outside in*" (l'usage de l'italique est le fait de l'auteur du passage cité; 115). Si ce monde intérieur est particulièrement riche et développé chez David B., il est présent et montré chez tous les auteurs du corpus, en particulier lorsqu'il s'agit d'une tentative d'exprimer une souffrance physique, mentale, ou les deux à la fois.

Murray Pratt amène un autre point pertinent sur les métaphores visuelles utilisées communément dans les bandes dessinées autobiographiques qui relatent des thèmes difficiles. En s'appuyant sur des travaux de Scott McCloud,[13] W. J. T. Mitchell[14] et Linda Anderson,[15] et en prenant *Maus* d'Art Spiegelman en exemple, il défend l'idée que les bandes dessinées traitant à la fois de sujets très personnels et très complexes ont presque besoin d'être dessinées de manière moins réaliste, sous peine de paraître trop proches du voyeurisme (135). Ce qui l'amène au point suivant: la lecture d'une telle œuvre se fait de manière différente parce qu'elle est plus empathique, et parce qu'elle porte une sorte de responsabilité éthique. Auparavant, il est mentionné que David B. insiste parfois sur la manière dont son frère est jugé négativement par des étrangers ignorant tout de l'épilepsie, ce qui peut renvoyer au lecteur son propre regard. Si le lecteur avait vu de ses propres yeux son frère faire une crise dans la rue, n'aurait-il pas réagi de la même façon que les personnages que David B. dessine avec un air de dégoût et de peur sur leurs visages? Peut-être tente-t-il avec cette œuvre d'expliquer cette maladie aux "autres," dont les lecteurs font partie, pour ne plus être regardé de manière différente. Il essaie de provoquer une crise de conscience en expliquant que son frère n'est pas un monstre. L'artiste espère peut-être ainsi que ces mêmes lecteurs n'auront pas la réaction de rejet face à laquelle ils se sont tous trouvés tellement souvent confrontés. Voilà où se trouve la responsabilité du lecteur. *L'Ascension du Haut Mal*, comme la plupart des livres appartenant au genre du témoignage, se propose comme vecteur d'information et d'éducation. En exposant l'intimité de sa famille, et celle de la maladie de son frère, David B. crée un public intime autour de son œuvre. À l'inverse du public non-intime, celui avec les yeux disproportionnés qui fixe du regard le malade, le public intime se positionne en tant qu'allié de la famille Beauchard. Faire entrer l'autre dans son intimité, c'est faire changer son positionnement et ainsi son regard sur l'autre en souffrance.

*Chapitre un*

Comme cette souffrance est souvent invisible, et impalpable, il faut bien que ces auteurs trouvent différentes façons de montrer ce qui est imperceptible. Alors que David B. représente la maladie de son frère avec de nombreuses métaphores visuelles, ainsi que le poids du regard des autres, Kichka, lui, représente la façon dont le passé de son père est constamment enchevêtré dans son présent. Kichka précise à quel point la bande dessinée *Maus* d'Art Spiegelman l'a influencée dans sa décision d'écrire *Deuxième Génération* (81), bande dessinée qu'il a offerte à son père qui ne s'y est pas vraiment intéressé. Le premier tome de *Maus* porte comme sous-titre: "un survivant raconte—mon père saigne l'histoire." Cette deuxième partie à l'imagerie métaphorique est très parlante. D'un côté, le sang qui représente à la fois la vie et la mort, de l'autre l'empreinte, l'aspect liquide qui pénètre, et quand il s'agit d'une bande dessinée, on ne peut que penser à l'ancre du dessin. Henri Kichka lui aussi saigne l'Histoire, mais il saigne aussi l'histoire de son fils, dans le sens où il la marque. Michel n'a jamais fait l'expérience personnelle, réelle de l'Holocauste, et pourtant, lorsqu'il raconte son histoire, il est omniprésent (c'est le principe de la post-mémoire). Dans le premier chapitre, 15 planches sur 19 contiennent une mention des camps de concentration, des nazis, de Hitler, ou de la Shoah. Dans le second chapitre, 11 planches sur 24. Dans le Chapitre 3, 11 planches sur 16. Enfin dans le Chapitre 4, 23 planches sur 27. Seule une planche sur 5 en fait mention dans l'épilogue. Tout cela pour un total de 61 planches sur 91, ce qui représente environ 67% du livre, sachant qu'il s'agit parfois d'une planche entière, et d'autre juste d'un mot. Concrètement, cette présence se manifeste de plusieurs façons. D'abord dans la parole, Michel se souvient que lorsqu'il était petit, il entendait parler des camps sans savoir ce que c'était: "Mais c'est quoi les camps?" dit-il à la seconde planche page 8, le visage tourné vers le lecteur. Il entendait aussi parler d'Hitler, des nazis, mais les détails restant peu nombreux, ils étaient dans la tête de l'enfant une sorte de croquemitaine, des méchants qui avaient vraiment existé et qui avaient tué sa famille. À ce moment-là, cette présence est liée à la peur. Kichka se remémore même des cauchemars qui le réveillaient la nuit (10). La guerre, la Shoah, continuent d'être constamment évoquées sans être directement adressées. Dans l'enfance de Michel, la vie des enfants est une revanche sur le projet d'Hitler d'exterminer les Juifs, mais aussi une raison pour

## La santé et l'enfance

en aucun cas contrarier le père qui a déjà assez souffert. Dans le chapitre sur Charly, le frère de Michel Kichka qui s'est suicidé, là encore la Shoah est montrée du doigt comme responsable. "Encore une victime de la Shoah!" dit un ami à Michel page 52. Syndrome du survivant? Syndrome de la deuxième génération? Ce bouleversement familial en provoque un autre: alors que durant son enfance, Henri ne parlait jamais de son expérience dans les camps, la mort de son fils provoque en lui l'envie de se confier sur l'autre grande tragédie de sa vie, qu'il avait gardée jusque-là refoulée. Passant d'un extrême à l'autre, Henri Kichka raconte son histoire à sa famille, mais il ne s'arrête pas là. Il écrit un livre, et conduit des visites guidées de Auschwitz. Il implore aussi Michel de l'accompagner pendant une de ces visites ce auquel Michel reste réfractaire pendant des années. Alors qu'il a tenté toute sa vie d'oublier ses souffrances, Henri Kichka reprend de l'agentivité dans son expérience et rendosse figurativement et littéralement le pyjama à rayures des prisonniers des camps. Au-delà des mots, la Shoah est présente dans les images, et c'est justement ce pyjama qui revient de manière constante, sur la couverture du livre puis près de 11 fois au cours du texte. Souvent, c'est Henri Kichka qui le porte. Page 22, la boutique de vêtements qu'ont tenu les parents de Michel est montrée. Michel précise que sa mère s'occupait de la boutique, mais que le domaine de son père était l'arrière-boutique. Cette planche ne contient que deux cases. La première, qui fait 1/3 de la page représente Henri Kichka à son bureau, tandis que la seconde, prenant les deux tiers de la page, représente un stock de vêtements sur un portant: les pyjamas rayés noir et blanc des camps. Cette tenue, c'est son identité, mais une identité qu'il est capable de faire évoluer de victime à témoin. Le pyjama n'est pas le seul symbole, on en trouve de nombreux autres qui s'immiscent tout au long de l'album, notamment des visages creusés, des têtes de mort, des corps morts, mais également Auschwitz, la croix gammée, Hitler lui-même est représenté 3 fois, et de manière plus subtile, des trains et des cheminées.

Toutes ces images sont des images extrêmement violentes, que les enfants ont internalisées. Pour comprendre le suicide de Charly, il faut encore une fois retourner à cette notion d'identification et de développement du sujet comme compris par Freud et Lacan, et à celle de la deuxième génération. Les deux fils ont pour modèle leur père, ils s'identifient à lui, tout comme David B. s'identifiait à son frère. Michel pleure une famille qu'il n'a pas connu. En parlant d'une photo de famille d'avant la guerre, il dit "Petit, je n'ai cessé de la regarder en cachette, en versant de grosses larmes" (5), puis quelques pages plus loin, on peut voir le jeune Michel pleurer à grosse larme dans le coin d'une planche entière symbolisant l'Holocauste où l'on retrouve le camp d'Auschwitz, les rails de chemin de fer qui amenaient les prisonniers, la cheminée dont la fumée laisse entrevoir le visage des grands-parents de Michel, et au milieu, le cadavre de son père, nu et squelettique. "Ma famille était partie en cendres" et "je voyais mon père mort" nous dit Kichka (9). Michel ne peut pas parler pour l'expérience de son frère, et l'auteur se réserve la pudeur de ne pas dévoiler ce que lui ai confié Charly dans sa longue lettre d'adieu (64–66). Cependant, il fait la remarque que Charly et son père se ressemblaient "comme deux gouttes d'eau" à tel point qu'on dirait des "jumeaux" (56). Ce rapprochement physique est aussi un rapprochement émotionnel, et qui va dans les deux sens. Kichka nous précise que c'est son père qui a trouvé le corps de Charly, et qu' "il a dû se voir lui-même," (57) ce qui souligne la complexité des liens entre le père et ses fils, et des liens familiaux en général, analysés en début de chapitre, mais également la notion d'empreinte de l'histoire de l'autre dans l'histoire de soi.

Qu'il s'agisse de David B, de Kichka, ou de Jung, tous les trois montrent de façon explicite ce qui n'est normalement pas visible, à savoir la souffrance, l'autre facette de cette violence. En faisait plus attention aux détails des images, on peut voir que la plupart du temps, Charly est dessiné avec un air triste, comparé à Michel qui est principalement souriant. Lorsque Charly prend la parole, c'est souvent pour montrer son mécontentement ou sa frustration. Kichka dès le départ le montre comme un enfant sensible, à la fois physiquement et mentalement. Alors qu'il peut imaginer son père mort aux camps, la seule image de Charly mort est celle de Charly enfant, tenant un jouet en forme de pistolet dans sa main, mais écorché de blessures de balles réelles. Cette métaphore visuelle est presque un oxymore, alliant la représentation de l'innocence d'un enfant qui a toute sa vie devant lui, à celle du poids de la vie et du suicide porté par l'adulte. Cette représentation qui entremêle différentes chronologies (Charly se suicide lorsqu'ils sont tous adultes, il est même marié avec deux enfants), est encore une fois une façon de montrer que les histoires ne peuvent être séparées, elles déteignent les unes sur les autres.

## La santé et l'enfance

Jung, adopté à l'âge de 5 ans, se trouve dans une situation inverse où il ne connait rien de sa famille biologique et donc de son histoire. Alors que Michel est écrasé sous le poids du passé familial et aimerait s'en détacher, Jung n'a aucun passé familial ce qui laisse un vide dans sa vie. C'est ce vide invisible qu'il essaye de faire ressortir dans ses dessins. Jung est né en Corée, mais il est adopté très jeune par une famille belge. Il lui reste très peu de souvenirs de cette période de sa vie. Jung ouvre son album en précisant où se trouve la Corée et en se montrant en train de manger dans les poubelles de Séoul avant d'être recueilli par un policier pour être amené dans un orphelinat. La planche suivante est une reproduction du document original qui était dans son dossier. Son caractère, mais surtout son aspect physique et sa santé sont détaillés. Dans les pages qui suivent, Jung reprend certains de ces détails et offre une sorte d'illustration pour ceux-ci. D'abord il reproduit deux photos qui sont montrées sur le rabat de la page de couverture, un portrait de lui "avant" (c'est-à-dire l'état dans lequel il a été trouvé), et un "après," lorsqu'il était prêt à être adopté. Dès le départ, il insiste sur son aspect physique. L'enfant "recommandé pour adoption" (vol. I 6) porte des vêtements propres, a une coupe de cheveux soignée, n'a plus d'égratignures sur le visage. La santé de l'enfant est également importante. Son dossier indique qu'il mange bien et qu'il élimine bien, qu'il voit et entend normalement, et qu'il a reçu plusieurs vaccinations (vol. I 5). Son apparence physique d'abord, son état de santé ensuite, et son caractère enfin. L'enfant doit avant tout faire bonne figure. D'ailleurs, on apprend un peu plus tard qu'une "famille qui s'était portée candidate à l'adoption se désiste au dernier moment" à cause d'une toute petite indication: "Porte une cicatrice noir-bleue entre le nez et l'œil" (vol. I 35). Jung précise que le dossier aurait dû indiquer "un bleu" au lieu d'une cicatrice, et imagine une scène dans laquelle les parents l'auraient ramené à l'orphelinat comme on ramène au magasin un article défectueux, un objet "sous garantie" (vol. I 35). Tout au long des deux tomes, Jung questionne la notion de bienveillance associée à l'adoption, qu'il s'agisse des membres de l'orphelinat ou bien des adoptants. Dans cette scène, ce sont les adoptants potentiels (et imaginaires) dont il se moque, et la façon dont les enfants adoptés sont traités comme des objets. L'adoption en elle-même est présentée de manière assez amère. Jung utilise le mot "marchandise" (vol. I 27) et vers la fin du second tome, il critique

*Chapitre un*

ceux qui adoptent et affichent leur enfant adopté comme un "signe extérieur de richesse" (vol. II 100) au même titre qu'une belle voiture, en ajoutant toutefois que la majorité des adoptants ont de bonnes intentions.

Le second détail qui semble choquer Jung dans la description de son dossier est sa couleur de peau, "miel," signe d'un discours racialisé. Il d'ailleurs choisi de faire de ce mot le titre de son ouvrage. Sa peau, son visage, et son apparence physique lui rappellent constamment, lorsqu'il est en Belgique, que non seulement il a été adopté, mais qu'il appartient à une culture complètement différente: une culture orientale. Jung ne peut d'ailleurs pas s'empêcher de faire une courte leçon d'histoire sur la Corée et sur ses relations avec les États-Unis et l'Europe (l'orphelinat étant américain), tout comme il en fait une pour la Belgique juste avant de discuter de sa nouvelle famille qui en est originaire (vol. I 42). Il brosse aussi les grandes lignes de la création de l'orphelinat "Holt Children Services Inc.." D'un côté, Jung exprime la gratitude d'une seconde chance, car être adopté c'est "naître une seconde fois" (vol. I 20). De l'autre, il déclare: "Je ne sais toujours pas si je dois remercier ou ... détester" la grand-mère Holt, qui a fondé l'orphelinat avec son mari (vol. I 20), pour avoir dispersé à travers le monde plus de 200 000 enfants coréens. L'adoption, et ses conséquences, est bien évidemment au centre de l'ouvrage, mêlée à la question de la santé et de l'identité.

Dans *Autobiographical Comics: Life Writing in Pictures*, Elisabeth El Refaie explique que "graphic memoirists are in the unusual position of having to portray themselves over and over again, often at different ages and stages of development, and in many different situations. Thus, all autobiographical comics artists are in the course of their work, constantly being compelled to engage with their physical identities" (62). Or, l'identité physique est ce qui a depuis toujours distingué Jung de ses frères et sœurs adoptifs, et des membres de son pays d'adoption en général. Son aspect physique est constamment mis en avant, par lui-même ou par les autres. Jung fait donc une place énorme au corps tout au long de l'œuvre. Les différences entre Occidentaux et Orientaux sont particulièrement soulignées. Les Occidentaux, lorsqu'il est encore en Corée, ils les appellent les "longs-nez" (vol. I 22). Même si ces albums sont en noir et blanc (Jung ne peut donc pas jouer sur la couleur de la peau des personnes qu'il dessine), il peut s'amuser à se dessiner avec un nez long et gros, disproportionné par rapport à son visage, et cela dure sur plusieurs cases. Il imagine toutes les choses qu'il pourrait faire avec un nez d'une telle proportion, d'une façon qui rappelle Cyrano de Bergerac et sa célèbre tirade sur la grandeur du sien. Indirectement, il se demande à quoi il aurait ressemblé s'il était né "blanc" et quelle vie il aurait vécue. Ainsi le corps n'est pas qu'une simple carapace indépendante de l'esprit. Notre corps, mais surtout la manière dont nous envisageons notre corps, influence notre psyché, et cela depuis le stade du miroir où le corps est vu pour la première fois et où l'esprit crée l'image d'un corps idéal qu'il aimerait atteindre. Jung note aussi que les Occidentaux ont tendance à appeler toutes les personnes venant de pays d'Asie des Chinois, ou plutôt le terme péjoratif "Chinetoque" (vol. I 23). Il dénonce certains stéréotypes liés à son origine ethnique, à savoir que tous les Asiatiques adorent le riz et font du karaté (même s'il confesse adorer le riz et pratiquer ce qu'il s'imagine être du kung-fu). En passant, il dénonce aussi les stéréotypes associés à d'autres origines ethniques, comme le fait que les personnes qui ont la peau noire font forcément des claquettes, et que les personnes d'origine arabe mangent du couscous. Toutefois, lui aussi confesse tomber parfois dans ces stéréotypes. Dans le second chapitre du premier tome, il discute de son ami qui a été adopté par une famille américaine. "Il a sûrement passé le restant de son enfance dans un ranch au Texas!" (vol. I 37) dit-il, ajoutant qu'il est aussi certainement allé faire la guerre en Irak. Jung dénonce ainsi de nombreux préjugés dont tout le monde est coupable, lui inclus. Couleur de peau, goût, culture, personnalité et identité sont étroitement liés, d'une manière ou d'une autre.

Ce corps stigmatisé car différent est presque toujours présenté en souffrance. Les punitions corporelles prennent d'ailleurs une place importante dans la narration des deux premiers tomes. Elles représentent toujours un souvenir douloureux, et font partie de ses premiers souvenirs. En Corée, à l'orphelinat, les enfants se faisaient frapper sur la tête après une bêtise. Quelques années plus tard, à l'école primaire, le professeur de sport le plaque contre un mur et le soulève en le prenant par la gorge pour le punir d'avoir dérobé des tickets de cantine (vol. I 77). De même, durant son enfance, lorsqu'il a de mauvais résultats à l'école et qu'il ment, il se fait fouetter par ses parents (les autres membres de la fratrie subissent le même traitement) (vol. I 86). Il est donc régulière-

*Chapitre un*

ment puni physiquement, tout comme ses frères et sœurs, par ses parents adoptifs. Le corps est donc la cause d'une souffrance psychologique, mais aussi physique.

Un autre thème récurrent qui sert parfois de punition, et parfois de récompense, est celui de la nourriture. Contrôler la nourriture d'une personne, c'est contrôler sa santé et son bien-être physique et mental. Jung commence par se présenter comme un enfant qui mange dans les poubelles, c'est-à-dire pauvre, abandonné, et certainement malnutri. Puis il évoque de la reconnaissance qu'il doit avoir pour l'orphelinat, et pour ses parents adoptifs, car les deux l'ont nourri. En le nourrissant, ils lui ont sauvé la vie. Lorsqu'il se fait attraper par son professeur de gym, c'est parce qu'il a volé des tickets de cantine. Inconsciemment, Jung a peut-être toujours gardé en lui la peur de mourir de faim, car il est incapable d'expliquer pourquoi il vole ces tickets. L'un des tout premiers souvenirs de son arrivée dans sa nouvelle famille est la présence du Coca-Cola. L'enfant est d'ailleurs posé sur la table à manger, entouré de tous les autres membres de la famille. Si Bakhtin note que les contes folkloriques finissent souvent par un banquet qui incarnant la vie, mais aussi une certaine forme de renaissance, ce premier contact avec sa nouvelle famille peut être pris comme une préfiguration de la suite difficile des événements (283). Le Coca-Cola, boisson sucrée synonyme de capitalisme et de mondialisation, est certes présent à volonté et rend l'enfant heureux dans un premier temps, mais le reste de la table est vide et présage des difficultés d'adaptation de Jung dans sa nouvelle vie. Autre exemple de souvenir déplaisant, à la fin du premier chapitre du second tome: il raconte qu'un jour, à l'âge de douze ans, n'ayant mangé que la moitié de son repas (deux sandwiches au pâté qu'il n'aime pas du tout, préparés par sa mère), il enterra le reste près de la cour de l'école. Pris en flagrant délit par un professeur, celui-ci le força à manger le second sandwich plein de terre. Jung utilise des termes forts comme "terrorisé," et "bourreau psychopathe" (vol. II 20). De plus, ce professeur lui rappelle que d'autres enfants meurent de faim dans "son" pays, ce qui implique qu'il n'est pas à sa place et que la Belgique n'est pas son pays. Au contraire, Jung est heureux de son régime alimentaire lorsqu'il se blesse à la mâchoire, lors d'une chute de vélo, et que le médecin prescrit de la crème glacée. Pour une fois, ce sont les autres enfants qui le regardent, envieux (vol. II 26–27). Même quand il est enfin celui qui décide de ce qu'il peut manger, son rapport à la nourriture est conflictuel. À dix-huit ans, il quitte la maison familiale dans laquelle il ne s'est jamais senti vraiment accepté. Seul à s'occuper de lui-même pour la première fois, Jung se nourrit presque exclusivement de riz blanc généreusement arrosé de Tabasco ... si bien qu'il finit par se perforer l'estomac, et qu'il se retrouve à l'hôpital, dans un état critique. Jung se demande même s'il ne se faisait pas du mal inconsciemment, pour se punir. Cette pensée lui vient lorsqu'il se remémore le sort des autres Coréens adoptés. Ils ont presque tous fait des tentatives de suicide, ce qui rappelle Charly dans *Deuxième Génération*, et beaucoup ont malheureusement réussi. Jung illustre même plusieurs de ces morts violentes sur deux planches: une balle dans la tête, une overdose, une pendaison, un accident de voiture suspicieux (sa petite sœur Valérie, adoptée elle aussi), et une dernière qui s'est ouvert les veines (vol. II 98–99).

La première et la dernière vignette de ces deux planches dépeignent toutes les deux une forêt stérile aux arbres dépourvus de feuilles, un motif qui revient régulièrement lorsque la narration est mise en suspens pour favoriser un moment de réflexion, et qui symbolise une forêt sans repères, une forêt de pensées. Tous sont perdus au milieu de ces arbres nus et cherchent leur chemin. Cette forêt qui semble sans vie et triste incarne aussi leur désespoir à la fois de ne jamais pouvoir retrouver leurs origines, et de ne jamais être complètement intégrés dans une nation dans laquelle ils ne sont pas nés. La forêt est également un symbole de la pré-socialisation, la nature avant la culture. En termes de psyché, la forêt représente le ça, c'est-à-dire les pulsions selon le modèle freudien. Or le ça compose entièrement le sujet avant que ce dernier n'intègre les règles de la société représentées par les figures parentales (ce qui crée le surmoi chez Freud, et qui provoque l'entrée dans l'ordre symbolique chez Lacan). Ces enfants ont manqué cruellement de figures parentales dans les premières années de leurs vies, et n'ont pas toujours eu des expériences positives avec leurs parents adoptifs. Ainsi la forêt qui pourrait être verte et nourricière est-elle une forêt qui représente le manque et la solitude, et la sauvagerie de la manière dont certains enfants sont traités dans ce monde. Les travaux en psychanalyse ont montré l'importance du processus continu d'identification déjà mentionné. Pour Freud et Lacan, les figures parentales prodiguent une image idéale à laquelle l'enfant s'identifie, et cette image est l'une des premières et des plus importantes dans la construction de la psyché de l'enfant. Or les enfants adoptés que présentent Jung n'ont personne à qui s'identifier. Ils ne se souviennent pas de leurs parents biologiques, et n'arrivent pas, à cause de leur différence physique et culturelle, à s'identifier complètement aux membres de leur famille adoptive. Ils refusent également de s'identifier les uns aux autres, entre enfants adoptés, car ils sont marqués par une différence dévalorisée. Ils souffrent donc d'être dans un corps non conforme à la norme occidentale dans ce petit village de Belgique dans lequel ils aimeraient tous tellement s'intégrer. Non seulement leurs corps sont en souffrance, mais ils sont également en souffrance dans ces corps.

Ces comportements autodestructifs s'expliquent donc en grande partie par la pression extérieure exercée sur ces enfants, une pression implicite de la culture d'adoption qui regarde leur culture de naissance comme différente, sinon inférieure, et qui d'un côté promeut l'assimilation totale, et de l'autre ostracise. Les enfants sont mal dans leurs corps et l'agressivité qu'ils abritent n'a d'autre choix que de se retourner comme eux-mêmes, contre ce corps qui les fait souffrir. Le corps a une place importante dans le récit, car il porte la marque des racines et de la différence. Jung et les autres Coréens non seulement s'évitent, mais se méprisent. Cette animosité vient du fait qu'ils se renvoient les uns les autres l'image de leur différence. Il est difficile pour eux d'accepter leurs corps, racialisés par la culture dominante, et encore plus d'accepter les changements de celui-ci à l'adolescence, moment très difficile pour chaque personne. Mais lorsqu'ils se rencontrent, les enfants sont mal à l'aise, car ils se renvoient les uns aux autres leur différence et sont le rappel de cette différence qu'ils tentent désespérément d'effacer et d'oublier. Frantz Fanon, dans *Peau noire, masques blancs*, analyse ce qu'il appelle la "psychopathologie des hommes de couleur noire" dans le cinquième chapitre, mais une partie de l'analyse peut être étendue à la présence d'êtres non-occidentaux présents dans la société occidentale. D'après ses recherches, qui se basent sur différents travaux psychanalytiques, la structure psychique est influencée par la structure familiale, elle-même en lien étroit avec la structure nationale. Il ajoute qu'en "Europe et dans tous les pays dits civilisés ou civilisateurs, la famille est un morceau de nation. L'enfant qui sort du milieu parental retrouve les mêmes lois, les mêmes principes, les mêmes valeurs" (150). De plus, "dans toute société, dans toute collectivité, existe, doit exister un canal, une porte de sortie par où les énergies accumulées sous forme d'agressivité puissent être libérées," or très souvent, l'autre—dans le sens de "celui qui est différent"—est montré comme le vilain, le méchant (153). Inconsciemment, l'autre est donc vu de manière négative. Néanmoins, pour ces enfants, c'est l'image de soi qui est renvoyée de manière négative et dépréciée par la société dans laquelle ils tentent d'évoluer. Tout revient encore une fois au processus d'identification, ou plutôt cette fois, à son échec. D'après Kaja Silverman, *Peau noire, masques blancs* "helps us to understand why a racially, sexually, or economically marginalized subject might identify heterotically with normative corporeal parameters, rather than with those of a more despised corporeality" (Silverman, *The Threshold* 30). Une attitude et un regard occidentaux sont subjectivement adoptés par ses enfants, d'où un rejet de soi. Bernd Simon explique que dans notre société moderne "the nation into which a person is born is an important source of her identity" (15).[16] Appartenir à une certaine nation, ajoute-t-il, influence notre manière d'agir et notre conception de nous-mêmes bien au-delà de la langue, de la culture nationale et de la religion (15). L'idée que l'on se fait d'une certaine communauté est l'élément le plus influent, mais cette idée n'est pas restreinte aux frontières physiques. Jung, qui se considère comme venant de l'Orient, se sent attaché à la culture orientale dans tout ce qu'elle a de plus général. En outre, il se rend au Japon avant de partir en Corée. Son attachement vient peut-être aussi de l'image que les autres, les "Occidentaux," lui renvoient de lui-même, car c'est souvent eux qui ne différencient pas les cultures asiatiques. Cela va dans le sens des recherches de Simon, pour qui "national boundaries and national essences are typically 'imagined' in the sense that they are social constructions" (15), et que cette vision est en évolution constante car les personnes ou groupes influents tendent à vouloir la modifier. De même, pour Benedict Anderson, de qui s'inspire sans doute Simon, une nation est "an imagined political community" (6–7) à la fois limitée et souveraine. Les membres d'une même nation ne peuvent que s'en faire une image mentale puisqu'il est impossible de connaître tous ceux qui en font partie. Ils possèdent toutefois une délimitation géographique, et une dimension souveraine puisqu'aucune puissance supérieure (notamment divine) ne leur impose de loi (Anderson B. 6–7). Enfin, le point peut-être le plus important, "regardless of the actual inequality and exploitation

*Chapitre un*

that may prevail in each, the nation is always conceived as a deep, horizontal comradeship" (Anderson B. 7). Lorsque les enfants sont transplantés d'un pays à un autre, ils doivent changer leur allégeance. Toutefois, comment se sentir solidaire, lorsque ces autres ne semblent pas vouloir vous accepter? Quand Jung repense à son arrivée en Belgique, il s'imagine en train de se demander: "Et moi, si je ne suis plus Coréen, je suis Flamand, Bruxellois, ou Wallon?" (vol. I 42). Non seulement ces enfants se retrouvent dans une communauté complètement différente de celle où ils sont nés, mais en plus ils se rendent compte qu'ils perdent petit à petit leur culture d'origine. En perdant l'usage de sa langue maternelle, le coréen, Jung sent qu'il perd une partie de lui-même. Il espère même qu'elle est restée quelque part en lui, dormante. Il se l'explique de la manière suivante: "Inconsciemment, j'ai dû rejeter ma langue, ma culture, pour pouvoir en absorber plus facilement une autre" (vol. I 50) Jung doit changer ce qu'il était, mais a des difficultés à devenir ce qu'il voudrait être. Jung, comme les autres enfants coréens adoptés, a beaucoup de mal à trouver sa place au sein de la communauté de la ville dans laquelle il habite. Toujours d'après Simon, au sein d'une communauté, les membres faisant partie de la minorité ethnique se montrent plus sensibles aux minorités (la leur, mais aussi celle des autres). En conséquence, ces membres ont plus de difficultés à embrasser l'identité collective qui leur renvoie une identité stéréotypée d'eux-mêmes qu'ils peuvent accepter ou rejeter (131). De plus, "[b]oth theory and empirical research suggest that minority membership, even when defined in purely numerical terms, is associated with less positive feelings or well-being than membership in a majority group," car "their membership constitutes a permanent challenge" (131).[17]

Jung mentionne également de la honte d'avoir été abandonné (vol. I 71). Dans cette œuvre, la honte est une émotion complexe qui revient fréquemment. Elle est aussi une émotion profondément ancrée dans la dimension sociale, car on a toujours honte vis-à-vis de quelqu'un. Helen B. Lewis tente de définir ce qu'implique ce sentiment. Selon elle, c'est une émotion négative, douloureuse, impliquant l'autre, car cet autre, qui juge, crée une prise de conscience chez celui qui est jugé (63–64). De plus, elle considère la honte comme un sentiment ambigu puisque la responsabilité personnelle de celui qui a honte est en doute. La honte implique une sensation de déshonneur et de culpabilité (64–66).

La santé et l'enfance

Le terme de honte est en opposition avec celui de fierté, qui lui associe le déshonneur, la disgrâce, l'humiliation, le chagrin. Ces enfants se battent donc contre ce sentiment complexe qui provient de plusieurs sources. Ils ont honte que leurs parents biologiques ne les aient pas acceptés, honte d'avoir subi le rejet. Cependant, ils se sentent également rejetés dans leur nouvelle communauté. Ils portent cette honte en eux. Jung imagine les discussions qu'il aurait pu avoir avec les autres enfants adoptés s'ils s'étaient arrêtés de marcher et avaient commencé à discuter. Ces discussions tournent souvent en dispute pour savoir qui est le plus européanisé (vol. I 72). Il raconte également d'autres altercations qui ont réellement eu lieu. Alors qu'il avait quatorze ans, Jung est interpellé par un autre Coréen qui le traite de "Chinetoque" dans la cour de l'école (vol. II 13). À ce moment-là, il avoue: "Je détestais ... la Corée et les Coréens adoptés" (vol II; 14). Un professeur intervient avant qu'une bagarre ne dégénère, mais Jung admet qu'il était sur le point de se battre: la frustration se transforme en colère, qui se manifeste par la violence. Tout s'exprime de manière physique. Une Coréenne, Laurie, fait exception à la règle. Laurie veut devenir amie avec Jung (vol. II 59). Elle ne rejette donc pas les autres Coréens. Elle emmène même Jung voir une famille de Coréens: "C'était la première fois que je rencontrais de vrais Coréens" (vol. II 66) confesse-t-il. Toutefois, la seule langue dans laquelle ils peuvent tous communiquer se trouve être l'anglais, et ils le maîtrisent tous assez peu. Encore une fois, Jung ressent la coupure avec sa culture d'origine malgré ses efforts.

Dans les tomes III et IV, il renouera enfin avec cette culture. Grâce au succès des deux premiers tomes, on lui offre d'adapter son histoire en format film, moitié animé, moitié documentaire (sorti en 2012). Son premier retour en Corée se passera donc sous les caméras. "Curieusement, la première chose que j'ai faite, c'est d'aller manger coréen" (III 41) raconte Jung. Depuis son enfance, la nourriture a été le point de contact le plus facile avec sa culture d'origine, et l'un des premiers chocs avec sa culture adoptive. Le but de ce voyage est d'essayer de retrouver une trace de sa famille biologique, ce qui n'aboutit pas vraiment. Toutefois, il lui permet de faire la paix avec certaines choses qui le tourmentait depuis l'enfance. "Il est peut-être le temps pour moi de grandir, de faire le deuil ... tourner la page" (III 137) explique-t-il, avant de ponctuer "c'est la fin de ce voyage, mais c'est le début de la réconciliation

*Chapitre un*

de mes deux identités" (III 137), dans une volonté d'achever son tome, encore une fois, sur une note positive. Le poids de l'histoire familiale, ou du manque d'histoire familiale, ainsi que le regard des autres, sont donc exprimés visuellement dans ces œuvres, non seulement pour les expliquer, mais aussi pour les dénoncer, voire les détourner à travers leur art, qui très tôt est un moyen cathartique de gérer la réalité.

## Processus créatif et mythe personnel

La base du mythe de l'origine personnelle, qui est ensuite répété tout au long de la vie, notamment pour ces artistes à travers leur art, commence avec l'émergence de la conscience de soi. Dans un article intitulé "Personal Mythology: An Introduction to the Concept," Stanley Krippner récapitule l'historique de cette notion. Il commence par la définition du mythe: les mythes sont des histoires complexes permettant à l'homme de comprendre le monde dans lequel il évolue, des phénomènes naturels à l'ordre social. Ils sont généralement transmis oralement, mettent en scène des êtres et des forces symboliques, et contiennent pour la plupart une dimension métaphysique (137–38). Le mythe personnel est celui d'une seule personne, par opposition à celui d'une communauté ou d'une société. Chaque personne a un mythe qui lui permet d'appréhender la réalité du monde, un mythe construit en fonction des événements qui se sont produits dans sa vie, ainsi que de l'interprétation donnée à ces évènements, donc, "personal mythologies give meaning to the past, understanding to the present, and direction to the future" (138). De plus, toujours d'après les explications de Krippner, ces mythologies (définies comme un ensemble de mythes) personnelles ont pour fonction d'expliquer, de confirmer et de guider les expériences d'un individu. Elles comprennent "all the interacting and sometimes conflicting thoughts and feelings a person harbors about the world, both consciously and unconsciously" (139). C'est Carl Einstein qui, en 1926, utilise pour la première fois le terme de "mythologie privée" (Krippner 139). Le mythe personnel permet au sujet d'extraire une certaine cohérence d'événements ou de croyances, parfois en contradiction les uns avec les autres. Les artistes de ce chapitre transforment une enfance difficile en enfance formatrice. A travers leurs dessins, ils présentent leur histoire comme formant

La santé et l'enfance

rétrospectivement un tout cohérent qui les a façonnés et a contribué à créer les personnes qu'ils sont aujourd'hui, en tant que sujet et en tant qu'artiste.

Cette passion pour le dessin est présente très tôt dans la vie de David, ses parents étant tous les deux professeurs de dessin, et mettant très tôt à la disposition de leurs enfants du papier et des crayons. Quelques vignettes après celle de la ronde des médecins dans le premier tome, David B. en fait pour la première fois mention: une passion au départ commune avec son grand frère, avant que celui-ci ne perde sa capacité à dessiner. Les deux enfants aiment représenter des scènes de batailles inspirées des histoires racontées par les membres de leur famille sur la guerre d'Algérie ou d'autres pays plus lointains, comme en Asie. David B. explique que le premier album qu'il dessine alors qu'il est enfant se passe en 1821, lors de la conquête du Japon. Selon lui, composer des scènes de batailles était sa manière d'exprimer la rage qui l'habitait vis-à-vis de la maladie de son frère, son exutoire qui s'étend au présent ouvrage. Avant de pouvoir s'exprimer sur cette maladie, avant de pouvoir la mettre en mots et en faire une histoire, David B. dessinait son mal-être sous forme métaphorique. Avec le recul, et avec les moyens à disposition de l'adulte qu'il est devenu, David B. a pu donner un sens à ce qui arrivait à son frère. C'est aussi une manière pour lui de produire une contre-histoire à celles des livres de médecine (en référence à la case du tome I, p. 6), et de donner une voix et un visage à celui qui n'en a pas, car il est réduit au statut de patient souffrant de telle ou telle maladie.

Tout comme David B., Jung raconte au lecteur, "À treize ans, je passais le plus clair de mon temps à dessiner" (vol. I 115) des images d'Occident mais surtout d'Orient, inspirées de différents ouvrages. Le dessin devient comme un refuge, et lui permet de s'évader de la réalité (vol. II 72). À seize ans, il est toujours autant passionné par le dessin et compose sa toute première planche. Puis, à dix-huit ans, sa rébellion contre la société passe par la création d'une bande dessinée qu'il vend avec un groupe de copains. Pour la seconde fois, Jung se trouve entouré d'un groupe solide (une micro-communauté), qui rappelle le lien fraternel. Depuis, Jung est devenu bédéiste de métier, mais à trente-six ans, il reconnaît que toutes ses bandes dessinées tournent autour des thèmes de l'abandon, du déracinement, et de l'identité, et que son rêve le plus fou serait de retrouver sa mère.

*Chapitre un*

Les guerres imaginées de David B., cette extériorisation de sa colère intérieure, il les a tellement intériorisées qu'elles ont intégré son histoire personnelle au même titre que des événements réels. Toute son enfance, l'artiste a ressenti le fait que sa famille se battait contre un ennemi invisible, insaisissable. Au-delà de la guerre familiale, chacun mène une guerre personnelle pour vivre sa propre vie, afin de ne pas être consumé par la maladie de Jean-Christophe. Les arts martiaux et la guerre symbolisent le poids de cette lutte contre la maladie, parfois contre l'autre, et même contre soi, au quotidien. Dans le premier tome, l'artiste admet que ces batailles font partie de sa vie (vol. I 31). Une case en particulier met en évidence le processus de création du bédéiste. Pierre-François enfant se trouve face à David B. adulte, et ils ont un court échange. David B. se dessine, s'interpellant lui-même dans une sorte de méta-commentaire sur l'aspect autobiographique de son ouvrage. "On oublie l'Indochine," dit-il. Ce à quoi il se répond: "Non ... la guerre d'Indochine, on en parlera plus tard" (vol. I 31). Ici, l'auteur sous-entend qu'il ne peut pas être exhaustif, que chaque auteur doit faire des choix pour créer un ensemble cohérent, et qu'il est difficile de se souvenir de tout et de tout intégrer à la narration. Jung se dessine également juxtaposé avec une version de lui-même enfant dans le tome III. Sur plusieurs pages, ils discutent du fait qu'il s'était promis de trouver les réponses sur son origine, mais qu'il n'a pas réussi. "Je dirai que je ne sais pas ce qu'il s'est passé avant mes cinq ans" se résigne-t-il (III;116). Ces auteurs ne font que représenter le processus d'écriture autobiographique: une autobiographie est un dialogue avec son moi (voire ses sois) du passé. Les souvenirs sélectionnés sont mis en relation les uns avec les autres par un processus d'interprétation, mais on ne peut tout relater. D'après Bernd Simon, qui appuie ses arguments sur les recherches de Williams James[18] et d'Owen Flanagan,[19] ces omissions parfois volontaires (des choses trop personnelles que l'on préfère ne pas rendre publiques), et parfois involontaires (il est impossible de se souvenir de tout, et certains souvenirs sont plus marquants que d'autres) font aussi partie de l'histoire de la personne. En effet, la manière dont le flux de conscience effectue la transition d'un moment à un autre révèle les limites du sujet, et ces limites capturent l'idiosyncrasie ou le caractère unique du flux de conscience de la personne (Bernd 4–5). Ces limites, continue-t-il, reflètent les expériences passées et guident les attentes futures (6). Il conclut en disant que "the unique fringe of each consciousness supports the divide between self and non-self as well as the objective sense of self continuity. More specifically, it further strengthens the foundations of a person's identity" (6). En bande dessinée, ces limites sont aussi présentes puisqu'elles peuvent être symbolisées par les espaces physiques mis entre chaque vignette, que Thierry Groensteen nomme "blancs intervignettals" (*Système* 40). Or, si David B., Michel Kichka et Jung donnent souvent des indications temporelles, soit dans les récitatifs soit par la version d'eux-mêmes qu'ils mettent en scène, leurs œuvres ne se soucient pas du respect absolu de la chronologie. En effet, tous trois incorporent des analepses et des prolepses, et retranscrivent des rêves qui se mêlent à la réalité physique. Ainsi, ce n'est-ce pas complètement l'histoire d'un frère malade, l'histoire d'une enfance avec un survivant de la Shoah, ni l'histoire d'une adoption internationale, mais bien la manière dont ces histoires ont été vécues et ressenties, la manière dont l'histoire des autres a eu un impact nos histoires, du monde physique au monde onirique. Ces trois auteurs procèdent davantage par associations libres d'idées que par respect du déroulement chronologique, car c'est leur conscience qu'ils dévoilent au fur et à mesure.

Chez Jung, plusieurs fois au cours du texte, l'action s'arrête et laisse place aux pensées. Par exemple, les huit premières planches du tome II sont construites de cette façon. Pour reprendre les termes de Scott McCloud, les images sont plutôt contemplatives (*L'Art invisible* 87). Jung se promène dans une forêt et se compare à un arbre déraciné. Cette forêt, c'est la forêt de ses pensées. Lorsqu'il imagine sa mère, celle-ci est représentée dans une forêt similaire. Jung illustre un moment de réflexion sur sa vie. Ces moments sont en dehors du temps. Jung ne raconte pas un souvenir ou une action, mais bien un sentiment: sa vie interne à ce moment-là, tout comme le fait Kichka en intégrant Shoah dans sa narration alors qu'il ne l'a jamais vécue directement. La guerre, Michel Kichka n'en entend que trop parler lorsqu'il est enfant, et on peut voir Kichka s'entrainer à dessiner ses héros de bande dessinée préférées, tels Gaston, Tintin, ou Astérix (30) mais aussi certains nazis tristement célèbres, de façon caricaturale, pour les tourner en ridicule (39), une autre manière d'apprivoiser ses peurs et de se réapproprier l'Histoire. Les quelques rares fois où le lecteur peut glaner sur les dessins de Kichka enfant, il s'agit de

*Chapitre un*

personnages plutôt que de scènes précises (60). *Deuxième Génération* est par ailleurs son premier album de bande dessinée, et Kichka se montre en train de douter de sa capacité à réaliser un projet aussi sérieux. "Mon dessin humoristique conviendra-t-il?" s'interroge-t-il (101). "J'avais une grande expérience de dessinateur de presse et de livre pour enfants, mais cette BD, c'était loin d'être anodin" (102) révèle-t-il dans l'épilogue. Jung, quant à lui, fait une autre révélation "Le dessin m'a permis de vivre une relation avec une maman qui n'existe finalement que dans mon imaginaire" (III 137), admet-il dans le troisième tome, soulignant deux choses importantes. D'abord, l'importance du dessin dans sa vie pour combler un manque, et deuxièmement, l'importance de la vie interne que l'on vit tous en parallèle de notre vie externe. Ce flux de pensée, ce monde imaginaire qui est un monde tout aussi réel pour eux, ces auteurs ont donc différentes façons de l'intégrer à leur narration des évènements factuels.

Dans une lecture psychanalytique de *L'Ascension du Haut Mal*, Claude de La Genardière affirme que "la vie psychique en effet ne s'embarrasse pas des limites de notre existence réelle, ni dans l'espace ni dans le temps," pour élucider pour la présence de tant de créatures symboliques et des nombreuses scènes d'événements passés représentées par des métaphores visuelles, à l'opposé de ce que serait par exemple un dessin de type journalistique ou réaliste. David B. nous ouvre aux turbulences de sa vie psychique: il invente son propre monde, tout comme Michel Kichka et Jung. David B. transforme ses peurs et ses angoisses, les choses qu'il ne comprend pas, en monstres. Ces monstres, rappelant les monstres mythologiques, viennent peupler son univers imaginaire de petit garçon. Lors de la mort de son grand-père, David est choqué que ce dernier soit mort la bouche grande ouverte, le faisant ressembler à une sorte d'oiseau. Après cet épisode, cet oiseau au bec long et fin revient fréquemment, comme une présence réconfortante. Il est d'ailleurs présent sur la quatrième de couverture du livre. Il vit dans les bois qui se trouvent derrière la seconde maison des parents de David, accompagné d'autres figures fantastiques: un chat qui peut représenter une sorte de force vitale,[20] un bouc, un squelette (cf. la dernière vignette du tome II) qui rappelle la Mort comme figure abstraite, et les morts. Ce sont les "amis" de David, ses "anges-gardiens" comme il les appelle. D'après Michael A. Chaney dans l'article "Animal Subject of the Graphic Novel": "the animal referenced in comics is more generally a ludic cipher of otherness" (130) telle que la mort (l'oiseau au long bec), l'épilepsie (la salamandre) ou simplement l'altérité (le maître de macrobiotique présenté comme un tigre). Cheney explique également que Jean-François s'entoure de ces créatures car elles représentent des "externalizations of his own warped interiority" ("Animal Subject of the Graphic Novel" 140) étant donné qu'elles apparaissent seulement quand le garçon se retrouve seul, le soir, dans le fond du jardin de la maison familiale. On peut ajouter qu'elles font partie de la construction de sa mythologie personnelle et fondatrice. Autant que les êtres réels, ces êtres imaginaires ont participé à l'enfance de David. Ce processus conscient disparaît quand David entre dans la vie adulte puisqu'à un moment, il dit au revoir à ses amis imaginaires, comme s'il n'avait plus besoin d'eux pour se sentir protégé. Mais lorsqu'il est enfant, David a besoin d'eux pour faire face à la maladie de son frère. Ces créatures l'aident à se relever lorsqu'il tombe de la montagne, autre symbole de la lutte de la famille contre l'épilepsie. Enfin, ces créatures tiennent compagnie à David, car comme cela est mentionné auparavant, la famille entière subit une importante exclusion sociale. Ces figures imaginaires comblent aussi un manque d'interactions réelles avec les enfants de son âge.

Comme nous l'avons vu, David B. et Jung ont l'occasion de discuter de leurs œuvres avec les personnes dont ils parlent explicitement dans celles-ci et de représenter cette interaction par soucis d'authenticité (car il s'agit de différents tomes qui sont parfois publiés avec plusieurs années d'écart, au contraire de Michal Kichka et de son album unique), particulièrement leurs parents. La mère de David B. lui demande de modifier certaines choses, ce qu'il respecte. La mère de Jung lui dit que d'après elle, il a été fidèle à la réalité et elle ne lui en veut pas de ne pas l'avoir montré sous un très bon jour. David B. a également l'occasion de montrer ses bandes dessinées à son frère, le sujet central de ses albums. Même si Jean-Christophe dénigre alors l'importance des bandes dessinées, en mettant son frère au centre d'un projet si important, David lui donne une voix et il lui redonne une place dans la société qui le rejette depuis si longtemps. David B. aimerait pourtant pouvoir un jour avoir cette conversation avec son frère. Dans le dernier tome, un tome contemplatif où il y a peu d'actions mais surtout des réflexions, David B. évoque ses regrets: il aurait voulu

*Chapitre un*

pouvoir aider son frère et garder une relation fraternelle avec lui. Il conclut la saga familiale en imaginant ce à quoi cette conversation aurait pu ressembler. Ainsi entre ces rêves et ses souvenirs inventés, ce dernier tome et la façon dont il est construit fait écho aux remarques d'Harold P. Blum[21] sur *À la recherche du temps perdu* de Marcel Proust:

> Marcel Proust and Sigmund Freud never met nor, so far as is known, read each other's work, nor corresponded. Proust intuited the importance of retrieved memory, the reconstruction of childhood, and transference. His artistic reconstruction is especially relevant now when psychoanalysis has tended toward major emphasis on the here and now, and on intersubjectivity in the analytic relationship. He recorded vivid dreams, daydreams, and networks of associations. He noted that dreams in a flash permitted him to observe remote periods of his past life with all their emotion, shock, and brilliance. For Proust dreams were a nocturnal muse, and a reservoir of childhood wishes, memories, and fears. (678)

Il ajoute que "Proust is primarily concerned with autobiographical (episodic memory) rather than factual semantic memory" (689). D'après Blum, le temps, la mémoire et le voyage dans le passé sont des thèmes récurrents, si ce n'est des piliers de l'œuvre de Proust (679). De plus, il considère que la mauvaise santé de Proust imprègne son œuvre. Proust a souffert toute sa vie d'allergies, d'asthme, d'infections et de difficultés à respirer. Il interprète même "le temps perdu" comme celui d'un malade qui n'a pas vécu (681). Mais le plus important, nous dit-on, est que Proust a créé, avec son livre, "a world subject to his own laws and whims at the stroke of a pen" (693). Chez Proust comme chez David B., et chez Jung et Kichka, la vie intérieure des pensées et des rêves est mêlée à la vie réelle, car elle en fait partie intégrante

Comprendre sa propre vie, et cela inclut sa vie intérieure, est essentiel dans la quête de compréhension de soi et de son identité. Pour le psychanalyste Claude de La Genardière, *L'Ascension du Haut Mal* est "une sorte de genèse [du] rapport aux histoires" de David B., et son œuvre est au "croisement de l'individuel et du collectif, *via* l'histoire familiale et l'histoire de la maladie de Jean-Christophe" ce qui renvoie à la fois à l'intime qui devient public, au concept de public de l'intime de Lauren Berlant, et à l'idée de mythologie personnelle. Il poursuit: "Il y a ces rebonds d'une guerre à l'autre, d'une famille à l'autre, d'un drame conjugal à l'autre, d'une maladie à l'autre. Il y a ces élans toujours vifs et ces fractures recommencées. La vie, la mort, sans arrêt aux prises l'une avec l'autre," ce qui pourrait être appliqué à Kichka également. À travers l'histoire de son frère, et celle de sa famille passée et future, c'est sa propre évolution qu'il raconte, en tant que personne mais aussi en tant qu'auteur. Et cela vaut aussi pour Jung et Michel Kichka. La quête identitaire est explicite chez Jung, tant bien est que dans le Préambule du quatrième tome, l'auteur explique qu'il pensait au départ ne faire qu'un seul tome, puis que deux tomes, puis que trois tomes ... mais qu'enfin il "pense déjà au tome 5 ..." Il ajoute, "je suis incapable de vous dire quand j'arrêterai. *Couleur de Peau: miel* est une histoire sur la quête identitaire, on ne peut la figer dans du marbre, elle est en constante évolution," ce qui d'un côté contredit ce qu'il dit à la fin du troisième tome, à savoir qu'il renonce à chercher sa famille biologique, mais qui d'un autre côté, montre avec honnêteté que ses pensées ne sont pas linéaires, et qu'il entretient un débat intérieur constant. Au contraire, Michel Kichka avait pensé à cet album depuis longtemps, et l'a fiévreusement écrit en une semaine, travaillant dix-huit heures par jour (épilogue 103). Tout comme son père a eu soudainement besoin de raconter de tout ce qu'il avait refoulé, on a l'impression d'une sorte de frénésie créatrice s'empare de Michel également, précédée par un moment de déclic. Kicha a un besoin viscéral de créer cet album, et lorsqu'il a fini déclare "Je ne me suis jamais senti aussi bien" (104). Dans un article intitulé "Re/trouver sa place dans l'H/histoire: perspective post-mémorielles dans *Deuxième Génération: Ce que je n'ai pas dit à mon père* de Michel Kichka" j'ai soutenu que *Deuxième génération* est un album qui souligne les tensions entre l'histoire et l'Histoire, et un désir de la part de l'auteur de trouver "sa propre place au sein de ses communautés religieuse, culturelle, et artistiques" (120). Même si cela lui est douloureux, comme lorsqu'il doit rompre avec une jeune femme qu'il aime car elle n'est pas juive, Michel tend à favoriser sa communauté juive. Il insiste pour faire sa Bar-Mitzvah même si ses parents ne sont pas croyants. Il part habiter en Israël, où il réside toujours, sujet de son second album (127). Quant à la partie artistique, j'y explique qu'on voit au début du livre, dans la cuisine familiale, Michel dessiner lorsqu'il est enfant, accompagné de son père, associant dès le départ sa relation avec son père avec sa relation au dessin, d'autant plus que c'est une caricature d'Hitler qui est au premier plan. En outre, il parsème *Deuxième Génération* d'une multitude de clin d'œil à la bande dessinée notamment franco-belge, en incorporant discrètement dans ses images des personnages tels que Tintin, Gaston, le Marsupilami, et même un Schtroumpf, figures rassurantes faisant partie de son enfance au même titre que les images terrifiantes de l'Holocauste. Kichka fait même des références directes à Art Spiegelman et à Plantu (128). Je conclus que grâce à cet album, Michel Kichka arrive à la fois à se positionner en continuation avec l'Histoire, mais aussi avec l'histoire familiale, tout en se forgeant sa propre place (130).

Cette place, ces trois auteurs la recherche dans une société qui les a traités différemment, voire rejetés à cause de leurs différences. Selon Park "It is by non-conformity, ... that the individual develops his personality and society ceases to be a mere mass of inert tradition ... In any case, as a result and to the extent of his collision with the existing order he is likely to become acutely conscious of himself" (203); Il n'est pas surprenant que ces auteurs, en marge depuis leur enfance, aient continué sur la voix de la marginalité en devenant bédéistes, et que leurs œuvres démontrent une importante conscience de soi. Michel Kichka ressent l'appel artistique très jeune, mais obtient un diplôme pour rassurer sa famille avant de se lancer. David B., allant encore plus loin, devient le fondateur (avec d'autres) d'une maison d'édition indépendante. Sans parler de l'influence que *L'Ascension du Haut Mal* a eue sur les bédéistes de la même génération.[22] Ces bandes dessinées ont un impact réel qui s'étend même au-delà du monde artistique auquel elles appartiennent. Jung sur la quatrième de couverture du tome III met des extraits de retours très positifs qu'il a reçu à propos de ses deux premiers tomes, de la part de personnes très touchées par son œuvre, personnes adoptées ou personnes adoptantes, qui lui ont confié à quel point ses albums ont pu mettre des mots sur ce qu'ils ressentaient, ou leur ouvrir une perspective différente sur l'adoption. Ces œuvres n'existent pas à côté de la réalité, elles font partie de la réalité.

## Conclusion du chapitre 1

Toutes les expériences que nous vivons participent à la formation de notre personnalité, que nous en soyons activement conscients ou non, c'est-à-dire, que nous repensions à ces expériences comme formatrices ou comme de simples faits qui se sont produits sans nous affecter particulièrement (Bernd 10). Toutefois, les expériences fortes, et dont nous sommes conscients de l'importance, sont parfois difficiles à digérer et à surmonter seul (Bernd 10). Dans ce cas, "the combination of strong identity experiences with strong self-consciousness should be a very likely cause and consequence of extended soliloquies or dialogues with others, during and through which we attempt to construct coherent and comprehensive narratives about ourselves" (10). Les trois bédéistes présentés dans ce chapitre font cela à travers leurs œuvres en s'engageant à la fois dans un dialogue avec eux-mêmes, avec les membres de leurs familles, et avec leurs lecteurs. Ils interrogent leur contexte familial, son impact sur leur vie et le développement de leur identité. En racontant leurs histoires de famille et leurs histoires personnelles, ces auteurs naviguent entre le factuel et l'intime, et dévoilent tout un monde intérieur invisible à l'œil nu, enchevêtré dans le monde réel. Et la bande dessinée, alliant les mots aux images, leur donne un moyen unique de partager leur histoire, qui se présente en même temps comme leur genèse artistique. À travers leurs œuvres autobiographiques en lien avec leur enfance, ces trois auteurs promènent le lecteur à travers le flux de leurs pensées, plutôt que de faire un récit complètement chronologique et objectif des événements. David B. nous entraîne dans la quête frénétique de son enfance, qui a consisté à comprendre la maladie de son frère et à l'accepter. Kichka expose un passé familial traumatique qui lui a été transmis dans les non-dits, qu'il est enfin capable d'exprimer et donc de contrôler. Jung, lui, expose son combat continuel pour accepter son corps, et par là même ses racines et son identité dans ses relations, souvent conflictuelles.

Ils racontent leur histoire pour eux-mêmes, pour leur moi adulte, qu'ils confrontent parfois avec leur moi enfant dans une sorte de dialogue anachronique mais qui souligne le fait que l'identité est multiple et en constante évolution. De plus, ils reproduisent des dialogues avec d'autres, au moment où ils se sont produits, ainsi que des discussions qui ont eu lieu plus tard et qui reflètent des événements passés. L'autre a donc un rôle important à jouer, notamment dans le processus de remémoration. C'est à l'autre aussi que s'adressent ces bandes dessinées, à savoir les lecteurs, ce public intime; car ces lecteurs deviennent familiers avec l'intimité d'un étranger. En effet, tout texte entame une forme de dialogue entre l'auteur et son lecteur. Il y a donc un engagement constant des autres dans la construction de notre propre histoire. Il n'y a pas de "je" sans un "vous" et un "nous." Les lecteurs sont les témoins d'une intimité probablement différente de celle dont ils ont l'habitude. Ainsi peuvent-ils apprendre de cette vie, de cette altérité. Au-delà de l'anecdote, les bédéistes cherchent à dénoncer la stigmatisation d'une part, et à provoquer une prise de conscience d'autre part. Faire rentrer l'autre dans son intimité, c'est le placer à ses côtés. Il n'est plus l'étranger qui juge de loin, il devient un allié. Apprendre à se connaître et à se construire passe par l'apprentissage des similitudes et des différences entre l'autre et soi. Et cela est valable pour les auteurs comme pour les lecteurs. Ces trois artistes qui n'ont pas eu une enfance "normale" tente simplement de se créer une place, de proposer un discours parallèle à la normalité.

**Chapitre deux**

# La santé et le couple: Au cœr de l'intimité

Le premier chapitre de ce livre se penche sur trois œuvres traitant de l'enfance—une période à la fois longue et déterminante où beaucoup de choses se mettent place qui influencent ensuite la vie adulte. La suite de l'enfance et de l'adolescence—les premiers moments de la vie adulte—coïncide souvent avec la mise en couple avec une autre personne. On passe d'une vie de famille établie non choisie, à la construction de sa propre famille. Dans les deux œuvres examinées dans ce deuxième chapitre, les protagonistes sont des couples qui doivent surmonter l'obstacle de la maladie, et dans les deux cas, ces maladies sont associées à de nombreux stigma. *Pilules Bleues* traite du virus de l'immunodéficience humaine (VIH) responsable du syndrome d'immunodéficience acquise (sida) qui est le stade le plus avancé de la maladie, précédé de trois phases: la primo infection, la phase asymptomatique, et la phase d'accélération (Lumni). Dans ce livre, Peeters raconte son histoire d'amour avec une femme séropositive, qui a un jeune enfant qui l'est également. Il commence par leur rencontre, puis leur mise en ménage et les obstacles qui se trouvent sur leur chemin. Peeters dévoile de manière très pudique l'intimité du couple. Le SIDA étant une maladie sexuellement transmissible, l'intimité sexuelle du couple est exposée, mais dans ses aspects les plus ordinaires. L'auteur ne tombe jamais dans la pornographie, ni même l'érotisme (à l'inverse des bandes dessinées *underground* très "graphiques" au sens second du terme). Il dévoile également des moments de la vie quotidienne, comme lorsque sa femme lui coupe les cheveux. La seconde moitié du livre se concentre plus particulièrement sur le SIDA et le monde médical. Le livre se termine sur un voyage, sans présenter de fin "réelle," à savoir que le couple est toujours un couple et que leur histoire d'amour continue, en dehors de l'univers littéraire. C'est seulement une partie de leur histoire que

*Chapitre deux*

Peeters raconte, un épisode. Les problèmes de santé sont au cœur de la vie du couple et de leur intimité. On ne choisit pas d'aimer quelqu'un de malade, mais on choisit de rester à ses côtés, de continuer à l'aimer et le soutenir malgré les difficultés. Ce couple refuse que la maladie les définisse, et veut vivre son histoire comme les autres couples. L'histoire de Peeters est chronologique, mais faite de la capture de moments éphémères, et tout l'album est en noir et blanc.

*46XY* présente un contexte de couple très différent puisque l'album est consacré à un couple qui choisit d'avorter car le fœtus souffre d'une omphalocèle, c'est-à-dire une malformation de la paroi abdominale qui n'est pas fermée et qui a pour résultat le développement des organes à l'extérieur du corps. L'omphalocèle se produit environ dans une grossesse sur dix milles, et dans plus de la moitié des cas est accompagnée d'autres malformations (CHU Sainte Justine). Cet second album propose la plus grande variété artistique du corpus de ce livre, mélange d'écriture manuscrite et d'écriture typographiée, photos, pleines pages accolées à des pages entières d'écriture. *46XY* de Raphaël Terrier joue avec la chronologie pour montrer des fragments de son l'histoire, notamment son expérience d'un avortement. Après avoir découvert que l'enfant qu'elle attend à une maladie très rare, le couple décide que la mère doit subir une interruption volontaire de grossesse. Terrier promène le lecteur dans sa conscience, ses interrogations et ses doutes sur cette décision. Le livre est divisé en cinq parties, du moment de la conception à la suite de l'opération. La situation la plus difficile pour Terrier est qu'il s'est senti père dès l'annonce de la grossesse. Mais c'est un père qui n'a jamais eu d'enfant. Écrire est pour lui une forme de thérapie, mais aussi une manière de donner une place à cet enfant qu'ils ne peuvent qu'imaginer, qui est resté abstrait physiquement, mais bien réel émotionnellement.

Présents dans la littérature et plus largement dans l'art, le sujet du sida et le sujet de l'avortement comptent néanmoins parmi les sujets sensibles. D'après Ann Jurecic, dans les années 80, un nombre sans précédent d'artistes ont produit des œuvres traitant du sida. Ces artistes ont ouvert la voie à une production importante de récits autour de cette maladie et, ce faisant, ont établi un genre littéraire spécifique (2). Même si des campagnes de publicité importantes ont été déployées par les gouvernements pour informer la population sur le sida et inciter à utiliser systématiquement le préservatif, les progrès de la médecine ont rendu cette maladie plus supportable et moins fatale pour ceux qui en souffrent. Selon Jurecic, "AIDS required and continues to require a powerful literary response because it forms such a complex knot of personal, scientific, cultural, social and political issues" (2). Pour Florence Lhote, l'ouvrage *Ce que le sida m'a fait. Art et activisme à la fin du XX<sup>e</sup> siècle* écrit par Élisabeth Lebovici et qui a reçu le Prix Pierre Daix a contribué à "dé-minoriser" le VIH et a prouvé à quel point l'apparition du virus a influencé le monde artistique à la fin du 20<sup>e</sup> siècle, d'expositions dans le monde, aux romans, en passant par les films. Cette "pluralité de formes d'écriture sur le sida" est d'abord principalement relatée par des hommes, puis les femmes victimes de la maladie joignent leurs témoignages. Au début de la pandémie du sida au milieu des années 80, la maladie était synonyme de peine de mort presque assurée. Dix ans plus tard, l'arrivée des multithérapies antirétrovirales hautement actives a permis de rendre cette maladie moins mortelle, mais ne l'élimine pas totalement du système et de ce fait, requière un traitement à vie. Les récits relatant du sida ont aussi changé avec cette évolution du traitement. Il en va de même pour sa présence dans la bande dessinée. MK Czerwiec note qu'il existe trois catégories de bandes dessinées parlant du sida: l'éducation sanitaire, l'activisme social et politique, et les témoignages / mémoires. Aux États-Unis, les bandes dessinées, particulièrement au début de la pandémie, proposaient un discours autre que celui présenté dans les médias, "comic books presented readers with views on the epidemic that alternately buttressed and undermined the dominant sociocultural and political assessments championed in news and entertainment periodicals." (Avila 5) En France, au contraire, certaines des premières représentations en bande dessinée de la maladie paraissent à présent naïves et simplistes (comme *Jo* de Derib). En Afrique, les bandes dessinées ont un grand succès en matière d'éducation et de prévention. On citera *Ushikwapo Shikamana* ("Si l'on t'aide, aides-toi toi-même") imprimée dans le quotidien *Taifa Leo* (Kenya), *Nkosi Johnson, the legacy* au Sénégal, ou encore *Mon laisser-passer* au Cameroun (en ligne, ne semble malheureusement plus disponible) (Dumont). La bande dessinée contemporaine de référence en langue française est de nos jours *Pilules Bleues*. Il existe par conséquent un corpus assez éclectique, quoique fourni.

*Chapitre deux*

Dans le cas de l'avortement, Véronique Montémont résume parfaitement la place de ce sujet dans la littérature française:

> Certes, de nombreux textes autobiographiques mentionnent les avortements: ceux dont on a failli mourir (Juliette Gréco), ceux qu'on a pratiqués sur soi-même, à répétition (Benoîte Groult), ceux que l'on a échoué à faire aboutir (Françoise d'Eaubonne). Des textes d'auteurs masculins font allusion aux avortements maternels, parfois multiples (Grégoire Bouillier), aux recettes abortives sauvages (Michel Winock) et même à la peine de prison purgée par une grand-mère convaincue d'avortement (Didier Éribon). La question reste toutefois anecdotique et ces mentions se veulent surtout un rappel historique de ce que durent subir les femmes avant la légalisation. En tant que sujet d'écriture, il semble que l'avortement a davantage trouvé sa légitimité dans les romans et pièces de théâtre du début du XXe siècle recensés par Jean-Yves Le Naour et Catherine Valenti dans leur *Histoire de l'avortement*: mais il s'agissait là de livres à thèse, destinés à servir de tribune aux progressistes et aux néo-malthusianistes, qui dépeignaient la tragédie des femmes enceintes victimes de leurs séducteurs et de la société. Durant les dernières décennies, l'avortement, dans le champ des écrits personnels, a plutôt fait l'objet de récits indirects écrits par des thérapeutes et des soignants, comme *Hôpital silence* de Nicole Malinconi, psychologue dans une maternité où se pratique l'IVG, ou les deux romans d'inspiration autobiographique *La Vacation* et *La Maladie de Sachs* de Martin Winckler. Un corpus français contemporain, donc, qui reste maigre, à peine un peu plus étoffé sur le plan de la littérature de fiction, et qui met souvent en avant la problématique du choix et du déchirement moral avant l'acte lui-même. La seule exception serait le recueil de témoignages de Xavière Gauthier, *Paroles d'avortées*, qui ne paraît qu'en 2004. Son auteure explique qu'il a parfois été difficile de convaincre les femmes de témoigner, et que la plupart d'entre elles n'ont accepté qu'à la condition de pouvoir conserver l'anonymat.

Dans la bande dessinée plus spécifiquement, il existe quelques bandes dessinées qui parlent de l'histoire du droit à l'avortement en France comme *Le Manifeste des 343* par Duphot, ou Laffitte et Strag chez Marabulles. Certaines relatent d'histoires de femmes ou de familles mêlées d'Histoire comme *Des Salopes et des Anges* de Benacquista et Cestac chez Dargaud, ou *Le Choix* de Désirée et Alain Frappier. En majorité, les quelques bandes dessinées sur le sujet sont des œuvres de fiction qui présentent principalement des jeunes filles qui tombent enceintes par erreur et qui revendiquent leur droit à l'autonomie corporelle. *Des Salopes et des Anges* reprend l'histoire de l'avortement dans le monde, puis en France, puis à travers l'histoire fictionnelle de trois femmes dans les années soixante-dix qui se rendent en Angleterre pour subir l'intervention. Cette bande dessinée se veut à la fois une leçon d'histoire et un pamphlet en faveur du droit des femmes à l'avortement, le tout avec une pointe d'humour. Autre exemple, cette fois-ci sous forme de témoignage, même si l'auteure a souhaité rester anonyme, *3 millimètres*, disponible gratuitement sous forme de .pdf sur le site de Martin Winckler, le nom de plume du Dr. Marc Zaffran, ancien médecin qui pratiquait l'avortement et romancier, www.martinwinckler.com/ (sous la catégorie courriers et contributions). Elle présente l'histoire d'une femme de trente-cinq ans qui n'est pas très fertile, qui est dans un couple stable, et qui a un travail, qui cependant décide d'avorter et défend son droit à cette décision contre les pressions de la société. En langue anglaise, l'album *Abortion Eve* de Lyn Chevely et Joyce Sutton publié en 1973 est l'un des tous premiers à traiter du sujet et est aujourd'hui encore souvent cité par les défenseurs du droit à l'IVG (Fox). Une seule bande dessinée récente fait de son sujet entier l'avortement, sortie en 2019, la bande dessinée autobiographique à deux mains, intitulée *Il fallait que je vous le dise* (chez Casterman), de la dessinatrice Aude Mermilliod, aidée de Martin Winckler. La dessinatrice a par ailleurs revendiqué le choix de ce medium dans une interview pour le magazine belge *Femmes d'Aujourd'hui*, "la bande dessinée est un médium qui ne ressemble à aucun autre. Il y a beaucoup de choses qui se passent par les silences, que je n'aurais pas pu gérer par la description." L'image, accompagnée de la gouttière, a le pouvoir de laisser place (figurativement et littéralement) aux incertitudes et inconnues et par là même à sa propre interprétation. Fixée dans les mots, la compréhension est plus fluide dans les images.

Ce qui rend les œuvres de ce chapitre originales par rapport aux autres témoignages du genre, est le point de vue particulier à travers lequel les récits sont narrés, puisqu'il s'agit de la perspective masculine sur leurs compagnes. Dans les deux cas, les hommes sont d'une manière paradoxale des observateurs extérieurs, puisque ce sont les femmes avec qui ils ont décidé de faire leur vie qui sont affectées physiquement par ces problèmes de santé. De plus, ces

*Chapitre deux*

textes vont à l'encontre des histoires usuellement associées à ces maladies. En effet, la grande majorité des textes traitant de l'avortement sont racontés d'un point de vue féminin.[1] Les femmes qui racontent leur avortement revendiquent en général leur droit d'y recourir. Quant au sida, Jurecic nous le rappelle, il "threatened to decimate a generation of gay men" (2) c'est-à-dire qu'il concernait, surtout dans les pays occidentaux, les milieux homosexuels masculins. Ces deux bandes dessinées présentent par conséquent une expérience particulière, où les personnages masculins n'ont pas vraiment le choix compte-tenu des circonstances. Dans le premier cas, l'avortement n'était pas désiré; dans le second, il s'agit d'un homme dont la femme et son enfant souffrent du sida.

Troisième et dernier point: ces deux textes se focalisent sur la marginalisation des personnes, qu'elles soient atteintes du sida ou aient choisi d'avorter. Dans les deux cas, c'est avant tout la sexualité et la reproduction humaine, des aspects extrêmement intimes de l'existence, qui sont jugés par des instances publiques pour des raisons religieuses ou morales. De manière stéréotypée, dans l'opinion, les femmes ayant recours à l'avortement ou les personnes attrapant le SIDA ont une sexualité débridée, de multiples partenaires intimes, et sont irresponsables. Les bandes dessinées présentées dans ce chapitre montrent qu'il existe d'autres perspectives sur ces afflictions, et que ces jugements publics sont pour la plupart des stéréotypes grossiers qui simplifient et amenuisent des problèmes de santé publique. Voilà comment un problème profondément privé se retrouve sur la scène publique. Chaque dessinateur va de ce fait révéler plusieurs types, voire plusieurs niveaux d'intimité, qui prennent ici une importance socioculturelle et politique. Terrier fait le deuil d'un fils qu'il n'a jamais connu, tandis que Peeters apprend à vivre avec la maladie de celle qui deviendra sa femme, ainsi que son beau-fils, lui aussi séropositif.

## La rencontre amoureuse, ou toute identité est relationnelle

Dans *46XY*, Terrier dans sa narration commence par le moment le plus difficile, celui de l'annonce de la non-viabilité du fœtus. Puis, il effectue un retour en arrière pour raconter le début de son idylle avec Charlotte, jusqu'à cet instant fatidique. Le deuxième chapitre, titré "Se souvenir," est peut-être celui que l'on peut considérer comme le plus traditionnel. L'auteur n'utilise pas de cases, mais les traits des dessins sont plus nets et plus simples, et les yeux du lecteur se promènent de gauche à droite et de haut en bas, tout comme s'ils suivaient des bandes. L'histoire se déroule sous la forme d'un journal puisque des dates précises sont présentes, les unes après les autres, souvent sans transition. Terrier partage sa première rencontre où Charlotte attire son attention, une seconde où ils interagissent, une première nuit ensemble, puis une seconde, puis une page blanche avec une déclaration: "Je suis amoureux." L'isolement de cette petite phrase est porteur de sens: cet amour est tellement important qu'il prend toute la place, et le temps est comme suspendu, plus rien d'autre n'existe ni n'importe. La suite s'accélère et le chapitre se termine sur l'image d'un calendrier récapitulant les étapes importantes de leur couple: mariage, déménagement, et découverte de la grossesse—car cette dernière, si elle n'était pas prévue, est accueillie avec bonheur. Le tout se produit en l'espace d'à peu près un an, ce qui permet à ces quelques pages de contenir plus d'espace temporel que tout le reste de l'album, le calendrier permettant de façon très pratique de poser les grands jalons de leur histoire, une histoire qui vacille entre le "je" et le "nous." D'après Paul John Eakin[2] dans *How Our Lives Become Stories,* aucune autobiographie ne peut être entièrement une autobiographie du "je" (43) En effet, il qualifie de "mythe de l'autonomie" le fait d'exclure les autres protagonistes intervenant dans une autobiographie, et explique que "*all* identity is relational" étant donné que "we draw on models of identity provided by cultures we inhabit ..." (*How Our Lives Become Stories* 65) et que "narrative is a—if not *the*—principal mode in which relational identity is characteristically displayed" (*How Our Lives Become Stories* 63). On peut donc comprendre la pulsion d'écrire une autobiographie, qui se trouve en réalité être un mélange d'autobiographie et de biographies, particulièrement dans le cas d'un couple dont la définition est d'être composé de deux personnes.[3] Les "autres" font toujours partie de l'histoire d'une vie car ils nous influencent; ils ne sont que de simples personnages secondaires si l'on peut dire, opposants ou adjuvants. En fonction de leur proximité avec le "je" de l'histoire, on peut connaître une partie de l'intimité de ces autres.[4] Dans le cas du couple, il doit y avoir un accord tacite du partenaire de vie à rendre public ces détails intimes, à la fois émotionnels, mais aussi physiques puisque les femmes sont parfois

*Chapitre deux*

montrées nues comme j'en discute par la suite. D'autant plus dans les deux cas, il s'agit du corps de l'autre, pas de celui qui narre. Par ailleurs, Peeters recrée la scène dans son album où il discute de cela avec Catie, ce que je dis être le deuxième moment clé de l'histoire.

Avant cela, Peeters opère à peu près de la même manière que Terrier lorsqu'il présente son couple dans *Pilules bleues*. Dans la première partie de son récit[5], il tient à présenter la force de son couple, ce qui fait leur unité. Les deux se tiennent sur le balcon d'un appartement, et discutent d'un terme: "discordant." Ils sont tous les deux vexés qu'un médecin ait utilisé cet adjectif pour qualifier leur couple et tous les deux, en se regardant amoureusement, concluent à l'unisson: "Saloperie de médecins!" (8). Ici, Peeters insiste particulièrement sur la représentation des yeux, qui semblent à peine disproportionnés par rapport au reste de leurs visages, pour souligner le regard plein d'amour de l'un comme de l'autre, soulignant par là même la maigreur de sa compagne malade. Après avoir établie en premier la force de leur union, comme le fait Terrier, Peeters procède aussi par un *flashback* décrivant la manière dont les deux amants se sont rencontrés. "Il y a six ou sept ans" (13), nous dit-il, en été, chez des amis, pendant une soirée arrosée. Tout comme Terrier, il remarque tout de suite l'une des jeunes filles présentes. Peeters explique que Cati et lui se sont revus au gré des hasards durant plusieurs années avant de commencer à se fréquenter. Pour correspondre à l'histoire du couple, la narration de Peeters doit effectuer des sauts dans le temps et accentuer certains moments en incluant de nombreux retours en arrière qui donnent plus de poids à ceux-ci. Peeters montre notamment la manière dont lui et sa compagne sont devenus proches, car l'intimité d'un couple n'est pas simplement le produit de leur proximité physique, s'y ajoute leur rapport émotionnel. Les deux auteurs débutent leurs récits avec cet aspect de la relation du couple. Dans la deuxième partie, l'auteur raconte comment Cati et lui se sont connus et fréquentés, ce que fait également Terrier. Peeters utilise une métaphore visuelle pour exprimer cette proximité et la manière dont cet épisode l'a marqué. Il dessine Cati et lui en train de discuter au cours d'une grande fête où se trouvent de nombreuses autres personnes. Assis sur un canapé faisant office de radeau, leur connexion est tellement forte que la foule autour d'eux disparaît. Malgré le fait que les personnages soient très bien ensemble, sous eux, les eaux sont tumultueuses, comme une sorte d'avertissement vis-à-vis des obstacles à venir dans leur histoire. L'eau est un élément qui revient fréquemment chez Peeters, et qui au fur et à mesure de l'histoire semble se calmer et évoquer de plus en plus l'apaisement. Il est possible d'étendre l'interprétation: ces eaux vives font écho à la passion que le couple ressent au début de son histoire. Plus l'eau devient calme, plus la relation de couple l'est aussi, tout en étant affectueuse.

## Féminité, nudité, intimité physique

Intrinsèquement lié à la fois à leur première rencontre et au désir masculin, et aux corps de leurs femmes en souffrance, Terrier et Peeters font le portrait de leurs épouses complètement nues plusieurs fois au cours de leurs albums respectifs. Tous deux rencontrent celle qui deviendra leur compagne à une fête entre amis. Leur tout premier contact est visuel. Terrier remarque immédiatement Charlotte, mais ils n'échangent que quelques mots le lendemain de la fête, tandis que Peeters ose à peine adresser la parole à Cati, qu'il ne recroisera qu'au gré du hasard, par la suite, et cela pendant plusieurs années avant qu'ils ne se mettent en couple. Chacune des deux femmes est exposée presque entièrement dénudée après quelques pages, au début des albums. Charlotte prend le soleil en maillot de bain, tandis que Cati batifole dans une piscine, une bouteille de champagne à la main et portant une culotte et t-shirt sous lequel elle n'a pas de sous-vêtement (nous précise l'auteur). Les deux auteurs gardent un souvenir fort de ces premières rencontres où, dès le départ, ces femmes sont caractérisées par leur féminité, leur sensualité, à travers le regard masculin. La beauté de leurs corps est mise en avant, idéalisée, cristallisée comme le qualifierait Stendhal.[6]

Chez Terrier, le corps nu de Charlotte est omniprésent. La silhouette de femme enceinte de Charlotte est la couverture de l'album, son ventre naissant et une partie de sa poitrine mis en évidence. Dès la troisième page, Terrier dessine ses attributs féminins, en l'occurrence l'un de ses seins. De plus, dans le premier chapitre, lors de la première visite médicale où le médecin procède à la première échographie et découvre une anormalité chez le fœtus, Terrier dévoile sa partenaire complètement nue, allongée sur la table du médecin, la sonde insérée entre ses jambes écartées. À la page suivante, elle est encore montrée deux fois sans vêtements, mis à part son soutien-gorge. Dans le deuxième chapitre (qui est entièrement un retour en arrière), les six derniers dessins esquissent Charlotte dans un lit, allongée et complètement nue.

Elisabeth El Refaie, dans *Autobiographical Comics: Life Writing in Pictures*, nous explique que l'art occidental "has traditionally been geared towards the male viewer, with many oil paintings featuring naked female bodies for the delectation of the mostly male art collectors ... In the classic female nude, the individual woman is reduced to her physical self, and her body is arranged in a way that puts it on display for the male gaze" (74). Terrier ne déroge pas à cette tradition. La grande majorité de ce que le lecteur connaît à ce moment du récit à propos de Charlotte est son corps. Terrier ne lui donne jamais directement la parole (à l'inverse de Peeters, qui transcrit certaines de ses conversations avec sa compagne). Terrier admet même qu'il n'est pas certain de ce qu'a ressenti Charlotte pendant cette période ni pendant l'avortement. Il ne parle jamais de ses sentiments à elle, au contraire, il insiste beaucoup sur les siens. Dans le dernier chapitre, il sous-entend même que la vie a repris son cours pour elle, alors que la sienne est encore profondément affectée. La toute dernière image de *46XY* est celle de leurs deux mains enlacées. Encore une fois, Charlotte n'est représentée, de façon métonymique, que par une partie de son corps, cette image dépeignant également la force de leur union et de leur couple.

Cette manière de présenter la femme soulève un point essentiel de toute relation de couple, à savoir le désir de l'autre. En effet, l'intimité physique est souvent, pour les couples traditionnels, ce qui soude le couple (puisqu'une intimité intellectuelle, et même émotionnelle, peut être partagée avec des membres de la même famille, ou entre amis). La relation entre Charlotte et Raphaël commence d'ailleurs par un acte sexuel. Terrier ne dépeint pas l'acte en lui-même, il se place néanmoins nu dans le lit, le lendemain matin de la première nuit qu'il passe avec Charlotte lors d'une fête chez des amis communs. Leur histoire commence par une attirance mutuelle physique, même si Charlotte est déjà une figure furtive puisque Terrier est seul dans le lit, observant le vide de la pièce dans laquelle il se trouve, Charlotte s'étant esquivée. Par la suite, Terrier montre leur intimité émotionnelle, et l'intimité sexuelle n'est plus mentionnée.

Dans les couples où l'un des deux corps est en souffrance, la relation physique devient complexe. Chez Terrier, le corps de l'autre devient porteur d'un troisième corps, un corps qui a été formé à la fois par les deux corps originaux, mais qui est également une entité à part entière. Bien que Charlotte soit celle qui porte l'enfant, Terrier ne se sent pas moins connecté à ce petit être en devenir. Toutefois, comme de nombreux pères, il semble parfois avoir du mal à trouver sa place. Il explique en outre, dans la troisième partie: "J'essaie de me mettre à sa place et c'est difficile. Je ne porte pas le bébé dans mon ventre. J'ai sans doute désiré cet enfant avant elle, je ne pourrai vivre ce drame comme elle, où le physique s'ajoute au psychologique. Je n'ai que le psychologique à gérer. Je m'en remettrai donc à sa décision. Quoi qu'il advienne, même si c'est à contrecœur." Faire cet album est un moyen de se situer dans cette histoire, de se placer en tant que père. Il y explique la situation, et ses décisions. L'accent n'est pas mis sur sa compagne. C'est sa propre voix qu'il veut faire entendre, une voix d'homme, qui n'a pas souvent pris la parole en tant que personne concernée directement par les faits car d'habitude, seules les femmes s'expriment sur l'avortement qu'elles ont subi, et non leur compagnon.

Chez Peeters, la chose est un peu plus compliquée à cause du SIDA. D'autre part, cet aspect sexuel est tellement important que la seconde partie de l'album y est presque exclusivement dédiée, en lien avec la maladie de Cati, puisque mis à part dans l'intimité sexuelle, la maladie affecte finalement peu la vie du couple. De manière paradoxale, lorsque Peeters rencontre Cati pour la toute première fois, celle-ci est caractérisée à la fois par sa force de vie, et par le fait qu'elle semble inatteignable. Elle est le boute-en-train de la fête, plongeant dans la piscine, une bouteille de champagne à la main, attirant tous les regards. Plus tard, ce n'est plus sa confiance en elle qui la rend distante, c'est sa maladie. C'est une autre manière pour Peeters de la présenter comme un objet de désir, mais un objet interdit. Cependant, comme mentionné auparavant, Peeters raconte dans la seconde partie que la première nuit qu'ils passent ensemble est plus tendre que sexuelle. Deux sections plus loin, il plonge le lecteur au cœur de cette intimité physique. Dans le cinquième chapitre, le lecteur participe à une discussion qui semble post-coïtale. Cati demande à Frederik pourquoi il l'aime, pourquoi il est avec elle, sous-entendu avec une personne qui souffre d'une maladie aussi lourde que la sienne, en précisant que sa réponse restera entre eux (l'ironie des autobiographies). Partager sa réponse, qui devait être personnelle, est encore une

*Chapitre deux*

manière pour l'auteur de se dévoiler, et d'ajouter à l'authenticité du récit. Peeters plaisante d'abord, puis répond de manière sincère. Par là même, il établit la normalité de son couple qu'il ne veut ni différent ni plus glamour que les autres. La dernière planche du chapitre insiste sur le bonheur de Frederik. Trois vignettes se succèdent, où son visage est en gros plan sur le côté gauche, puis vient une dernière image de lui, où il est exposé complètement nu, flottant, le sourire aux lèvres, l'impression de légèreté accentuée par l'absence de vignette autour de cette dernière image, le tout formant une séquence lente, de moment à moment,[7] symbolisant un instant presque figé dans le temps. Cet épisode, où le narrateur part dans ses pensées, est calme et heureux. C'est un moment à l'opposé de celui de l'annonce de la séropositivité de Cati, où le narrateur est sous le choc et où ses pensées se bousculent.

La sérénité de cette scène est brisée dans le chapitre suivant. Trois différentes visites médicales sont racontées, la salle d'attente comme espace où le temps est suspendu étant utilisée par le narrateur pour exposer ses pensées, et parfois effectuer des retours en arrière dans l'histoire. Pour relayer la tension de la première visite qui survient après la rupture d'un préservatif et le surgissement de la peur d'attraper la maladie de sa compagne, Frederik fait appel à l'enchaînement de point à vue à point de vue,[8] en s'attardant sur tous les recoins de la salle d'attente, sur les autres patients présents, et même sur ce qui se passe par la fenêtre. Son esprit vagabonde et entraîne le lecteur avec lui. Soudain, il nous raconte leurs premières fois. Ambiance feutrée, ombres, obscurité, le tout est dévoilé pudiquement. Il va même jusqu'à confesser qu'hésitante, Cati se laisse complètement dominer, le rendant alors dominant, ce qui a permis à Cati de retrouver un peu sa féminité (dont elle se sentait privée en raison de sa maladie) et à Frederik "de reprendre de l'assurance" (105). Il avoue également que dès le départ, leur alchimie sexuelle est très forte, même s'il comprend le paradoxe de la chose (105). Dans ce chapitre, Peeters analyse sa relation avec Cati, avec la sexualité, avec la maladie et avec la médecine, et montre à quel point ils sont intriqués. Il contient le plus grand nombre de métaphores visuelles, outil autrement peu utilisé par l'auteur. Juste après avoir révélé comment leurs premiers émois se sont déroulés, Peeters fait appel à l'une de ces métaphores. Il dessine dans plusieurs vignettes d'affilée un juge qui finit par les condamner à porter un préservatif à perpétuité. Cati et Frederik sont nus, et de ce fait, vulnérables face au juge. Le juge personnifie aussi le jugement et la condamnation par la société et par les autres de leur couple, un jugement qui n'a pas raison d'être. Cette scène rappelle bien entendu le célèbre livre de Kafka, *Le Procès*, dans lequel un homme (Joseph K.) est jugé, condamné et exécuté pour une raison qui lui est inconnue. Il en ressort une atmosphère oppressante d'une part, et un sentiment de culpabilité d'autre part, mêlé d'innocence et d'injustice. La nudité des protagonistes leur confère un certain degré d'impuissance. De plus, le juge est dessiné en contre-plongée, ce qui lui donne automatiquement la position de force (le couple étant dessiné en plongée ...). À la page suivante se trouve une seconde métaphore visuelle qui revient à plusieurs reprises, celle de la camisole. Le sida étant une maladie sexuellement transmissible, la notion "sexuelle" est discutée. Sur ce point, ce sixième chapitre veut éclairer beaucoup de choses, à travers notamment le personnage du médecin, une figure médicale qui pour une fois est également humaine. Lors de leur première rencontre, le médecin explique à Cati et à Peeters que même si le préservatif a rompu, Frederik n'ayant pas de plaie sur le sexe et la maladie n'étant que peu présente dans les sécrétions vaginales, celle-ci ne survit que très peu de temps au contact de l'air: les chances de contamination sont quasi nulles. "Vous avez autant de chance d'attraper le sida que de croiser un rhinocéros blanc en sortant d'ici!" (119) précise-t-il. Après cette déclaration, Peeters matérialise ce rhinocéros plusieurs fois, comme un fardeau invisible le suivant sans pourtant l'empêcher d'avancer. Non présent dans cet album, Frederick et Cati auront plus tard un enfant ensemble. Peeters raconte la grossesse de sa compagne dans un album tiré à 500 exemplaires intitulé *Onomatopées* (2004), où là encore, d'après les images que j'ai pu trouver sur Internet, le corps de Catie est mis en avant.

Grâce aux explications du médecin, Cati et Frederik se sentent libérés, et Peeters se dessine avec Cati, leurs camisoles se défaisant et tombant au sol, puis courant nus dans un champ. Le batifolage dans la campagne représente une progression inverse, où ils retrouvent un état plus naturel, une sorte de jardin d'Éden où ils sont comme Adam et Ève, en accord complet avec la nature et leurs corps nus. Quelques pages plus loin, ils sont à présent seuls sur un radeau dérivant en pleine mer, rappelant la rencontre qui a mené à leur mise en ménage. Toutefois, les eaux sont à présent calmes. Bien que les eaux tumultueuses du début puissent exprimer la passion d'une relation naissante, les eaux calmes peuvent, elles, exprimer la douceur de vivre. De plus, comme une forme de renaissance de leur vie sexuelle, cette eau où ils plongent et où ils se sentent en symbiose rappelle le liquide amniotique. Cati est d'ailleurs dessinée en position fœtale dans l'une des vignettes, entourée de fils de fer barbelés que Frederik doit éviter pour l'atteindre. Ainsi, Peeters fait régulièrement appel à la nature lorsqu'il veut symboliser la libération de son esprit. Il se met en scène, parfois avec Cati, dans cette nature idyllique qui incarne la force de leur amour et de leur union qui leur fait oublier le reste du monde, rappelant les romans pastoraux, caractérisés par leur représentation de l'amour de façon idéalisée dans un cadre champêtre. Étonnamment, une seconde visite chez le médecin permet au couple l'inimaginable. Frederik a un rendez-vous seul, et pendant ce rendez-vous, le médecin admet que s'il fait bien attention à l'état de son sexe, et que Cati prend rigoureusement son traitement, ils ne sont en réalité pas obligés d'utiliser un préservatif. "Vous êtes en train de réduire dix ans d'éducation sexuelle à néant!" (137) s'exclame Frederik à l'annonce de cette déconcertante nouvelle. Peeters n'insiste pas sur cet aspect, puisqu'il met l'accent sur cela dans les pages précédentes, il décide de se concentrer sur la situation médicale, c'est-à-dire sur le médecin lui-même. Dans les trois autres œuvres évoquées, le monde médical est critiqué, et montré plus d'une fois comme incompétent (comme chez David B.), voire insensible (comme dans *46XY*). Cependant, dans ce court passage, Peeters soulève un point très important, celui du soutien et du regard de l'autre. Il s'étonne: "Pour la première fois, quelqu'un de concerné et d'informé, quelqu'un qui détenait toutes les cartes, m'avait donné une bonne image de nous-mêmes" (139). Arthur Kleinman, dans la préface de *The Illness Narratives*, défend l'idée que les pathographies "edify us about how life problems are created, controlled, made meaningful. They also tell us about the way cultural values and social relations shape how we perceive and monitor our bodies ... We can envision in chronic illness and its therapy a symbolic bridge that connects body, self, and society" (xiii). Cette déclaration implique que l'œuvre de Peeters, mais aussi les autres bandes dessinées étudiées ici, ont non seulement un caractère personnel, celui de la mise à découvert de sa propre intimité, mais également un aspect de témoignage universel, mis souvent en parallèle des discours médicaux et des stigmates qui circulent dans la société. Dans le cas de Peeters, il est possible de croire qu'il justifie sa relation et son amour avec Cati, et en exposant les étapes successives de leur vie sexuelle comme il le fait, il essaie de casser certains stéréotypes associés au sida, notamment le fait qu'ils puissent vivre une vie de couple presque normale.

"Normal," "normalité," on se retrouve souvent confronté à ces notions lorsque l'on sort de la norme imposée par la communauté dans laquelle on évolue; le regard des autres est principalement ce qui provoque la prise de conscience de la différence. La maladie rend l'autre différent, et ce qui est différent est parfois mis au ban de la société. Dans un couple, lorsque l'un des partenaires est différent, le duo se retrouve marginalisé. Ainsi les propos et le comportement de leur médecin permettent-ils à Frederik et à Cati de se sentir plus "comme tout le monde." Ce médecin semble être le premier à leur avoir renvoyé une bonne image d'eux-mêmes, et il joue par conséquent un rôle décisif dans cette histoire. De plus, Peeters souligne le fait qu'il est humain, "un humain ... voilà pourquoi il me touche, je crois ... un humain irritable, débordé ... mais compétent ... qui mine de rien a changé ma vie" (193). Peeters insiste sur le comportement du médecin, car Frederik n'est pas seulement un patient à ses yeux, il est aussi un homme avec une vie, des émotions, et des obstacles difficiles à surmonter. Ils se renvoient mutuellement l'image de l'humanité qu'ils partagent. D'autre part, cette relation que Frédéric noue avec le médecin est privilégiée, puisque Cati est peu présente (seulement lors de la première visite, ensuite elle est simplement mentionnée). Peeters clôt ce chapitre avec une série d'images silencieuses. Il marche dans la rue, une cigarette à la main, imaginant un rhinocéros derrière lui, se retournant et n'apercevant pourtant rien. Il esquisse alors un sourire.

La partie qui suit est très courte. Frederik se promène avec un ami qui lui pose des questions sur sa vie sexuelle, sur le fait que le préservatif sera toujours présent dans leur vie de couple, toujours présent comme une barrière entre eux deux. Ce à quoi Frederik répond que cela ne le dérange pas, et que "mieux vaut une baise magnifique avec une capote qu'une simple baise sans capote" (154), tout en insistant sur l'amour que Cati et lui partagent, et en s'étonnant du fait qu'ils s'entendent tellement parfaitement à tous les niveaux. Cet ami avec qui il flâne est un amalgame de différentes figures de l'autre. Peeters a dû entendre cette question très souvent de la part de ses proches, de sa famille ou de ses amis. À travers cet ami, et grâce la transposition de cette conversation, Peeters leur répond à tous, comme il proposait de le faire dès le début de l'album, apportant ainsi conclusion.

### Les moments clés, ou la répétition avec un changement

La présentation de leur histoire d'amour, qui est la base de chaque histoire, ou du moins un chapitre compliqué de celle-ci, est précédée chez les deux artistes du moment clé, c'est-à-dire de l'instant où tout bascule. *46XY* s'ouvre avec un "prélude" où l'on peut voir deux portraits du couple heureux. Ces portraits en noir et blanc ressemblent à des peintures et sont positionnés l'un sous l'autre de manière libre; cette première page ne contient pas de vignettes. Le côté ébauche, car les visages sont un peu flous, contraste avec l'écriture dactylographiée qui les accompagne. L'auteur va immédiatement au cœur de son histoire: "Charlotte et moi, on s'aime comme des dingues. Ça tombe bien, Charlotte est enceinte."[9] Les sept autres pages du prélude sont composées similairement, comme des sketches dans un carnet, sans cases et sans détails.

Si le chapitre préliminaire est une présentation, le premier débute *in media res*. Charlotte et Raphaël sont chez le médecin pour la toute première échographie, et ils apprennent que le fœtus ne se développe pas de manière normale. Les premières pages couvrent les faits, tandis que le reste est une représentation symbolique des sentiments qui assaillent le narrateur: le choc d'abord, la sensation que le monde s'écroule sous ses pieds, la douleur intense, la tristesse, puis le vide. Cet épisode est à la fois très intime physiquement—car Charlotte est montrée presque complètement nue allongée sur la table du gynécologue—, mais également mentalement. Il l'est pour le narrateur car ce sont ses sentiments qu'il expose, ainsi que pour le couple en tant qu'entité, incarné par un gros plan sur leurs mains entrelacées. De plus, cet instant où quelque chose s'effondre à l'intérieur de soi se répète. Il y a le moment initial, tel que les protagonistes l'ont vécu; puis le moment raconté, puisque Terrier dessine dans le même chapitre une scène où il explique au téléphone à son père comment le rendez-vous s'est passé; et enfin le retour sur ce moment avec le dessin et le partage avec le lecteur. Selon Paul John Eakin, cette répétition va plus loin, elle est une réinterprétation: "The autobiographical act is never merely an act of repetition of the past, it is always a repetition with a difference, and in my corpus the importance of telling the story, heightened by telling the story of the story, is that it affords an opportunity to set the story straight, to speak the unspoken, to repair the ruptures of the past" ("Relational Selves" 73) Terrier réinterprète ce moment extrêmement privé qui était déjà un temps fort lorsqu'il s'est produit, pour lui donner une fonction clé dans le récit, comme il l'a été pour lui dans sa vie. L'intensité des sentiments ressentis est telle qu'il a besoin de les partager par tous les moyens possibles, de les faire sortir de lui-même, de dire ce qu'il n'a pas pu exprimer la première fois, comme le dit Eakin. Ce besoin est dépeint dès le premier chapitre, lors de la représentation de la conversation téléphonique qu'il entretient avec son père après cette première visite chez le médecin. Terrier commence par dessiner son cœur compressé dans un étau et saignant des mots impossibles à discerner. Puis, ce sont des suites de lettres coulant à flots qui lui sortent de la bouche, sur la page, comme une averse. À la page suivante, son téléphone est couvert de ces mêmes lettres noires. Enfin, il termine par un dessin de ses lèvres, bouche fermée, où l'on peut lire: "Ça va un peu mieux maintenant que tout est sorti." La fonction cathartique de la verbalisation du traumatisme est ici soulignée, fonction sur laquelle repose la psychanalyse, que Freud appelle aussi la "cure par la parole."[10] Cette image dépeint brillamment le poids du traumatisme ayant besoin d'être extériorisé pour s'en libérer. Par ailleurs, cette partie du livre peut être vue comme une métonymie du livre entier de Terrier. D'après Joseph Fichtelberg, dans la préface de *True Relations: Essays on Autobiography and the Postmodern*, ce besoin de partager cette intimité vient de celui de se soulager: "Telling the other's story somehow liberates the self, but only by returning to an original threat or loss" (6). Il conclue en paraphrasant Michael Ignatieff qui affirme que la mémoire guérit les cicatrices laissées par le temps, tandis que l'autobiographie documente les blessures (6). Or documenter et interpréter peut faire partie du processus d'acceptation; ici il s'agit du fait que l'enfant du narrateur ne survivra sûrement pas.

Néanmoins, le problème principal exposé dans cet album est celui du choix. Une fois l'enfant né, ses chances de survie sont minimes, mais elles existent quand même. Dans l'histoire de Terrier, il s'agit d'un choix tragique avec lequel il a du mal à vivre, celui

*Chapitre deux*

de l'interruption volontaire de grossesse. Cette partie, quasiment au centre de l'histoire, en est le pivot. En effet, Terrier nous amène aux différents rendez-vous médicaux et procédures médicales, nous fait partager leurs doutes et incertitudes, leurs angoisses et leur stress. Il décrit même un épisode particulièrement dur dans le troisième chapitre, celui où pour la première fois, le fœtus est devenu l'image d'un enfant, et donc la second où l'image d'une famille s'est créée dans sa tête. Cet épisode se produit lors d'une visite à l'hôpital. Une infirmière laisse échapper un mot: "garçon." Terrier ne cache pas ni choc ni son dédain: "Charlotte et moi sommes abasourdis. Elle nous crache ça à la gueule ... c'est un garçon." Le choix du vocabulaire familier fait écho à la douleur et à la colère du narrateur. À la page suivante se trouve l'image du couple berçant un enfant absent, et Terrier confirme: "Ce fœtus n'est désormais plus un fœtus ... Il a complètement changé de statut. Il est devenu un garçon, un être plus défini, plus réel, plus vivant." L'enfant en devenir dans le ventre de Charlotte passe à cet instant-là d'entité abstraite à un fils, ce qui rend la décision de poursuivre l'interruption volontaire de grossesse encore plus difficile et douloureuse. Cette partie est la dernière à contenir des portraits. Dans la partie qui suit—celle relatant leur courte visite dans une clinique belge pour subir l'intervention—, le style artistique change radicalement. On y trouve une succession de bandes en noir et blanc, des dessins d'abord, puis des photos, le tout sans parole, dépeignant surtout leur voyage par fragments. Une fois la décision prise, il n'y a plus rien à dire, d'où ces scènes silencieuses. Le tout est suivi d'un récit de trois pages qui commence par la description de la clinique, l'attente, la procédure qui dure à peine vingt minutes, Charlotte qui dort ... puis le sentiment de culpabilité, et le retour en France. Enfin, on trouve le dernier chapitre, une page, presque un poème, sans images. Terrier y révèle son mal-être, le fait qu'au moment où il écrit, il n'est pas certain du tout d'avoir pris la bonne décision, son désir d'avoir des enfants, son amour pour Charlotte qui est son pilier.

Chez Peeters, l'instant fatidique, celui où Cati annonce à Frederik qu'elle est atteinte du sida, se passe juste après qu'il lui propose de passer la nuit chez lui. La majorité des planches de Peeters sont construites avec six cases, deux par deux (ce qu'on nomme le gaufrier). D'une façon assez cinématographique et dynamique, Peeters alterne les points de vue, situant le lecteur à la place de celui qui écoute, ou de celui qui parle, comme le ferait une caméra subjective dans un effet de champ-contrechamp. Quelques plans rapprochés—pour continuer avec le lexique cinématographique—montrent les deux protagonistes assis à la table autour de laquelle ils discutent. Après que Cati lui avoue "je suis séropositive ... et mon fils aussi ..." (34), Peeters consacre six vignettes de suite à sa réaction. Pour lui aussi, le monde s'écroule. Un plan rapproché, puis un très gros plan, étalent sa perplexité. Il ne s'attendait évidemment pas à cet aveu. Le narrateur essaie de garder son calme, bien qu'il bout à l'intérieur. Il exprime tous ces sentiments qui se succèdent dans sa tête comme le fait Terrier avec l'image de son cœur: les mots sortent littéralement de lui jusqu'à l'entourer. Son visage, lui, reste impassible. Cati passe cependant la nuit chez Frederik après qu'il la convainc qu'il veut continuer à la voir. Pourtant, leur intimité n'atteint pas cette nuit-là le niveau sexuel, nous dit l'auteur (36).

La second moment clé, celui de la discussion sur la création de l'album que le lecteur a entre les mains, s'ouvre également sur un épisode intime du quotidien. Cati et Frederik sont tous les deux en sous-vêtements et Cati coupe les cheveux de Frederik. Le lecteur assume qu'un laps de temps s'est écoulé,[11] Frederik et Cati sont maintenant à l'aise l'un avec l'autre. La discussion tourne autour des parents de Frederik, car ils ne sont pas au courant de la maladie de Cati, même si cela fait "plus d'un an" (43) qu'ils sont ensemble (ou peut-être même qu'ils habitent ensemble). Cette partie explique la genèse de l'œuvre; Frederik en parle comme d'un projet, d'une chose qu'il préférerait remettre à ses parents au lieu d'une explication verbale, en face-à-face. Même s'il s'agit de sa vie, et de sa vie de couple, c'est elle, Cati, qui a cette maladie. Il s'assure par conséquent qu'elle consente à voir son intimité exposée au grand public et à leurs proches. En ouvrant leur jardin secret—qui justement perd ce caractère secret (ou du moins une partie, car même une autobiographie ne va pas et ne peut absolument tout révéler)—, le couple se justifie, et par là se dé-stigmatise en prenant la parole, au lieu de laisser les autres parler d'eux et en leur nom. Cette dimension de méta-commentaire sur l'œuvre est fréquemment présente. Dans le premier chapitre de ce livre, je l'avais notamment souligné chez David B., Kichka, et Jung qui tous trois se sont représentés comme des enfants qui non seulement dessinaient très souvent, mais qui de surcroît utilisaient le dessin comme un support émotionnel pour surmonter certaines épreuves de leur enfance. De plus, cet aspect de méta-commentaire renvoie à l'observation de Joseph Fichtelberg. Celui-ci pense qu'écrire son histoire est en fait la *réécrire*, autrement dit l'interpréter, et par là même mettre en lumière certains épisodes qui ne peuvent prendre une signification particulière qu'avec un certain recul. Le fait que ces trois auteurs dessinaient avidement lorsqu'ils étaient enfants n'était pas une garantie qu'ils puissent faire carrière comme auteurs de bande dessinée une fois adultes. De même, cette discussion dans la salle de bains avec sa compagne n'était pas une garantie que l'album serait être concrètement entrepris. Il est intéressant de noter que Terrier, qui n'aborde pas directement le thème de la genèse de son album, n'exerce pas le métier de bédéiste à plein temps et n'a au demeurant publié que deux albums, *46XY*, et *(A)mère*, une autre œuvre autobiographique principalement composé de croquis et qui parle de sa relation difficile avec sa mère alcoolique.

### Ancrer le lecteur dans sa narration

Tous les auteurs d'autobiographies doivent faire des choix quant à l'interpellation voire l'intégration, ou non, du lecteur, du public intime dans sa narration. Lorsqu'il raconte la rencontre avec celle qui deviendra sa femme, Peeters prend son temps, il se met en scène dans un café, et entrecoupe son histoire de brefs instants où il parle au serveur, boit son café, fume une cigarette ou bien encore regarde par la fenêtre de manière pensive. Sa narration est construite et organisée, presque enchâssée, et elle s'étend sur une longue période. En s'installant dans un café pour raconter le début de son histoire, Peeters met le lecteur dans la position d'un proche, de celui qui serait potentiellement assis en face de lui, en train de l'écouter. Il offre ainsi au lecteur de faire partie de l'histoire. Le lecteur est en quelque sorte intégré à la narration—à l'inverse de Terrier, qui nous fait lire son journal intime ... un procédé différent pour partager quelque chose d'extrêmement privé et délicat. Dans les deux cas, le lecteur est un confident. Toutefois, il semble actif chez Peeters car il est implicitement dessiné à ses côtés, alors qu'il est passif chez Terrier, à la limite du voyeurisme par la nature réaliste des dessins. Comme j'en fais mention dans mon introduction, Lejeune, spécialiste de l'autobiographie en France, a défini ce qu'il nomme "le pacte autobiographique," c'est-à-dire le pacte qui lie le lecteur d'une autobiographie à son auteur, et suppose que l'auteur se montre tel qu'il est réellement, et que le lecteur croit en cette sincérité. Peeters et Terrier deux moyens très différents pour retranscrire cette authenticité.

En ce qui concerne la bande dessinée en général, et le rôle du lecteur, Scott McCloud parle d'un autre type de pacte intime. D'après lui, l'" ellipse dans la bande dessinée favorise entre le lecteur et le créateur une intimité qui n'est surpassée que par le monde de l'écrit, elle est à l'origine d'un contrat silencieux et secret. La manière dont le créateur honore ce contrat dépend à la fois de son art et de sa technique" (*L'Art invisible* 77). Scott McCloud continue en expliquant qu'il existe plusieurs types d'enchaînement entre deux cases: de moment à moment, d'action à action, de sujet à sujet, de scène à scène, de point de vue à point de vue, de solution à continuité. Chaque artiste joue de ces différents enchaînements, et l'espace à combler entre deux cases, le lecteur l'occupe avec son imagination. En fonction du degré d'illustration, de précision et de cohérence entre deux cases consécutives, ou parfois simplement deux dessins, le lecteur a plus ou moins de liberté dans sa contribution personnelle à l'histoire qu'il est en train de lire. Ainsi, dans le cas de Peeters, le lecteur imagine l'auteur dans un café, en train de raconter son histoire, ou en train peut-être de la dessiner. Au lieu de former une histoire linéaire, les deux auteurs dont je parle dans ce chapitre créent un espace-temps complexe qui mélange passé, présent et futur, pour à la fin donner une dimension intemporelle à ce qu'ils racontent, passant alors d'une histoire personnelle à un témoignage universel.

## La multiplicité des temps dans l'intimité familiale

Jusqu'à présent, les deux auteurs dont je parle dans ce chapitre présentaient de nombreuses ressemblances dans la manière de dévoiler leur couple, voire d'organiser leur narration. Cependant, la situation familiale est le point sur lequel les deux auteurs se distinguent drastiquement. Tous deux ont une relation difficile avec la paternité. Elle n'est complète ni pour l'un, ni pour l'autre. Néanmoins, Peeters se retrouve avec un fils adoptif et donc une vraie vie de famille (recomposée), alors que Terrier ne rencontre jamais son fils et doit en faire le deuil. La quatrième partie de *Pilules bleues* est presque entièrement dédiée à son beau-fils et à la relation

*Chapitre deux*

qu'il entretient avec lui. Tout comme il le fait dans d'autres parties, Peeters se met en scène dans un espace. Il est à l'hôpital avec Cati, où ils rendent visite à son fils, alors âgé de quatre ans, et où ce dernier doit passer la nuit. L'hôpital est représentatif de sa vision du petit: il est fortement lié au monde médical. La mort plane sur lui. Le virus est actif chez lui, alors qu'il ne l'est pas chez Cati, et cette dernière se sent coupable. Frederik explique que, à moins que la médecine n'avance, le petit devra prendre de nombreux médicaments pour le restant de sa vie (75). Il pense à cet enfant, à l'existence qu'il aura. Il se projette dans l'avenir parce qu'il sait qu'il ne passe pas dans sa vie temporairement. Dès le départ, il se sent proche de l'enfant, il sent un lien entre eux, tout comme le lien qu'il a senti avec Cati. "J'ai su très tôt que ça allait marcher" (59), dit-il. De plus, Frederik apprécie son rôle de second parent: "J'adore ses petites questions élémentaires ... ça me permet de faire de longues réponses teintées de morale à deux balles" (53). Il se qualifie lui-même de "repère affectif dans sa vie" (63). Comme le petit a un père, Frederik ne veut pas s'imposer en tant que père. "Cette place n'est pas la mienne; un père, il en a un," explique-t-il, prenant très au sérieux son rôle de beau-père, seconde figure paternelle (70).

Cette visite est l'occasion pour Frederik de se remémorer l'évolution de sa relation avec le petit dans une succession de *flashbacks* comprenant la première fois où ils se sont rencontrés, le premier geste insinuant que le petit s'attache à lui, la première fois où Peeters fait preuve d'autorité, les premières vacances passées tous ensemble, et bien sûr le début du traitement que le petit devra certainement suivre toute sa vie. Encore une fois, la structure de ce chapitre est importante, et elle contribue à la compréhension du contenu. Comme le remarque très justement Elisabeth El Refaie (tout en faisant écho à Eakin cité précédemment), "all forms of life writing ... entail a degree of reinterpretation and reconfiguration of the past through the filter of memory. Autobiographies also invite individuals to relate past experiences to their present circumstances and imagined futures" (*Autobiographical* 98). Dans le cas présent, Peeters mêle au moins trois espaces temporels: celui pendant lequel il écrit, bien après l'épisode de l'hôpital, celui de l'hôpital où il se met en scène, et celui de ces *flashbacks*, événements antérieurs à la scène de l'hôpital. Il forme cependant un tout cohérent qui mêle le passé et le présent, et même le futur. Dans ses retours en arrière, Frederik se concentre sur certains souvenirs spécifiques qu'il analyse et éclaire. Par exemple, il interprète certaines colères du petit comme une façon de le laisser démontrer son autorité et sa place dans le cercle familial (69–69). Il parle également de la peur qu'il a pour le futur de son beau-fils. Toujours selon El Refaie, Peeters est le parfait exemple de "of the complex and multifaceted nature of the human perception of time" (*Autobiographical* 97). Elle cite notamment la planche qui suit, où Cati annonce sa séropositivité à Frederik, toutefois toutes les parties où les épisodes sont enchâssés prouvent cela.

J'aimerais ajouter à l'analyse d'El Refaie que Peeters fait également appel à de nombreuses métaphores visuelles pour faire, en quelque sorte, s'arrêter le temps. L'un des motifs récurrents chez Peeters, lorsqu'il veut évoquer la tranquillité, est sa place dans la nature. À l'inverse, dans ce chapitre, ce n'est pas un environnement métaphorique, mais de réelles vacances dans le Sud de la France (vacances que la famille recomposée a prises avant que le petit ne doive commencer son lourd traitement, comme pour profiter de derniers instants …). L'ombre d'un arbre, ou bien encore la mer, y sont deux figures privilégiées. L'eau est par ailleurs un élément qui revient aussi fréquemment. Je pense notamment à l'exemple déjà cité du canapé se transformant en radeau lors de la première rencontre du futur couple. Ainsi, après avoir décrit sa rencontre avec Cati, Peeters montre dans cette partie, petit à petit, comment sa vie de famille s'est construite, et quelle est la place de la maladie (de l'autre) dans cette dynamique.

Alors que Peeters parle du fils de Charlotte et de l'évolution de leur relation qui l'a propulsé au rang de beau-père sans qu'il ne s'y attende vraiment, Terrier ne peut qu'imaginer son fils, puisqu'il ne le rencontre jamais. Cette rencontre manquée est centrale à l'ouvrage, la source de sa douleur. Le troisième chapitre, le seul en couleur, est notamment dédié à la famille qu'ils auraient pu être. Il est également composé différemment des autres. Sur la page de gauche, on trouve le texte dont le contenu ressemble fortement à celui d'un journal intime (même si l'écriture est dactylographiée), mais dont la narration, au lieu d'être au passé, est au présent, ce qui donne une permanence à cet épisode qui est comme figé dans le temps. Sur la page de droite, on trouve des portraits. Le premier est celui de Charlotte, le deuxième est celui de l'auteur. Tous deux sont des gros plans dans lesquels leurs yeux sont fermés. Ils ont

*Chapitre deux*

l'air endormis. Le troisième portrait ressemble à celui d'un nouveau-né, une grosseur lui sortant de l'estomac, le faisant ressembler à un insecte avec un abdomen proéminent, comme une abeille. Ses yeux, dans le vague, ressemblent à deux billes noires.

 À la page suivante, on trouve un nouveau portrait en gros plan de Charlotte, cette fois-ci les yeux ouverts, pleurant des larmes de sang qui dépeignent sa douleur physique et mentale. Puis sa tête à lui, sans visage, comme si celle-ci avait été vidée de son contenu, laissant un trou béant et rouge, représentation métaphorique du vide qu'il ressent. Le schéma se répète et le fœtus est encore une fois dessiné, seule sa tête étant visible. Les deux billes noires regardent fixement le lecteur, avec "46XY" inscrit en rouge sang sur le front, comme la seule identité qui lui sera donnée. Dans les deux portraits que Terrier fait de l'enfant, il n'a pas de bouche, car il n'a jamais vraiment vécu, il n'a jamais pris sa première bouffée d'air. Trois autres portraits se trouvent dans ce chapitre. D'abord, le premier portrait, qui réunit le narrateur et sa femme: tous les deux sont debout, et les bras de sa femme, bien que vides, semblent tenir un enfant. Encore une fois, le motif du vide et de l'absence est présent. Jamais Terrier ne dessine son couple avec ce futur enfant, puisque, dans les faits, ils ne se rencontrent jamais. Les deux derniers portraits sont les plus poignants et difficiles visuellement: l'enfant couvert de sang, le cordon ombilical enlaçant les deux mains qui portent l'enfant, dont les mains s'accrochent aux pouces de ses parents (ceux de sa mère?). Les deux billes noires de ses yeux regardent directement le lecteur, comme implorant la vie, dégageant de la pitié, comme si Terrier voulait nous faire ressentir son sentiment de culpabilité. Enfin, à la dernière page du chapitre, tout ce qui reste est un morceau de chair ensanglantée sur un crochet, ce qui dénote un certain barbarisme, même si la procédure de l'interruption volontaire de grossesse n'a rien à voir avec cette image morbide, et qui reflète les sensations de Terrier plutôt que la réalité, en particulier la culpabilité. Quoi qu'il en soit, ces deux dernières images sont visuellement puissantes et ne peuvent laisser le lecteur indifférent. Le fait que le texte soit sur la page de gauche force le lecteur à s'arrêter dans sa lecture et à vraiment regarder les images de ce chapitre, libre de toute case. Cette insistance sur les images, cette fascination du sordide porte un nom en psychanalyse: ce fœtus malade peut être vu comme ce que Julia Kristeva nomme l'abject. Dans *Pouvoirs de l'horreur*, Kristeva explique que ce qui dépasse la frontière du corps est perçu comme perturbant, car ces choses n'appartiennent pas au corps, mais ne sont pas non plus complètement détachées de celui-ci. Elle explique que "je n'éprouve de l'abjection que si un Autre s'est planté en lieu et place de ce qui sera 'moi'" (*Pouvoirs* 18). Chez Terrier, il y a une double abjection. Le fœtus est une abjection puisqu'il est de manière littérale un corps étranger dans celui de Charlotte et que Terrier s'appropie car il en est le père. Le fœtus contient également une abjection à l'intérieur de lui-même, cette grosseur qui lui sort du ventre, qui contient ses organes vitaux dessinés de manière univoque par Terrier, et enfin que Kristeva qualifie de "*symptôme*: un langage, déclarant forfait, structure dans le corps un étranger inassimilable, monstre, tumeur et cancer" (*Pouvoirs* 19). De plus, toujours d'après Kristeva, ces choses rappellent à l'homme son animalité, et surtout sa mortalité. Les futurs parents choisissent la compassion de l'interruption de grossesse face à une courte vie de souffrance. Tout du long, Terrier se sent énormément coupable et incertain de cette décision, du début jusqu'à la fin, et cela transparaît dans les portraits qu'il fait de lui-même.

## Autoportrait et transgénéricité

Si Terrier dessine sa femme comme un objet de désir[12] en mettant en avant ses attributs féminins, et celui qui aurait pu, qui aurait dû, être son fils comme un être difforme inspirant la pitié, il se dessine lui-même comme subissant une série de violences physiques. Dès la deuxième page, lorsque Terrier annonce sa joie de devenir père, l'illustration qui accompagne cette déclaration représente son visage en gros plan avec une version de lui-même sortant de sa bouche, s'accrochant aux dents, accompagnée de la phrase suivante: "Je ne peux pas être plus heureux, je vais devenir papa!" Cette image symbolise le fait de donner la vie à un être qui est comme une partie de soi. Cependant, le lecteur ne peut que remarquer que ni le visage en gros plan, ni celui sortant de la bouche ne paraissent joyeux et semblent même en contradiction avec la phrase qui accompagne l'illustration. Au lieu de nous faire ressentir du bonheur, on sent et on voit de l'inquiétude dans les yeux de chacun. De plus, le narrateur s'identifie à sa compagne en se montrant donnant la vie. Il sent déjà une connexion aussi intense qu'elle avec cet enfant à venir. Le sentiment de méfiance est

*Chapitre deux*

toutefois palpable dans cette image. Dès la page suivante, l'auteur avoue qu'il peut sentir que quelque chose de mauvais va s'abattre sur eux, car il a toujours été victime de malchance (la connaissance du futur influence notre compréhension du passé, comme vu précédemment). Deux métaphores visuelles illustrent ces coups durs du destin. La première représente un accident de voiture sur une autoroute, évoquant le fait que chaque véhicule impliqué dans le carambolage matérialise l'enchaînement des événements fortuits. Une seconde d'inattention, et l'accident se produit sous forme de réactions en chaîne. Au milieu de ce carambolage, la silhouette du narrateur cueillant une fleur ou une herbe dans le béton. "J'ai vraiment intérêt à savourer ces instants avant qu'ils ne fanent," dit-il. Les images et les mots se font écho, et se réfèrent tous deux au "*Carpe diem*" d'Horace, repris par Ronsard dans le poème "Quand vous serez bien vieille," lorsqu'il dit: [c]ueillez dès aujourd'hui les roses de la vie" (*Sonnets pour Hélène*, II, 24). La seconde image est un calque de la silhouette de la première, avec des détails dans le dessin et une averse dont les gouttes ressemblent à de petits cailloux tombant sur la personne agenouillée pour cueillir la fleur. Encore une fois, l'idée de quelque chose qui s'abat brutalement est transmise par les dessins. Pire encore, c'est un homme à terre, qui est donc affaibli, contre qui les éléments se déchaînent. Les deux dernières pages dépeignent les protagonistes face à face, le narrateur et sa compagne à qui il tend la fleur ramassée sur le sol dans les pages précédentes, symbolisant le partage de ce malheur qui va bientôt leur tomber dessus, mais dont il pense être le porteur. Mis à part la première page, toutes les autres images de ce "prélude" représentent des pensées abstraites, non des portraits ou des actions. Dès le départ, le narrateur nous plonge dans sa psyché.

Le chapitre suivant, nommé "I—Aimer" raconte la première échographie et la découverte de l'anormalité du fœtus. La première image est celle du narrateur qui rêve que le fœtus est malformé. La planche qui suit est composée de six vignettes affichant les ultrasons, sauf la dernière, où il est inscrit en blanc sur un fond noir: "Il y a quand même un problème ..." Aussitôt que le médecin leur explique que leur enfant a très peu de chance de survivre, la violence s'intensifie. Prenant constamment le rôle de la victime, l'auteur s'expose d'abord en gros plan. Trois balles au diamètre large lui ont perforées le haut du crâne, et le sang dégouline des plaies sur ses joues et son nez. Une partie de lui-même meurt à cette annonce.

Terrier se considère également victime du destin, ou superstitieux, car il parle souvent de ses mauvais pressentiments, de sa malchance. Ce portrait est le premier autoportrait où les traits de son visage sont proprement détaillés. Les trois points de suspension incarnent ce problème inconnu, et la suspension du temps rappelle l'épisode où Cati annonce à Frederick qu'elle a le SIDA. Puis il dessine son visage, dont seuls ses contours sont présents, comme si l'individu s'effaçait, un second symbole de la perte et de mort. À la page suivante, on trouve six autoportraits de l'artiste, dans six vignettes identiques, où l'image va en se désagrégeant, les traits devenant de plus en plus déformés, comme liquéfiés, avec, encore une fois, l'idée de déconstitution. S'éloignant du seul gros plan sur le visage, il dessine, quelques pages plus loin, sa femme et lui, les yeux bandés, debout devant un peloton d'exécution.

Plus tard, dans le même chapitre, l'auteur montre son cœur emprisonné dans un étau en train de se resserrer, et on peut lire "je ne suis qu'une merde," représentant un sentiment aigu de culpabilité. Elisabeth El Refaie explique que "the drawings in comics are often characterized by a high level of abstraction, which means their meanings become less purely iconic and more reliant on convention. At the most abstract end of cartooning, pictures can stand for something other than what they depict" (*Autobiographical* 25). Son principal exemple est celui de la petite ampoule qui s'allume au-dessus de la tête d'une personne, symbolisant le fait que cette dernière vient d'avoir une idée (25).[13] Un peu plus loin, elle offre un début d'interprétation à ces autoportraits: "graphic memoirists are typically concerned less with trying to capture their outer appearances as accurately as possible and more expressing character traits and shifting states and emotions." (147) Ici, Terrier exprime visuellement sa douleur.

Ces états et ces émotions que les autobiographes bédéistes font transparaître dans leurs autoportraits sont aussi présents dans les portraits de ceux qui les entourent, en tout cas chez Terrier. Celui-ci projette sur les autres les sentiments qu'ils lui inspirent. Terrier ne voit jamais celui qui aurait pu devenir son enfant, pourtant il le dessine, car les portraits du fœtus sont en réalité une représentation du fantôme qui le hante, une autre forme de reflet du deuil et de la culpabilité. Quant à Charlotte, elle est toujours présentée comme incarnant la vie, car elle inspire le désir sexuel et peut porter en elle la vie. Au contraire, Terrier se montre comme celui qui est marqué par la mort. Si Charlotte, elle, continue à vivre, commence son nouveau travail, il reste à la maison à penser sans cesse à cet enfant qui aurait pu être. De plus, le fœtus que portait Charlotte était un garçon, ce qui a induit une identification plus forte entre le père et son enfant. Terrier prend soin de ne jamais "contaminer" Charlotte. Il ne la marque pas de la malchance ou de la mort par lesquelles il a tendance à se définir. Même devant le peloton d'exécution, dans le chapitre 2, elle est nue alors que lui est habillé. Charlotte conserve alors sa féminité et sa capacité à être mère (même s'il s'agit d'une projection de la scène dans le cabinet médical). Lui non plus ne la contamine jamais avec "l'abjection": Charlotte et le Raphaël ne sont jamais présents sur la même page que le fœtus (dans le chapitre III particulièrement). Ainsi Terrier préserve-t-il l'objet de son désir, objet d'amour idéalisé, et protège son idée de la famille. Il prend sur lui toute la responsabilité de ce qui s'est passé. Dans cette œuvre, Terrier peint le paysage psychique de sa douleur mentale. Là où les mots ne sont pas suffisants pour narrer la peine, les images prennent le relais et Terrier se dessine comme subissant une douleur physique extrêmement intense. Les moments de douleur sont ceux où le temps s'arrête, ceux où les dessins sont les plus abstraits. Terrier ne raconte pas une histoire, il dépeint une succession de sentiments. Pour ce faire, il utilise une multitude de styles: des dessins aux traits, des dessins aux fusains, des croquis, des photos, des peintures en couleur (peut-être digitales), des bandes dessinées plus classiques (peut-être digitales elles aussi). Passer d'une bande dessinée, à un roman photo, à une série de portrait en couleur, sauter d'un genre complètement différent à un autre, c'est le principe de la transgénéricité. Jakubczuk en donne la définition suivante: "la transgénéricité renvoie à une méthode qui pratique plusieurs genres différents dans une même œuvre aboutissant à une hybridation des genres, un amalgame hétérogène d'éléments appartenant à diverses classes. Ce mélange des genres peut s'opérer à tout moment (147). Pour lui, la transgénérité "s'intègre parfaitement au mouvement postmoderne qui se caractérise par une certaine abolition des traditions, des normes traditionnelles donnant libre cours à l'innovation, à une grande diversité formelle, à un éclatement des conventions littéraires établies" (147–48) Bien que cette définition ait été développée avec la prose et la poésie en tête, la transposition à la bande dessinée est d'autant plus valide que Terrier en use avec brio. Cette diversité de styles permet, de manière unique et parfois beaucoup plus flagrante, si ce n'est choquante, que dans la prose, de mimer la complexité et la multiplicité de l'expérience humaine.

## Conclusion du chapitre 2

Tout au long de ce chapitre, j'ai analysé comment ces deux auteurs plongent le lecteur au cœur de plusieurs intimités: intimité familiale, intimité de couple, intimité sexuelle, mais également leur intimité individuelle, en dehors de celle formée par le couple. Dans les deux cas, les auteurs ont fait une œuvre du "je" plutôt qu'une œuvre du "nous," même si la relation de couple est au centre de leurs histoires respectives.

Partager son intimité de couple, c'est devenir intime avec le lecteur. Malgré de nombreuses ressemblances, la façon dont chaque auteur procède est très différente pour donner cette illusion de proximité, pour faire porter sa voix confessionnelle. Terrier nous fait lire ce que l'on pourrait qualifier de journal intime, alors que Peeters place le lecteur dans une situation intime grâce à des jeux d'angles comme le ferait une caméra, afin de prendre la place symbolique d'un proche. Bien que les deux bédéistes insistent sur certains moments clés en arrêtant visuellement le temps à travers une répétition d'images presque identiques, ou une image beaucoup plus grande que les autres, et que leurs œuvres, sous couvert de souvenirs jetés pêle-mêle, présentent une structure interne très organisée, ils ont chacun des styles très différents.

En termes de style graphique, Peeters est plus canonique dans son approche. Bédéiste de formation, son style reste le même, dans son œuvre autobiographique ou dans ses œuvres de fiction (mis à part l'usage de la couleur). Il maîtrise parfaitement les conventions du genre. Par ailleurs, pour Elisabeth El Refaie, la manière dont Peeters décide de terminer son album est significative, notamment en termes de style: "The drawings on his final page are sketchy and frameless, suggesting a merging of the past, present, and future in Frederik's mind" (*Autobiographical* 103). En effet, comme l'écriture intime est principalement concernée par l'introspection, l'anticipation joue également un rôle fondamental dans de nombreux travaux autobiographiques. Cette introspection est également ressentie chez Terrier.

L'originalité de Terrier ne vient pas toujours de ce qu'il partage, même si le sujet de l'avortement n'est pas très souvent abordé dans ce type de littérature. Son histoire d'amour commence comme toutes les autres, la façon dont il dévoile sa compagne, est, comme nous l'avons vu, codifiée. L'originalité de son travail provient d'une part du point de vue, celui de l'homme, et d'autre part de la richesse graphique de l'œuvre, qui se met en marge de la bande dessinée plus traditionnelle (comme exercée par Peeters). Terrier unit une multitude de graphismes (écriture manuscrite et écriture dactylographiée) et de supports (encre, peinture, photographie). Le fait qu'il n'utilise pas de vignette la majorité du temps peut être interprété comme une volonté de s'exprimer sans aucune contrainte. Terrier, d'après son profil LinkedIn,[14] travaille dans l'informatique, ce qui renvoie à la dimension cathartique de son art (de manière comparable à Michel Kishka où l'histoire devrait "sortir"). Chaque auteur montre que pour comprendre son passé, il faut le revisiter, le faire interagir avec le présent, et en quelque sorte le fixer sur le papier pour tenter d'enfin le laisser derrière soi.

La question de l'intimité nous ramène encore une fois au domaine des études de l'intime comme défini par Lauren Berlant. D'après Berlant, le 20ᵉ siècle a vu un changement majeur, à savoir que le domaine autrefois privé est à présent confondu avec le domaine public; les frontières se sont estompées (*The Female Complaint* 1–8). L'expérience individuelle s'érige en expérience universelle, et même au-delà, puisque l'intimité exposée des uns dicte inconsciemment l'intimité des autres en véhiculant certaines idéologies normatives (*The Female Complaint* 1–8). Ainsi, de nombreuses intimités dévoilées publiquement, notamment sur les réseaux sociaux, sont en réalité mises en scène. Or ici, même s'il s'agit d'intimité, les histoires présentées vont à contre-courant. Ces bédéistes soumettent un contre-exemple possible à travers l'expérience universelle du sentiment amoureux. Ces deux hommes se posent en médiateurs, c'est le regard qu'ils posent sur leurs femmes respectives qu'ils proposent au lecteur comme moyen de découvrir, de s'instruire et de comprendre. Ces récits indirects donnés au sujet de l'avortement et du sida sont du point de vue de la personne amoureuse. Le lecteur peut décider à qui s'identifier.[15] Notre regard sur le monde est influencé par notre culture et ses canons esthétiques, mais également par notre psyché qui tente de protéger notre moi (Silverman, *The Threshold* 79). Alors que leurs femmes sont mises à l'écart de la société, on pourrait même dire dévalorisées par la société, leurs maris ne voient pas leurs femmes de cette façon-là. Silverman rappelle que "all that emerged with absolute clarity from the pages of Freud's writings was that love is intimately bound up with the function of idealization" (*The Threshold* 2). Or, l'idéalisation est "the single most powerful inducement for identification" (*The Threshold* 2). On ne peut pas idéaliser une personne sans en même temps s'identifier à elle. L'autre est devenu une part de soi, et ces auteurs se battent contre le regard de la société. Ils tentent de nous faire voir l'autre à travers leurs yeux, ils partagent leur regard, toujours subjectif, dans leur art. Ce regard subjectif ne peut être partagé que grâce à la révélation de moments de la vie privée. Si l'idéal est dicté par la culture, notamment à travers les médias et l'art, ces auteurs tentent de changer cet idéal. La bande dessinée est après tout considérée comme le Neuvième Art en France.

**Chapitre trois**

# Santé physique et santé mentale: Quand le cerveau est touché

## L'autopathographie

Dans les deux premiers chapitres de ce livre, les auteurs dont j'ai analysé les albums étaient plus affectés par la santé de proches. Dans le premier chapitre, les membres de la famille ou des personnes de la communauté étaient touchés (le frère de David B., le père de Kishka). Dans le second, il s'agissait de la compagne des auteurs. Dans ce troisième chapitre, ainsi que dans ceux qui suivent, les bédéistes sont au contraire ceux directement affectés par la maladie. Nous plongeons donc ici au cœur de l' "autopathographie," c'est-à-dire une autobiographie dont le principal sujet est la maladie du sujet parlant. Dans *La Parenthèse*, Élodie Durand raconte deux ans de sa vie pendant laquelle elle s'est battue contre une tumeur au cerveau lui provoquant des crises d'épilepsie. L'épilepsie est une maladie neurologique chronique affectant le cerveau et provoquant des crises de par un excès d'influx nerveux (ameli. fr). D'après l'Inserm, 600 000 personnes souffrent d'épilepsie en France. Élodie Durand y décrit les différents signes précurseurs de sa maladie, la découverte de la tumeur et la ronde des médecins et spécialistes (rappelant étrangement *L'Ascension du Haut Mal*), l'opération, et les deux années de rétablissement qui ont suivi, période pendant laquelle elle dormait presque toute la journée et a perdu toute notion du temps. Comme *46XY*, *La Parenthèse* est un ouvrage très riche au niveau des types de dessins utilisés. Élodie mélange un style traditionnel avec planche et vignette, mais certaines pages sont parfois utilisées plus librement, comme dans un cahier à sketches. On y trouve parfois des dessins métaphoriques de sa tumeur, qui devient différentes figures aux allures de monstre, et parfois des gribouillages ressemblant vaguement à des silhouettes. C'est comme si Durand dessinait la désintégration de sa personne, sa propre perte, et la perte de sa capacité à dessiner. Durand dessine aussi ses oublis, car *oublier* est également oublier *qui* on est. À cause de son problème de santé, la bédéiste se perd elle-même pendant un moment. Pendant plus d'un an, Élodie a été stigmatisée et infantilisée, car impuissante. Écrire son histoire devient un moyen de se la réapproprier, mais également de rendre hommage à sa mère qui s'est tant occupée d'elle durant cette période difficile.

Tandis que dans *Sclérose en plaques*, Mattt Konture—un habitué des courts albums autobiographiques[1] qu'il a nommés ses "comixtures"—explique ce qu'est une sclérose en plaques, et comment vivre avec cette maladie ("Interview avec Monique Saltet"). Mattt Konture est, avec David B. et Lewis Trondheim, l'un des membres fondateurs de L'Association. Dans sa collection d'œuvres autobiographiques appelée *Krokodile Comix*, Mattt Konture raconte de manière plutôt noire et pessimiste son quotidien et ses angoisses d'auteur, mais aussi de père. Il part souvent dans des élans plus ou moins philosophiques sur son identité et la signification de sa vie. Il sent que quelque chose ne va pas bien et il se dessine souvent comme un mort-vivant (mot qui est justement le titre de l'une de ses bandes dessinées autobiographiques). Le style de Mattt Konture est souvent qualifié de "brouillon." À propos de sa représentation, Mattt Konture déclare: "J'exprime dans mes pages mon malaise de m'y représenter, je tourne en dérision mon narcissisme ... Les écrivains autobiographiques n'ont pas, eux, ce problème des autoportraits dans des cases qui, chez moi, vu mon dessin semi-réaliste, peuvent me gêner" ("Interview avec Monique Saltet"). Mais Konture décrit dans ses pages son malaise général, laissant beaucoup de place au texte, et à ses dessins qui sont presque comme des illustrations. L'auteur explique qu'il commence toujours par écrire, puis qu'il dessine. Il parle sans pudeur de ses douleurs neuropathiques intenses et de sa quête frénétique de médicaments pour les soulager, ainsi que de ses insomnies et de ses fatigues. Mattt Konture ne s'adresse plus seulement à un petit groupe de fans de bandes dessinées alternatives, mais plutôt à ceux qui sont malades comme lui, et à ceux qui veulent en apprendre plus sur sa maladie. La sclérose en plaques (SEP) est une maladie auto-immune du système nerveux central où le système immunitaire s'attaque la myéline, gaine protectrice des fibres nerveuses. Elle provoque des lésions dans le cerveau et sur la moelle épinière.

120 000 personnes en France souffrent de sclérose en plaques (Ministère de la Santé).

Au-delà de la simple transcription des émotions, et du caractère psychologique, l'aspect physique est plus directement impliqué chez les deux auteurs que dans les chapitres précédents. Un point de vue différent est par conséquent engagé par rapport à ce qui a été étudié auparavant: la perspective directe de la personne. Ce point de vue est complexe, et de nombreux sentiments parfois contradictoires s'entrelacent et se dégagent des textes. Dans les deux chapitres précédents, les auteurs faisaient appel à des métaphores visuelles pour exprimer leurs difficultés psychologiques, notamment lorsque les mots étaient difficiles à trouver, ou simplement manquaient. Dans ce chapitre, Élodie Durand et Mattt Konture font de même, cependant ils y ajoutent le portrait de la douleur physique. Enfin, pour l'un, il s'agit d'un épisode marquant, dont la page a été néanmoins tournée, et pour l'autre, d'une condition avec lequel il doit apprendre à vivre. Dans les deux cas, ces sujets ont été relativement peu abordés dans les bandes dessinées. En français aussi bien qu'en anglais, on peut trouver quelques courtes bandes dessinées à but éducatif qui expliquent ces afflictions. Confinées autrefois aux cabinets médicaux, la circulation des bandes dessinées pédagogiques (souvent sous forme de pamphlets) est maintenant facilitée par Internet. Le site de la Fondation pour la Recherche Médicale (Paris, France) a par exemple tout une partie de son site dédiée à ce type de bandes dessinées explicatives, qui accompagnent articles et définitions. Elles sont toutes faites par l'artiste Lison Bernet, spécialiste en illustration scientifique, et traite de la sclérose en plaques, mais également du diabète, de l'insuffisance cardiaque, du sida, de l'anorexie ... etc.[2] Dans la catégorie des romans graphiques, en anglais on notera l'album *100 Months* de l'auteur John Hinckelton, une histoire fictionnelle mais métaphorique sur la sclérose en plaques qui finit par prendre sa vie: "Not for the faint of heart, this last work captures and embodies, obliquely, his ten-year progressive decline and ultimate destruction by Multiple Sclerosis (MS). Because of his indirect approach, the disease itself is mostly presented via allegory" (Schechterman). En français, on notera *J'te plaque, ma sclérose* (2006), et sa suite, *Des fourmis dans les jambes* (2012) d'Arnaud Gautelier, et l'album d'une artiste auto-publiée, *Mon petit orteil m'a dit* d'Émeline Grolleau (levée de fonds en 2020). Quant à l'épilepsie, David B. reste l'artiste le plus connu à avoir traité du sujet, même s'il s'agit d'un témoignage secondaire puisque ça n'est pas lui qui est atteint.

## Découvrir la maladie

La plupart des pathographies commencent par raconter brièvement la vie des protagonistes avant les premiers signes de la maladie, puis la période entre le début des symptômes et la découverte de la maladie. Dans les chapitres précédents, il est possible pour le premier chapitre de citer en exemple David B. qui décrit sur quelques planches comment était son frère avant de faire sa première crise. Dans le second chapitre, Raphaël Terrier met en scène dans un épisode constitué de *flashbacks*, toute son histoire avec sa compagne, jusqu'au moment où elle est tombée enceinte. Or, si le moment du diagnostic est un souvent moment clé dans les patographies, comme mentionné dans le chapitre précédent, il l'est encore plus dans les autopathographies. L'instant où une réponse est donnée à une interrogation, après parfois des mois, des années de souffrance, de doute et de confusion, arrive à la fois comme un soulagement et un bouleversement. Il est l'équivalent d'une sentence, d'un au revoir à la vie d'avant, temporaire ou permanent. Chaque auteur traite de ce moment décisif à sa façon, qui se produit principalement en milieu hospitalier avec des personnes du monde médical qui sont étrangères au patient. Ariela Freedman dans "The Comics Pain Scale and Comics about Pain" réitère le fait que les bandes dessinées sont "well suited to the gestural qualities of pain language" car grâce à une combinaison "of images and words, comics can be show and tell pain, bridging the confines of both providing a liminal space able to mobilize a broad range of tools while (...) metatextually gesturing toward their inadequacy." (60) Or la difficulté de la représentions est double chez nos auteurs, car la douleur physique est intriquée avec la douleur psychologique.

Mattt Konture commence son album par un bref récapitulatif des années entre ses trente-cinq et ses quarante ans. Le bédéiste, habitué des bandes dessinées autobiographiques, enseigne aux lecteurs dès la première vignette pourquoi il n'a pas écrit de "comixtures autobio" depuis cinq ans. *Sclérose en plaques* est sorti en 2006, sa dernière bande dessinée autobiographique en date étant

*Comixture Jointe*, en 2012 et qui accompagne un DVD documentaire sur lui-même.[3] L'artiste explique avoir acquis une conscience écologique et se sent "dégoûté par la surproduction de BD récréatives qui surchargent les librairies spécialisées comme les supermarchés."[4] Mais les quelques vignettes suggèrent qu'il vivait également sa vie, poursuivant ses histoires amoureuses et son travail, entre son groupe de musique et d'autres projets de bandes dessinées. Toutefois, un événement a changé cette routine, il a enfin pu mettre un nom sur les douleurs qui le tourmentaient depuis des années: la sclérose en plaques. Avant d'expliquer au lecteur en quoi consiste cette maladie, Mattt Konture procède ensuite (dès la troisième planche) à raconter les différents symptômes qu'il a observés depuis des années. Similairement à David B., Mattt Konture amène le lecteur à travers la ronde des médecins.[5] Ils se succèdent en vain: personnel des urgences, radiologue, rhumatologue et neurologue. Même les antidouleurs les plus puissants n'arrivent plus à le soulager. Encore une fois et de façon très similaire à ce qui se passe dans *L'Ascension du Haut Mal*, Mattt Konture se tourne vers les médecines alternatives: naturopathe, acuponcteur, ostéopathe. Les épisodes sont décousus, comme des reflets directs de l'incompréhension et de l'impuissance face auxquelles le mettait son état de santé. Au milieu de tous ces épisodes douloureux et imprécis, on en trouve un, sur deux planches, aux dessins plus soignés, celui de l'IRM[6] et de la réponse attendue depuis toutes ces années. Deux planches retracent cet épisode: Mattt Konture rend visite à sa famille qui réside près de Paris. Il décrit ses symptômes à son oncle, médecin, qui lui conseille de se rendre rapidement à l'hôpital, ce qu'il fait. Après s'être soumis à une IRM, les médecins lui montrent les taches sur son cerveau et le diagnostic tombe. Mattt Konture n'a alors pas beaucoup le temps de se remettre puisqu'il sort de l'hôpital pour se rendre directement à une conférence à laquelle il participe avec les autres membres de L'Association.[7] Ce n'est qu'une fois la conférence terminée qu'il confesse à quelques collègues présents ce que les médecins viennent de lui annoncer.

La première planche de cet épisode contient énormément de texte. Les dessins disparaissent même dans les deux dernières vignettes. Huit petites cases à l'intérieur de celles-ci sont remplies de texte et semblent écraser un homme ressemblant à Mattt Konture à leur centre. Cet homme semble tenir une radiographie entre ses bras, sur laquelle on peut voir des taches blanches. La planche

*Chapitre trois*

suivante est composée d'une longue image, puis de quatre autres de taille normale. Elle ne comporte pas de mots, mais se présente comme la version illustrée et courte de l'histoire que Mattt Konture vient de narrer. Le bédéiste insiste sur les moments marquants de cette journée en doublant les mots avec les images: être dans le caisson pour l'IRM, les taches sur son cerveau, la conférence où il doit se comporter comme si rien n'était (l'auteur était en réalité en état de choc avoue-t-il). Quelques jours après être rentré chez lui, Mattt Konture est hospitalisé pour une série d'examens médicaux. En fonction des résultats, on lui administre une série de médicaments contre la douleur, puisque la sclérose en plaques n'a pas de cure et qu'elle se manifeste de manières différentes en fonction des personnes atteintes. Enfin, Mattt Konture consacre plusieurs planches à ces fameuses douleurs et essaie de décrire ce avec quoi il doit vivre au quotidien. Ce n'est qu'ensuite, vers la fin de l'album, qu'il avoue: "Depuis bien longtemps, je savais que je n'allais pas bien ... quand je l'ai enfin su, ce que j'avais, j'étais content! de savoir!" Il précise "de savoir," car il vient d'expliquer que les personnes autour de lui pensaient qu'il exagérait, à la limite du détournement cognitif.[8] Pendant des années, Mattt Konture pensait être hypocondriaque, ce qui le déprimait. Bien évidemment, cette "euphorie de savoir enfin" passe et il lui faut affronter la maladie avec laquelle il devra apprendre à vivre, *Sclérose en Plaques* n'étant alors que le premier épisode symbolique de sa maladie (dont il parle aussi dans le documentaire).

À l'inverse, *La Parenthèse* raconte bien un épisode clos. Élodie Durand commence son récit en parlant de sa vie au moment présent, et insinue qu'une chose a bouleversé sa vie, même si celle-ci est maintenant terminée. Puis elle entre au cœur de son histoire: "Je devais avoir vingt-et-un ans quand j'ai eu mes premiers symptômes" (24). L'utilisation du verbe devoir à l'imparfait montre l'incertitude d'Élodie. Ce n'est pas elle qui se souvient de cette période, elle fait appel aux souvenirs des membres de sa famille et à ses amis qui sont les premiers à avoir remarqué que son comportement n'était pas ordinaire (ce qui montre encore une fois que les autres ne peuvent pas être séparés de notre histoire, au point de parfois devoir nous aider à la compléter). Elle semblait faire des malaises dont elle ne gardait aucun souvenir. Sur les conseils de son généraliste, elle décide d'aller voir un neurologue, mais vexée du diagnostic, elle part en claquant la porte et finit par complètement oublier la consultation qu'elle a eue avec lui. Ce court épisode démontre à quel point il est parfois difficile d'accepter la vérité lorsque celle-ci annonce un chamboulement profond dans la vie de quelqu'un. Cependant, l'état d'Élodie ne va aller qu'en s'aggravant. Après un accès de colère et de violence où elle ne se reconnaît plus, suivi de plusieurs jours qui disparaissent complètement de sa mémoire, elle décide d'aller voir un neurologue (en réalité, le même neurologue, une seconde fois). Il lui annonce à nouveau qu'elle souffre très certainement d'épilepsie, et qu'elle doit se soumettre à plusieurs examens pour en découvrir la cause. Avant cette visite se succèdent trois pages de dessins en violent contraste avec ceux qui précèdent. Elle passe en effet d'un style épuré dans sa narration des faits, à un style plus artistique, proche de l'ébauche. Par ailleurs, pour faire ressentir au lecteur ses différents états de conscience et donner de la consistance à son récit, Élodie Durand utilise des dessins riches et variés dans leur style (ce qui rappelle à la transgénérécité de Terrier dans le Second Chapitre). Lorsque la narration est plus "classique," qu'un épisode précis est raconté, les vignettes sont utilisées pour encadrer un moment précis. Cependant, plus la maladie et le chaos prennent le dessus, plus les dessins tendent à l'abstraction et prennent de la place sur la planche, jusqu'à l'envahir totalement, et au point que les mots disparaissent. La différence entre les deux bédéistes se situe à ce point précis.

Alors que Mattt Konture remplit ses pages de mots comme pour se faire entendre après des années de silence, Élodie Durand exprime la désagrégation de son être par la maladie à travers diverses illustrations qui tendent vers l'abstraction. Juste avant, pour revenir à cette seconde visite chez le médecin, la bédéiste incorpore six dessins, ou plutôt des sketches: des lignes forment d'abord une figure humaine emprisonnée derrière des barreaux qui n'entourent que le haut du corps. Le tout semble flotter et donne l'impression qu'il n'y a ni début ni fin. Le deuxième sketch montre une autre silhouette qui paraît s'enlacer elle-même. Elle se frotte un œil, peut-être est-elle même en train de pleurer. Dans le troisième, le visage d'Élodie semble disproportionné, ainsi que les yeux, et la figure humaine n'est presque plus reconnaissable. Les deux dessins qui suivent montrent une silhouette élancée qui se cache les yeux ou le visage; une ombre noire et menaçante plane sur la seconde, comme une sorte de fantôme dont le visage est un trou noir. Enfin, la dernière image est difficile à décrypter. S'agit-il d'un type d'oiseaux? de deux silhouettes entremêlées? Cela est difficile à dire. Ce que l'on peut dire, en revanche, c'est que ces formes vaguement humaines esquissées à l'encre noire transmettent un sentiment anxieux. Provoquée par une menace insaisissable et inconnue qui reflète une déconstitution du moi psychique, cette angoisse se met en parallèle avec la désintégration de l'être physique, puisque la tumeur au cerveau fait perdre la mémoire et interfère avec les capacités intellectuelles. Élodie perd également le contrôle de ses émotions, ce qui se manifeste par des accès de violence ou de fatigue. Qu'il s'agisse de rêves ou de pensées, Élodie Durand matérialise ses angoisses, comme la sensation d'emprisonnement ou la perte de repères spatio-temporels. Une multitude de sentiments se confondent, qu'elle a du mal à verbaliser, d'où ce ressort artistique. Après l'annonce du diagnostic, elle commence un traitement à base de différents médicaments pour essayer de contrôler les crises. À partir de ce moment, Élodie Durand se dessine régulièrement avec une tête complètement disproportionnée par rapport à son petit corps. Seule cette énorme et pesante tête est présente; le reste du corps disparaît, ou est mis de côté, en retrait. Le problème se situe, littéralement, "dans sa tête"; car elle est le centre des pensées et le siège de la conscience. Il y a donc une atteinte directe à la personne, à la fois physique et mentale. S'ensuivront deux opérations chirurgicales, et de nombreux mois pour retrouver une vie à peu près normale. Tout le monde ne guérit pas, Mattt Konture doit, lui, apprendre à vivre avec sa condition.

Dans le cas de ces deux auteurs, il y a un moment d'intense contact avec le monde médical. Si, dans les chapitres précédents, ce milieu était en majorité lourdement critiqué (excepté peut-être le médecin dans *Pilules bleues*) le bilan sur le monde médical, dans ces deux albums, est plus nuancé.

## Représenter le monde médical

La critique qui revient le plus fréquemment par rapport aux professionnels de la santé, dans les bandes dessinées abordant ce sujet, est justement leur professionnalisme poussé à l'extrême. Les corps des malades sont souvent traités comme des objets et les médecins ont tendance à oublier que dans ce corps vit une personne. Dans *Recovering Bodies: Illness, Disability, and Life Writing*, G. Thomas

Couser analyse le fonctionnement du discours médical, en insistant particulièrement sur les points négatifs (18–35). D'après lui, la médecine occidentale fonctionne non seulement parce que le médecin est celui qui possède les connaissances nécessaires, mais également car les patients lui concèdent cette autorité. La profession médicale et son discours spécialisé mettent une distance entre le médecin et la personne du patient. G. Thomas Couser explique cette relation en termes de position de pouvoir des médecins sur les patients. Cette position d'autorité que l'on pourrait qualifier de "suprême" (ou transcendante) provient du fait que les médecins "assume total responsibility for diagnosis (the identification and description of illness), prognosis (the prediction, or pre-scription, of its course), and therapy (the course of treatment)" (19). De plus, il remarque que cette position de pouvoir se fait encore plus ressentir lorsque le patient fait partie d'une catégorie sociale défavorisée ou d'une minorité (par exemple une femme, ou bien une minorité raciale) (20). De plus, l'attention est trop souvent donnée aux symptômes, plutôt qu'au patient en tant qu'être humain traversant une expérience physique parfois plus ou moins traumatisante, du moins perturbante (21). Le fait que les développements technologiques aient permis d'administrer de plus en plus de tests aux patients n'a pas aidé, puisque ces avancées techniques ont eu pour effet de réduire l'importance du discours du patient sur sa propre condition (23). Une dizaine d'années avant que le livre de Couser ne sorte, Michel Foucault a publié en France *La Naissance de la clinique*, qui avançait des arguments similaires. Dans cet ouvrage, Foucault propose une étude sur l'histoire du lien entre médecin et patient liée à l'évolution des lieux de soins, surtout dans l'institution de l'hôpital. Dans le raisonnement du philosophe, le regard et le langage sont deux éléments très importants dans la genèse du rapport entre le pouvoir et le savoir médical. La médecine comme institution, qu'il nomme "la clinique," émerge à l'époque moderne et se distingue notamment dans l'étude du corps qui est donc scruté comme un objet au moyen d'un regard qui ne voit pas la personne du malade, et cherche surtout à voir l'invisible (la maladie) à travers ses manifestations corporelles (les symptômes). Mais la clinique, qui avance un projet scientifique, a aussi mis de la distance entre médecins et malades en déployant un vocabulaire spécialisé impossible à comprendre par ceux qui ne font pas partie du monde médical. Pour les deux auteurs en question ici, les malades déplorent la dépersonnalisation de la relation entre le patient et le médecin, qui fait clairement preuve d'un manque d'empathie envers les personnes en souffrance, d'où le recours fréquent aux soins non-conventionnels.

Les expériences d'Élodie et de Mattt diffèrent un peu lorsqu'il s'agit de leur contact avec le monde médical, et elles rejoignent l'essentiel de ce qu'en disent Couser et Foucault. À de nombreuses reprises et pendant des années, Mattt Konture avait l'impression d'être incompris, inconsidéré. Il a fallu presque vingt ans aux médecins pour qu'on lui donne un diagnostic correct. Le premier médecin dont Mattt Konture fait le portrait dans son album n'a pas de visage. L'auteur remplace en effet sa tête par un ordinateur, dans un effet de miroir, puisque ce "médecin" tape à l'ordinateur. Cette image met en relief les nombreuses connaissances que possède le médecin mais que ne possède pas le patient,[9] sa capacité à analyser des données, ajoutant à cela un certain degré d'indifférence. Le médecin est dépeint comme une machine; or une machine n'écoute pas, elle ne fait qu'intégrer des informations. Elle n'a ni conscience, ni sentiments. D'après Foucault, c'est le propre de la médecine moderne, qu'il nomme "la clinique." On ne demande plus à la personne ce qu'elle a, ce qui implique que l'on écoute ce qu'elle a à dire, on demande uniquement à la personne où elle a mal, et on observe son corps qui est par là même traité comme un objet (XV). En outre, alors qu'il dit avoir véritablement mal, Mattt Konture se demande: "Il croit que je simule, ou que je me drogue?" Cela signifie que ce qu'il déclare sur lui-même n'a pas d'importance pour le médecin, pour qui seules importent ses observations visuelles, comme Foucault le fait remarquer. Il parle d'ailleurs d'"une souveraineté du sujet déchiffrant" (138). Deux choses sont donc symbolisées par cet ordinateur: le caractère scientifique et mathématique de la médecine (une liste de symptômes donne un résultat), et le comportement froid et impersonnel du médecin.

Dans la vignette adjacente, Mattt Konture offre une autre raison à son choix de représenter le médecin ainsi: "J'ai masqué la tête du médecin ci-dessus afin de suivre le conseil d'un collègue," dit-il; ce conseil étant de ne pas faire culpabiliser les gens avec sa maladie. Par conséquent, il se trouve dans un état de douleur extrême qu'il a du mal à exprimer et cela au point de penser que les autres le prennent pour un menteur. Non seulement il doit faire face à un médecin indifférent, mais ses amis le prient de ne pas donner aux autres le sentiment qu'ils sont responsables de ce qui lui arrive. Seule une frustration extrême peut naître de cette situation, et lorsque G. Thomas Couser déclare que "[p]ersonal narrative is an increasingly popular way of resisting or reversing the process of depersonalization that often accompanies illness …" (29), je ne peux qu'ajouter à cet argument que le récit autobiographique est aussi un moyen de se faire entendre par les autres, médecins ou entourage.

Lors de ses rencontres avec les médecins, Mattt Konture ne verbalise pas ses doutes sur leurs différents diagnostics. À l'exemple cité précédemment s'ajoute le rendez-vous avec le rhumatologue. "Ah bon?!" pense simplement Mattt, surpris, lorsque le spécialiste lui annonce qu'il n'a rien d'anormal. Puis, quelques pages plus loin, lors d'un autre rendez-vous, il se dit, lorsque le médecin lui propose un diagnostic: "Ben, non, c'est pas ça!?" Mattt Konture se montre donc très souvent soumis. Lorsque sa maladie est enfin découverte, il se laisse aller à une série d'examens médicaux. Mattt se représente presque toujours allongé, en train de se faire manipuler, soit par les kinésithérapeutes, soit par les infirmières qui n'ont pas vraiment l'air de se soucier de savoir si les piqûres et autres procédures sont douloureuses pour la personne qui les reçoit. Mattt dessine son visage grimaçant de douleur. Or Ariela Freedman dans "The Comics Pain Scale and Comics about Pain" note qu'en 1981, Donna Wong et Connie Baker, deux spécialistes en pédiatrie, ont créé une illustration avec différents visages qui représente une échelle de douleur de zéro à dix, zéro étant aucune douleur, et dix étant une douleur insupportable, pour aider les enfants à s'exprimer. La position des yeux, des sourcils, et de la bouche, participe à figurer le niveau de peine. Cette échelle d'évaluation, même si elle a été modifiée et modernisée, est encore beaucoup utilisée de nos jours (61–62). Le visage est donc le premier endroit où la peine peut se manifester de manière extérieure et visible. Le visage de Mattt est en contraste saisissant avec celui des infirmières, complètement impassibles, encore une fois plus proches de robots que d'humains. Toujours selon Foucault, le corps scruté dans la clinique moderne est perçu comme une machine, et quand celle-ci est malade, il faut déchiffrer les signes et la réparer: "Le cadavre ouvert et extériorisé, c'est la vérité intérieure de la maladie, c'est la profondeur étalée du rapport médecin-ma-

*Chapitre trois*

lade" (138), déclare-t-il, ce qui montre un changement "majeur dans le rapport de l'homme à lui-même" (XI). Le corps autrefois mystérieux et sacré est devenu mécanique. Mattt Konture, comme de nombreux patients, se sent donc sous le joug des professionnels de la santé, qui le traitent comme un objet vidé de son humanité. Une case à la treizième page fait écho à "La ronde des médecins" de David B.[10] Mattt Konture, lui, parle de "ribambelle de novices." Dans cette case, six personnes ont leurs regards fixés sur Mattt. Cependant, celui-ci n'est pas présent dans l'image, si bien que ces douze yeux regardent droit devant eux, le lecteur prenant alors en quelque sorte sa place. Mattt Konture veut faire ressentir au lecteur sa gêne, voire son sentiment d'humiliation. L'exercice de ce regard médical a une fonction très importante pour la clinique. Le rôle des médecins modernes est de sonder le corps et de partir à la recherche des symptômes. Tout passe par le regard et l'observation de l'être malade. Foucault distingue trois moments d'observation. Premièrement, le moment initial, durant lequel le médecin observe les symptômes. Deuxièmement, celui où le patient se remémore comment et quand les symptômes sont apparus. Enfin, quand le médecin observe la façon dont les symptômes évoluent (108–13). Ainsi, le médecin regarde, le patient écoute. Tout passe par le regard du médecin: "L'œil devient dépositaire et la source de la clarté" (Foucault 9), et le discours du patient n'a presque aucune importance. L'une des conclusions majeures de Foucault est que la médecine moderne est "une science sur le seul champ perceptif et une pratique sur le seul exercice du regard" (88). Ici, non seulement le médecin regarde, mais les futurs médecins aussi, car les hôpitaux sont des lieux importants pour la formation et la transmission du savoir. Durant l'Antiquité, l'hôpital est une institution de charité. Les soins physiques et les soins spirituels ne sont pas séparés. Puis, au Moyen Âge, hôpital et église sont étroitement liés, et les hôpitaux appartiennent au patrimoine ecclésiastique. Les hôpitaux changent avec le développement des villes, et les grandes épidémies en Europe. Ils ne peuvent plus accueillir toutes les personnes dans le besoin. Ils s'occupent alors principalement des malades, et sont parfois aidés par les municipalités, puis par l'État, au niveau financier. Les hôpitaux deviennent des lieux de recherche où étudient les futurs médecins. Mattt Konture fait référence à ce processus d'apprentissage quand il évoque les "étudiants en médecine" qui le dévisagent. Mattt subit leurs regards en silence, et ne prend véritablement la parole que lorsqu'il dessine. La chanson non plus—son second exutoire artistique[11]—ne lui permet pas d'exprimer l'indignité de cette expérience, puisqu'il avoue souffrir de trous de mémoire, si bien qu'il oublie les paroles de chansons qu'il a lui-même composées durant les concerts. La bande dessinée lui permet enfin d'exprimer la frustration accumulée, et de répondre à ces médecins qui ne croyaient pas en sa souffrance, même si l'on sent une forme d'autocensure, car Konture ne veut pas paraître trop s'apitoyer, ni accuser.

Élodie Durand ressent tout autant l'indignité d'être l'objet de ce regard médical, néanmoins elle y réagit différemment; elle tente d'y résister. Toutefois, elle se trouve obligée de se soumettre aux procédures médicales et accepte de prendre les médicaments qui lui sont prescrits. Une exception à cette attitude soumise se trouve dans son tout premier entretien avec le médecin, pendant lequel elle a une réaction de révolte. Au départ, Élodie Durand ne présente que des scénettes entre elle et son médecin traitant. Cependant dans une scène particulière, elle révèle au lecteur ce qu'elle ressent pendant ses visites. La perspective change, le lecteur ne voit plus un plan d'ensemble, comme au théâtre, mais alterne entre la position d'Élodie qui voit le médecin, et celle du médecin qui voit Élodie. Alors qu'Élodie apparaît plutôt au loin, les bras croisés, son neurologue, le D$^r$ Pramalé, est dessiné en gros plan et a le regard directement fixé sur le lecteur. Ce jeu de perspectives force ce dernier à se mettre directement à la place d'Élodie, à comprendre sa vulnérabilité. "Je hais tout ce qu'il représente," avoue-t-elle, avant d'ajouter: "C'est le méchant, celui dont on ne veut pas mais dont on a besoin ... C'est ..." sans terminer sa phrase. En réalité, le D$^r$ Pramalé n'est pas méchant, du moins dans la manière dont Élodie Durand en brosse le portrait, il est simplement le porteur de mauvaises nouvelles, et celui qui décide du futur de sa patiente.

Les trois médecins de l'hôpital qui découvrent la cause de l'épilepsie sont dépeints différemment. Les quatre pages figurant cette scène sont figuratives. En effet, Élodie imagine ces personnes penchées sur son cerveau, en train de l'examiner comme on explore un territoire. Encore une fois, pour interpréter ce passage, il me faut revenir aux théories de Foucault. Ce dernier explique que la projection du regard médical a eu une autre conséquence sur les relations entre les médecins et leurs patients. Dans la "trinité vue-toucher-audition" qu'il analyse, le mal est "traqué"

*Chapitre trois*

puisque l'on cherche à travers l'examen médical une "assignation spatiale de l'invisible" (Foucault 166). Le corps est un espace où la maladie circule (Foucault 1–10), et elle doit être localisée géographiquement dans cet espace limité. C'est en effet pour cette raison qu'Élodie ne se voit plus comme une personne. Elle est devenue un objet, un espace, et ces médecins parlent d'elle à la troisième personne, comme si elle était absente. Elle l'était d'ailleurs peut-être. Il est impossible de savoir si la discussion qu'ont les médecins a vraiment eu lieu, ou si elle est née de l'imagination d'Élodie. Tout cela se produit pendant que cette dernière est dans le caisson pour passer l'IRM, les trois médecins se trouvant dans la salle adjacente et observant les résultats. Élodie Durand illustre ici une sensation d'intrusion dans son corps. Ces images sont en outre assez similaires à celle de David B., dans le premier tome de *L'Ascension du Haut Mal*, lorsqu'il imagine les tests que les médecins font passer à son frère. Cette idée réapparaît quelques pages plus loin. Se sentir tout petit, nu, à la merci d'une autre personne, tous ces sentiments transparaissent dans ses dessins, et sont présents tout au long de l'œuvre. Cependant, Élodie essaie toujours d'opposer une certaine résistance à l'aliénation qu'elle ressent. Comme noté précédemment, elle sort de son premier rendez-vous avec le neurologue en claquant la porte. Son épilepsie, la biopsie, puis l'opération, lui causent des pertes de mémoire accrues. Élodie décide donc de noter tout ce que lui dit le personnel médical dans un petit carnet. Lorsque le médecin lui annonce les résultats de la biopsie, "un astrocytome," Élodie lui répond: "C'est cancéreux, alors?" Et sa mère, qui se souvient bien de cette scène précise: "Il n'avait pas imaginé que tu comprendrais les résultats" (80). Cette phrase clé rappelle ce que dit Foucault sur la clinique, à savoir que le jargon médical n'est habituellement pas compris par les patients (voir précédemment), d'où la surprise du médecin. Encore une fois, Élodie fait preuve à sa façon de résistance contre le monde médical en essayant de combattre son rôle de patient passif et soumis à l'autorité des médecins. Alors que le médecin baisse le regard, Élodie et sa famille le dévisagent dans l'attente d'une explication plus complète. Peu importe ce qui s'est réellement déroulé, la manière dont Élodie décide de la montrer est révélatrice de ce qu'elle a éprouvé. Dans le cas de l'image évoquée ci-dessus, le médecin est du côté droit, seul, tandis qu'elle est presque au centre, sa famille se trouvant derrière elle, littéralement, protégeant ses arrières. Cette image montre bien les forces en présence qui, en quelque sorte, s'opposent. Élodie Durand sait qu'elle dépeint souvent une version libre des événements qui se sont produits, d'où l'absence de cases formelles durant ces épisodes, c'est-à-dire que les dessins sont effectués librement sur la page, sans lignes pour démarquer le passage d'une case à une autre. Leur retour—soit un retour à une certaine structure—correspond à des moments beaucoup plus récents, et dont le souvenir est plus précis, plus certain. À l'inverse, les épisodes les plus obscurs—dans tous les sens du terme—comparaissent sur un fond noir au lieu d'un fond blanc. Ils représentent la période où Élodie commence à passer ses journées à dormir, perdant petit à petit contact avec la réalité. Elle perd le contrôle de sa vie, et les professionnels de santé qui l'entourent (le neurologue, les pharmaciens, le laboratoire) ont également des discours contradictoires et confus. Cette image évoque fortement une toile d'araignée. De plus, Élodie est placée en son centre, à peine visible de par la taille de l'image, et car elle disparaît dans son lit (dans une position de faiblesse, voire d'immobilité). Ce sommeil est presque comme une forme de mort, elle s'y enfonce au point d'en faire le centre de son existence. "Je dormais," dit-elle, ce à quoi sa vie se résumait, "et sans rêves," ajoute-t-elle. Lorsqu'elle est éveillée, tout tourne autour de sa condition: cabinet médical, hôpital, pharmacie. Élodie se sent en position inférieure avec le personnel médical, en plus de se sentir jugée. Elle va même jusqu'à déclarer qu'elle "déteste tous les médecins ... et les infirmiers ... les pharmaciens" (107). Elle a d'ailleurs de plus en plus de difficulté à soutenir le regard de son neurologue, si bien qu'elle décide de simplement "regarder par terre" (107). À la page suivante, elle se dessine nue, avec une tête disproportionnée, les bras croisés dans le dos, rappelant la position que donne une camisole de force. Des doigts sont pointés vers elle, comme pour s'en moquer. Encore une fois, nous voyons la nature oppressive du "regard médical" tel qu'il est défini par Foucault dans *Naissance de la clinique*.

Cette succession de scènes souligne le processus narratif adopté par Élodie Durand. D'abord, elle expose une scène précise dans laquelle elle fait une déclaration. Dans le cas précédent, elle avouait qu'elle avait le monde médical en horreur. Puis elle appose un dessin beaucoup plus abstrait, souvent créé bien antérieurement à l'album que le lecteur tient entre ses mains, pour exprimer comment ses différents sentiments s'entremêlaient à l'intérieur d'elle-même. Sur le papier, elle représente son état d'esprit tout autant que ses différentes émotions de façon plus complexe et plus superposée. David B. dessine son frère de manière disproportionnée par rapport aux autres, comme si l'on ne voyait que lui, et que sa maladie ne pouvait être cachée, ou comme si la personne était marquée. Élodie Durand se dessine également de manière difforme. En réalité, ce n'est pas exactement elle-même qu'elle dessine, plutôt son double, ou comment elle se perçoit à travers les yeux des autres. Ce double monstrueux réapparaît fréquemment, l'absorbant parfois et allant jusqu'à prendre sa place dans les moments où elle sent qu'ils ne font plus qu'un. Quelques pages après son rendez-vous chez le neurologue—celui pendant lequel elle décide de ne plus jamais le regarder dans les yeux—, Élodie Durand évoque ses rendez-vous chez la neuropsychiatre. Elle s'en rappelle comme de moments humiliants. Les différents tests d'intelligence auxquels elle se soumettait lui faisaient prendre la mesure de tout ce qu'elle avait oublié. Des choses aussi simples que la date du jour, les voyelles, des additions simples comme 2 + 2 lui échappaient. "J'avais honte," dit-elle, en ajoutant que le jour où elle a pris conscience du fait qu'elle ne se souvenait plus de choses extrêmement rudimentaires, elle ne pouvait plus s'arrêter de pleurer. Le sentiment d'humiliation qu'Élodie ressent est mental, néanmoins il vient s'ajouter aux premières humiliations physiques. Il y a celles d'abord imposées par les médecins avec tous les examens plus ou moins intrusifs, et celles que les patients voient dans les yeux de leurs proches.

## Regards et rôles des autres

Dans *La Parenthèse*, tout commence avec "les autres." Ce sont "les autres" qui remarquent qu'Élodie a le regard dans le vague, cesse de répondre, et souffre de dissociation. Sa réaction violente et inattendue contre l'un de ses amis—qu'elle frappe sous le coup de la colère—lui fait prendre conscience que quelque chose ne va pas. Le moment où le sujet commence à comprendre qu'il perd le contrôle de son corps, puis, dans le cas d'Élodie, de sa tête, renvoie à une régression et donc une crise dans la perception de soi. Dans "Le stade du miroir comme formateur de la fonction du je, telle qu'elle nous est révélée, dans l'expérience psychanalytique,"[12] Lacan dissèque un moment crucial de la prise de conscience du sujet et de son corps en tant qu'entité unifiée et autonome, séparée cependant du monde dont il pensait jusqu'alors être une extension. Vers six mois, l'enfant se reconnaît pour la première fois dans le miroir, un miroir dans lequel il voit son image. Toutefois, cette image n'est pas satisfaisante, puisque l'enfant est à ce moment-là incapable de marcher, voire de se tenir debout seul. Il a besoin des "autres" (ses parents principalement), qui sont pour lui également des modèles, ce à quoi l'enfant aspire à devenir, c'est-à-dire un être autonome. D'après Lacan, cette première image "situe l'instance du moi, *dès* avant sa détermination sociale, dans une ligne de fiction, à jamais irréductible pour le seul individu,—ou plutôt, qui ne rejoindra qu'asymptotiquement le devenir du sujet, quel que soit le succès des synthèses dialectiques par quoi il doit résoudre en tant que *je* sa discordance d'avec sa propre réalité." En d'autres termes, le sujet développe à partir de cet instant une image idéale de lui-même qu'il aimerait atteindre en grandissant, qu'il n'atteindra jamais complètement mais qu'il met des années à travailler et à perfectionner. Toutefois, la plupart des sujets arrivent à accepter ce qu'ils sont devenus bien que cette image ne corresponde pas parfaitement à leur *je* idéal. Donc, lorsqu'Élodie se rend compte qu'elle ne peut plus aller aux toilettes seule, puis qu'elle ne se souvient même plus de son prénom, il s'agit pour elle d'un retour en arrière, à l'époque où elle était cet enfant de six mois, dépendant de ses parents, cruellement consciente de ses limites, et aspirant à devenir adulte. L'illusion de son intégrité physique et psychologique est déconstituée. La maladie infantilise, et donc affecte le plus profond de l'identité. Ce que le sujet a passé des années à construire, à essayer d'atteindre, est plus ou moins détruit. Élodie doit arrêter ses études, et retourne vivre avec ses parents. Sa mère arrête de travailler pour s'occuper d'elle. Après sa seconde opération, Élodie est incapable de fonctionner seule et passe ses journées à suivre sa mère partout dans l'appartement où ils habitent avec son père (qui est, d'ailleurs peu présent dans le récit, car il doit travailler pour subvenir financièrement aux besoins de la famille). Dans ces circonstances, Élodie se trouve incapable d'aider sa mère à éplucher des pommes de terre ou à plier des torchons. Les dessins qu'elle faisait à l'époque et qu'elle a intégrés dans son texte, peuvent être interprétés comme un symbole de la désagrégation du moi qu'elle éprouve. Le regard des autres, dans lequel on peut voir ses faiblesses, est comme ce premier miroir porteur de la prise de

*Chapitre trois*

conscience du corps qui accompagne la formation de la conscience humaine. "Je m'inquiétais de vos gros yeux, de vos regards angoissés, de vos questions," avoue Élodie (100).

Les yeux des autres sont pour Élodie une présence pesante, principalement car ces yeux ont changé. Ils sont porteurs non plus d'égalité, mais d'inquiétude. Élodie est perçue comme inadéquate, car elle ne peut plus prendre soin d'elle-même et a besoin des autres au quotidien. Elle a perdu son indépendance, et elle ne s'en rend compte qu'au travers du regard de ses proches. Même si lorsqu'elle dit "vous," dans sa narration, elle s'adresse à ses parents; elle fait part également de l'anxiété qu'elle éprouve lorsqu'elle croise d'anciens amis dans la rue et qu'ils commencent à lui poser des questions sur sa vie. Incapable de répondre à ces questions, elle craint aussi d'être perçue comme différente par les membres de la communauté. Elle n'est plus celle qu'elle était, ni l'égale des personnes qui ne sont pas atteintes de son mal. Elle en a conscience, d'où son sentiment de honte. Dans l'introduction à son livre *La Honte—Psychanalyse d'un lien social*, Serge Tisseron déclare: "Confronté à la nécessité de trouver une illustration de couverture pour le présent ouvrage, j'ai découvert qu'il existait des représentations iconographiques abondantes de l'amour, de la colère, de l'envie ou du repentir, il en existait bien peu de la honte. C'est que la honte ne se dit pas, ne se montre pas, ne se re-présente pas" (*La Honte* 1). Tisseron a certainement cherché dans des sources culturelles plus canoniques comme la peinture ou la sculpture, cependant cette réflexion montre bien la façon dont les artistes de bandes dessinées autobiographiques créent de nouveaux moyens d'expression, et arrivent à exprimer ce qui a été d'ordinaire difficilement exprimable. La notion d'images (physique et psychologique) est essentielle chez Tisseron, puisqu'il explique que le sentiment de honte est une atteinte à l'image que l'on a de soi-même (*La Honte* 3). La honte est une forme de déconstitution sociale (sentiment très présent et évoqué à de nombreuses reprises dans les images de Durand) qui crée une rupture dans la continuité du sujet; il va jusqu'à parler "d'effondrement" (*La Honte* 3). Enfin, la honte est un sentiment social, il implique donc les autres (*La Honte* 3).

Le sentiment de honte lié aux regards d'autrui est également observable chez Mattt Konture. En plus d'être déconsidéré par la plupart des personnes liées à la médecine moderne, d'autres personnes qui l'entourent manquent cruellement d'empathie. Mattt se rappelle de manière vive un épisode où on lui a demandé de sortir d'un magasin parce que le gérant pensait qu'il était en était d'ébriété (au début de l'album). Ce signe précurseur, c'est-à-dire la perte de la motricité, personne, et surtout pas lui-même, n'a pu le reconnaître. L'autre regard qui importe beaucoup pour lui est celui des femmes. Son désir de séduire, de plaire aux femmes, et même d'être aimé par l'une d'elles, est l'un des thèmes les plus récurrents de ses "comixtures." Or sa maladie affecte sa capacité à offrir une vie de couple normale à quelqu'un. Bien qu'il ne s'y attarde pas, il mentionne un épisode intime avec une compagne, durant lequel il ressent une douleur dans le dos si intense qu'il doit se rendre aux urgences. Par la suite, ce sont majoritairement des visages anonymes de femmes que Mattt Konture esquisse. Ces visages regardent le lecteur, et le poids de ces regards incarnent ce que ressent Mattt Konture. Il finit par avouer ne plus avoir de rapports sexuels et ne plus fréquenter de femmes. On ressent une sorte de défaite.

Alors qu'Élodie Durand partait dans l'abstrait, Mattt Konture écrit énormément dans ses bandes dessinées. Certaines cases sont parfois remplies de mots. Il est donc important d'analyser ce qui passe dans son discours et qui n'est pas forcément montré clairement dans ses illustrations. On y discerne notamment la notion de culpabilité, qui diffère légèrement de la notion de honte. La culpabilité implique en effet de se sentir fautif pour un comportement ou une action, tandis que la honte est plutôt liée à l'intégrité et à la dignité personnelle. Les deux sentiments sont souvent ressentis en parallèle. Toutefois, le sentiment de culpabilité est très présent chez Konture. Premièrement, Mattt fait très attention à ne pas pointer du doigt ceux qui l'ont soigné pendant des années sans être capables de diagnostiquer son mal. Il se justifie à plusieurs reprises pour ses dessins, qui ne représentent pas les vraies personnes à qui il a eu affaire, mais qui restent de simples illustrations. Dans l'une de ses vignettes, par exemple, il précise que "c'est une personne dessinée, qui n'existe pas dans la réalité," tout en ajoutant: "C'est une image dans une bande dessinée." Même dans cette bande dessinée, où il montre la conscience de sa démarche artistique et publique, la retenue est très présente. Mattt Konture répète plusieurs fois, sans préciser le contexte, ce qu'un de ses amis lui a dit: "Il ne faut pas culpabiliser les gens de ta maladie." On peut se demander,

*Chapitre trois*

qui sont ces "gens?" Mattt ne s'en prend pas aux professionnels de la santé, il aurait cependant tous les droits d'éprouver de la colère envers eux. Les "gens," ici, semblent être davantage pris au sens général, c'est-à-dire que cet ami a voulu dire: "Ce n'est pas la faute des autres si toi, tu es malade. Ne les fais pas culpabiliser car eux, ils sont en bonne santé." Une autre façon de dire: "Ne te fais pas plaindre, ce qui t'arrive n'est de la faute de personne." Pire encore, cette remarque est représentative du fait que ces personnes ne veulent pas que leur existence soit perturbée par les malheurs de quelqu'un d'autre, car ces autres, malades, sont un rappel constant que la maladie pourrait les toucher à n'importe quel instant. Tout cela traduit une peur irrationnelle d'être à leur tour malade, ce qui fait que ces personnes prennent de la distance, souvent consciemment, avec la souffrance des autres. Ils ne savent pas comment y réagir. On comprend mieux pourquoi Mattt Konture semble se restreindre autant. Son œuvre est constamment déchirée entre le désir de raconter son histoire et sa douleur authentiquement, et celui de l'exprimer sans trop s'apitoyer, de manière à ne pas mettre le lecteur mal à l'aise, à ne pas "le faire culpabiliser." En conséquence, il donne l'impression que c'est plutôt lui qui se sent coupable d'avoir l'audace de révéler ce qu'il traverse. Après avoir lu tout un album au ton assez sombre, on croit difficilement à la phrase de conclusion: "Ça va aller. Youpi! Il faut être heureux d'aller bien." L'aspect qui ressort ici est celui de la solitude de Mattt Konture. Il évoque sa fille, qui vient parfois le voir pendant les vacances, dont la mère a la garde. Quelques conquêtes amoureuses sont mentionnées. Et tout à la fin, Mattt est reconnaissant envers ses amis, hommes et femmes. Néanmoins, personne en particulier n'est mis en relief dans le portrait de son entourage, personne n'est vraiment cité comme figure centrale dans la vie affective et sociale de Mattt.

La situation est complètement différente avec Élodie Durand. Le premier mot de l'album est "maman," ce qui donne le ton à la narration, impliquant une sorte de dette envers sa mère. Cet album est tout autant public que celui de Mattt Konture, toutefois le récit de Durand semble être plus personnel, car il s'adresse à quelqu'un de proche. La mère d'Élodie est en effet très présente dans le récit. De plus, la sœur et le père d'Élodie sont quelquefois présents. Elle ne semble pas être aussi isolée dans sa maladie que Mattt Konture. Dans les récitatifs, Élodie Durand s'adresse d'abord à un "tu," que l'on devine être sa mère; elle passe ensuite au "vous" pour parler des/aux membres de sa famille. Cette famille ne fait pas partie de la catégorie des "autres," qui sont en dehors de la situation, et qui jugent sans comprendre. Au contraire, les membres de la famille proche l'ont non seulement énormément soutenue pendant les deux ans où elle a eu besoin de soins médicaux, mais ils font également partie du processus de reconstruction de la personne après la maladie.

Le sociologue Arthur W. Frank, dans *The Wounded Storyteller: Body, Illness, and Ethics*, explique que les personnes qui ont traversé un événement médical traumatisant, une fois considérées comme allant de nouveau bien—même si elles ne sont pas pour autant guéries—, vivent dans un état de rémission constant (8). Frank défend même l'idée que cela est profondément marqué en eux, comme l'est l'appartenance ethnique (9). Élodie Durand précise qu'elle a composé cet album dix ans après les faits. Pourtant, ils font partie d'elle et de ce qu'elle est devenue. Toutefois, une fois qu'elle a commencé à "aller bien" de nouveau, sa famille l'a aidée à se reconstruire. En effet, elle indique dès le début de l'album qu'un grand nombre de ses souvenirs sont flous, confus, incomplets. Elle fait donc souvent appel aux membres de sa famille pour l'aider à se remémorer des événements oubliés. Elle questionne elle-même le rôle de la mémoire, lorsqu'elle déclare: "Chacun avait sa version des faits" (21). Elle insère d'ailleurs une citation du réalisateur et scénariste Luis Buñuel: "La mémoire est notre cohérence, notre raison, notre sentiment, et même notre action, sans elle nous ne sommes rien" (22). En l'aidant à retrouver la mémoire, les membres de sa famille l'aident à se retrouver. Ainsi, lorsque la bédéiste a des doutes sur ce qui s'est passé pendant un certain événement, elle se montre en train de téléphoner à ses parents. Elle rapporte alors la discussion entière, révélant ce dont elle se souvient, accompagné de ses interrogations et les réponses de ses parents. Ce processus est similaire à celui employé par David B. lorsqu'il faisait intervenir sa mère directement dans la narration. La différence principale est que la mère de David B. avait parfois des objections à sa version des faits (on pense notamment à la vision que cette dernière avait de sa mère, la grand-mère de David). Néanmoins, dans les deux cas, cela démontre la volonté de chaque auteur de présenter les faits dans leur vérité, ce qui constitue la base principale d'une autobiographie, le fondement du pacte entre l'auteur, qui est également le narrateur, et le lecteur (Lejeune 13–46). Il est possible

*Chapitre trois*

de citer comme illustration de ce processus les pages 76 à 83 de *La Parenthèse*. Pendant ces quelques pages, Élodie Durand juxtapose deux espaces temporels et trois espaces géographiques (de façon similaire à Peeters dans le second chapitre). L'auteure tente de raconter la scène de son réveil à l'hôpital après sa première opération au cours de laquelle on lui a fait une biopsie. Cette scène dans le passé est donc montrée, cependant construite devant nos yeux grâce aux indications des parents d'Élodie alors présents et certainement avec un esprit plus clair que le sien. De plus, elle montre ses parents dans ce qui semble être un salon, chacun assis dans un fauteuil, se faisant face, le téléphone posé entre eux sur une petite table basse. Vers les dernières pages, Élodie se dessine assise sur le bord d'un lit, tenant un téléphone à son oreille; elle va jusqu'à interroger ses parents sur ses propres émotions. "J'étais triste, peut-être?" demande-t-elle; ce à quoi ils répondent par la négative. En faisant cohabiter tous ces espaces, l'artiste souligne la dimension rétrospective de son récit ainsi que les limites du genre autobiographique, à savoir le fait qu'il est impossible de se souvenir de tout, et même si on le pouvait, il serait impossible de tout dire, par souci d'économie. Une autobiographie n'est pas une succession de faits, ni une leçon d'histoire, mais une histoire construite.

Cette juxtaposition de temps et de lieux est fréquemment présente dans les autobiographies. Néanmoins, de par leur aspect visuel, nombreuses autobiographies en bandes dessinées comportent des méta-commentaires sur le genre en général, les artistes aimant à explorer ses limites. Je me permets de citer une seconde fois Matt Konture, lorsqu'il se sent l'obligation de dire: "C'est une personne dessinée, qui n'existe pas dans la réalité." Il revendique de cette manière son authenticité en signalant ce qui n'est pas authentique. Chaque artiste tente donc de communiquer sa vérité. Durand passe par l'inclusion d'autres protagonistes pour corroborer et compléter ses dires sept fois, allant d'une planche à toute une série de planches successives. Cette multiplication des points de vue, qui ajoute à l'aspect authentique, est un trait important de nombreux récits modernes.

Une évolution est présente au sein de ces passages que l'on peut caractériser de mise en abyme. Au départ, il semble qu'Élodie pose beaucoup de questions à sa famille, alors que sur la fin, une véritable discussion se déroule, chaque personnage expliquant son point de vue. L'autre est donc un élément essentiel faisant partie de la reconstruction personnelle. Ses proches, ceux qui étaient là pendant sa maladie, l'aident littéralement à retrouver certains morceaux manquants. Cette sensation de morcellement, de perte de soi-même, est plusieurs fois exprimée dans les dessins de Durand. Elle provient d'abord de la tumeur qu'elle a au cerveau. Son comportement change, sa mémoire est affectée, elle ne se reconnaît plus elle-même. Comme mentionné auparavant, la régression aussi physique que psychologique renvoie à ce moment pivot dans la formation du sujet qu'est le stade du miroir tel qu'il est défini par Lacan. Avant que l'enfant ne se voit dans le miroir dans son entièreté et ne comprenne l'intégralité de son être, il ne voit que des morceaux de lui-même, ce qu'on appelle "le corps morcelé," comme l'explique Jane Gallop (121). Lorsque l'enfant se reconnaît, il est euphorique devant sa propre image. Toujours d'après Gallop, ce n'est qu'en voyant cette image unifiée qu'il comprend que, avant cette prise de conscience, il était "morcelé." En effet, le stade du miroir est pour elle à la fois anticipation et retroaction (120). Elle insiste particulièrement sur le lien (psychologique) oppositionnel pour le sujet entre le corps morcelé et le corps unifié. Ce corps morcelé est vu de manière rétroactive comme indésirable, un état dans lequel on aspire à ne plus jamais retourner. Or ici, le narrateur voit son image se désintégrer et a l'impression de retourner en arrière à ce moment-là, avant l'unification. Cette sensation de morcellement est représentée plusieurs fois. J'ai déjà mentionné l'exemple de ces personnes difformes au début du chapitre; il en existe un second un peu plus explicite à la page 141: une forme vaguement humaine uniquement composée de petits morceaux. Cette ombre composée de fragments non reliés entre eux exprime la sensation de démantèlement éprouvée par Élodie. La maladie, qui lui fait perdre la mémoire, ne la laisse qu'avec des bouts décousus d'elle-même. De plus, la honte provoque également une impression de désintégration de l'être, car c'est encore une fois l'image que l'on a de soi qui est en péril (Tisseron, *La Honte* 3). Toutefois, sa famille, qui la "connaît," peut l'aider à recoller ces morceaux, ou du moins à donner l'illusion d'une unité.[13]

Les membres de la famille ne sont cependant pas les seuls "autres." Il reste un dernier type d' "autres," très peu abordé dans les deux ouvrages: ceux qui souffrent de la même pathologie. Mattt Konture en parle très peu, si ce n'est pour spécifier que toutes les personnes qui souffrent de sclérose en plaques réagissent différemment à la maladie et ont différents symptômes. Il est alors difficile pour lui de s'identifier à eux ... tandis qu'Élodie Durand se pose la question une fois au début de l'album: "Vous savez, il y a énormément de gens épileptiques," lui affirme son neurologue; et cette phrase résonne en elle. Lorsque Frank parle de "société de rémission," il parle de tous ces gens dans l'ombre: "I use the term "remission" society to describe all those people who, like me, were effectively well but could never be considered cured. These people are all around, often invisible" (8). Brièvement, Élodie Durand rend ces gens visibles, en les dessinant avec de grands yeux, pour insister sur le regard. Néanmoins c'est un regard qui permet de voir au cœur des gens, voir ce qu'il y a sous la surface. Toujours d'après Frank, grâce aux progrès de la médecine, les personnes faisant partie de cette société sont de plus en plus nombreuses et demandent de plus en plus à s'exprimer en tant que telles. Il va jusqu'à parler de colonisation:

> the postmodernity of the remission society is more than a self-conscious that has not been routinely available to the ill. Many members of the remission society feel a need to claim their visa status in an active voice. Those who work to express this voice are not only postmodern but, more specifically, *postcolonial* in their construction of the self. Just as political and economic colonialism took over geographic areas, modernist medicine claimed the body of its patient as its territory. (*The Wounded Storyteller* 10)

Un peu plus loin, il complète cette idée: "Post-colonialism in its most generalized form is the demand to speak rather than being spoken for and to represent oneself rather than being represented or, in the worst cases, rather than being effaced entirely" (*The Wounded Storyteller* 10). Le corps est donc perçu comme un territoire qui a été colonisé. Il devient un lieu de conquête dont d'autres personnes (souvent liées au monde médical) se sont rendues maîtres, comme Foucault le précise. Cette idée est par ailleurs exprimée par Durand lorsqu'elle dessine les trois médecins en train de se promener sur son cerveau et de l'examiner comme s'il s'agissait d'un lieu géographique, et non d'un organe vivant faisant partie d'une personne concrète. Or redonner une place au corps est une chose brillamment réalisée dans les bandes dessinées autobiographiques où sa présence est primordiale.

## Dessiner la douleur

En effet, dans une bande dessinée autobiographique, par opposition à une autobiographie traditionnelle, l'artiste est forcé de réaliser un autoportrait dans presque chaque case. Il est ainsi constamment face à lui-même, comme dans une sorte de miroir, mais un miroir subjectif. Dans les premières planches de *La Parenthèse*, Élodie se montre en face d'une glace. Elle s'observe d'abord, puis se coupe les cheveux, comme pour marquer la distance entre l'Élodie du passé, et celle du présent, ou bien encore comme celle d'avant, et celle d'après. Que l'on se regarde dans un miroir, ou que l'on regarde son image sur une feuille de papier, se regarder soi-même intensément oblige les êtres humains à se demander: "Qui suis-je?" Par exemple, Mattt Konture se dessine fréquemment au centre de la vignette, les yeux dirigés vers le lecteur. Ce regard renvoie à soi, puisque l'auteur est aussi le premier lecteur. Dans la toute première case de *Scléroses en plaques*, Mattt se montre de face, comme à son habitude, excentré pour faire de la place aux bulles qui fonctionnent comme incipit. La première chose que le lecteur voit est alors son visage, en gros plan, puisqu'il est sur la gauche de la vignette. L'œil se pose par conséquent naturellement sur lui avant d'aller vers ce qu'il y a d'écrit. Par la suite, sur 170 cases que l'album comprend, Mattt est présent—d'une manière ou d'une autre (qu'il s'agisse d'un plan en pied ou bien d'une partie de son corps fonctionnant métonymiquement pour le représenter)—dans 118 cases, soit environ 70 %. Mattt Konture va jusqu'à exprimer une extrême lassitude à devoir constamment faire son portrait, et choisit de se dessiner comme une poire dans un paysage lunaire dans deux cases. Il est intéressant de noter une différence majeure entre la première et la seconde poire. En effet, la seconde présente des taches qui symbolisent la sclérose en plaques,[14] même si l'auteur n'en fait aucune mention directe. Ces taches sont sa marque, le signe distinctif de son corps malade. Elles font à présent partie de sa vie et de son être. Si la poire reste l'exemple le plus saisissant en termes d'autoportrait, Mattt se dessine également de manière "humaine" de différentes façons. Au-delà de la véritable différence physique déterminée par les années qui passent, Mattt change les expressions de son visage et ses proportions en fonction de son état de santé. De ce fait, lorsque sa santé semble s'améliorer, les traits de son visage ont l'air reposés et proches du réalisme. Cependant, dans les moments de douleur intense, il déforme ses traits de façon caricaturale. Lorsqu'il marche de travers à cause de ses difficultés à trouver son équilibre, sa tête est plus grosse que son corps. Lorsqu'il ressent le besoin de vomir à cause d'intenses nausées, sa bouche devient beaucoup plus grande que les yeux ou le nez sur son visage. Enfin, quand il se représentait malade dans le magazine belge *Mycose*—dont il reproduit les planches en intégralité dans cet album—, il semble se montrer aussi repoussant que possible. Son aspect rebutant est accentué par le style différent des deux dessinateurs, puisque ces planches ont été réalisées avec un collègue pour un numéro spécial du journal belge *Mycose*. À cet égard, Mattt Konture s'inscrit dans la lignée des *comics* américains *underground* des années soixante à quatre-vingt. En effet, suivant la description de Charles Hatfield, "this new school of autobiographical comics had tended to stress the abject, the seedy, the anti-heroic, and the just plain nasty" (111). Le qualificatif de anti-héros correspond assez bien à Mattt, puisque l'auteur insiste la plupart du temps sur ses faiblesses et son désarroi. Rien d'héroïque dans son comportement. Charles Hatfield parle également de la multiplicité des représentations de soi dans les bandes dessinées autobiographiques américaines. Ses observations sont toutefois valables de plus largement. D'après lui, les autoportraits permettent premièrement de voir la manière dont l'auteur se perçoit (114). En effet, s'objectiver à travers une représentation visuelle permet à l'autobiographe d'articuler son identité (115). De plus, la multiplicité des représentations visuelles ne joue pas contre l'aspect réel de l'autobiographie, mais au contraire y participe, étant donné que ces représentations permettent paradoxalement à l'artiste d'exprimer sa subjectivité (115). Par ailleurs, elles autorisent à l'artiste, dans le cas des pathographies, à représenter divers états de santé. "Aller bien" ou "aller mal" n'est pas toujours quelque chose qui se voit extérieurement, ce qui renvoie à cette idée de société de rémission expliquée précédemment. Dans *La Parenthèse*, Élodie se demande qui sont toutes ces autres personnes qui souffrent d'épilepsie comme elle, tout en dévisageant les autres patients dans la salle d'attente. Pourtant, les artistes trouvent des solutions pour exprimer leurs états de santé. Par exemple, Mattt Konture se demande "comment dessiner la douleur" (il parle principalement de la douleur physique causée par la sclérose en plaques), une question que presque tous les artistes dont je parle ont dû se poser. Pour lui, figer cette douleur passe énormément par les expressions de son visage, pour ne pas dire ses visages. Il s'interroge sur la manière de décrire précisément et en images ses douleurs physiques. Sa solution est de montrer son corps subissant des sévices, principalement des clous enfoncés dans sa colonne vertébrale et des flammes parcourant son dos, et de dessiner certaines parties de son corps enflammées. Si, d'après Foucault, les médecins modernes ont pour rôle de rendre "l'invisible visible" (172), les bédéistes font la même chose, c'est-à-dire qu'ils tentent de représenter ces maux invisibles dans leurs œuvres, de les rendre visibles pour que les autres comprennent ce qu'ils traversent. Ceci est d'autant plus pertinent dans le cas de l'œuvre de Konture, où des médecins n'ont pas réussi pendant des années à voir les symptômes pour en déduire la vraie cause. Ce "on" qui le torture, apparaît une fois sous la forme d'un monstre, une espèce de squelette d'oiseau.

Personnaliser la douleur, sous la forme d'un lézard comme chez David B., d'un squelette d'oiseaux aux dents pointues comme chez Mattt Konture, ou bien encore d'une ombre de soi-même, un double difforme, comme chez Élodie Durand, permet justement à tous ces auteurs d'exprimer les choses différemment (par rapport aux pathographies classiques, c'est-à-dire en prose). La maladie est comme une force extérieure, comme un être inconnu qui prend le contrôle d'un autre. C'est une sorte de fragmentation de soi, plus complexe que la simple opposition entre le corps et l'esprit. De plus, pour la personne guérie, ce dédoublement est également temporel: la personne que l'on était durant la maladie devient progressivement quelqu'un d'autre dans les souvenirs. Élodie Durand, lors d'un entretien pour *ActuaBD* avec Charles-Louis Detournay, déclare:

> Pour que le lecteur s'identifie le mieux possible à Judith, le personnage de l'album, il fallait qu'il découvre les événements en même temps qu'elle. Je voulais que le récit soit le plus autobiographique possible ... Judith est mon deuxième prénom, mais c'est bien entendu de moi dont il est question. Je préfère néanmoins maintenir cette distinction, car cette histoire est le temps d'une parenthèse à mes yeux. C'est maintenant une partie de ma vie qui est derrière moi.

Évidemment, tout le monde ne peut pas se permettre de transcender des expériences. De plus, la question se pose de savoir si les choses sont réellement mises derrière soi. Lorsqu'une épreuve est transformée en œuvre d'art et offre à son auteur une notoriété, cette épreuve finit par définir l'artiste, qui se fait connaître à travers son témoignage. L'auteur a alors affaire à un deuxième retour en profondeur sur son histoire, la première étant la conception de l'album.

## Démarche artistique et réappropriation de son histoire

Arthur W. Frank, dans *The Wounded Story Teller*, discerne trois types de pathographies: le récit de restitution, le récit de quête et le récit de chaos. Les pathographies qu'il caractérise de "récit de restitution" anticipent une guérison et un retour à la vie normale, la maladie n'étant qu'une étape. Ces récits se concentrent principalement sur les traitements, les opérations, tout ce qui permet d'être guéri. Les "récits de quête" tendent à vouloir donner un sens à la maladie, et à la vie du patient en général, après la maladie, comme un renouveau, voire une renaissance. Dans ces récits, la maladie est vécue comme un voyage, et la personne en sort transformée. Enfin, les "récits de chaos" sont à l'opposé des récits de restitution. Celui qui s'exprime n'a aucun espoir d'aller mieux un jour, il est souvent perdu, et ces récits sont tintés de pessimisme. Frank précise que la plupart des pathographies appartiennent généralement à l'une de ces trois catégories, mais qu'une pathographie va fréquemment contenir des éléments de plusieurs catégories.

La construction de la narration dans les pathographies est donc un point essentiel qui définit de quel type de pathographie il s'agit, suivant la classification de Frank. La même chose peut être appliquée pour les récits "pathographiques." Une des premières similarités entre *La Parenthèse* et *Sclérose en plaques*, est que les deux ont quelques dates précises indiquées, comme pour marquer des caps passés. Ces dates restent souvent vagues, les auteurs avouant ne pas être absolument certains de se souvenir quand les événements se sont produits. Une seule date paraît essentielle: celle de la fin de la rédaction de l'album. Pour clore le sien, Élodie Durand signe de son prénom et marque l'année où elle a terminé sa composition, tandis que Mattt Konture signe de son nom (d'artiste) complet et indique la date comprenant le jour exact où il a apposé le point final (ou réalisé la case finale). Ce point final est un point de conclusion, marquant la fin de quelque chose, même si cette fin n'a pas la même signification dans les deux albums.

## Santé physique et santé mentale

En effet, la bande dessinée d'Élodie Durand forme la totalité de l'œuvre liée à ses années d'épilepsie, un tout en soi. En revanche, pour Mattt Konture, l'album n'est qu'un épisode, un volume dans ses "comixtures." D'ailleurs, Élodie Durand se dessine parmi une foule de personnages "normaux," reprenant une vie "normale," rejoignant "les autres." À l'inverse, Mattt Konture, comme dans la première vignette de son album, se dessine seul, face aux lecteurs, ces "autres" potentiels.

Les deux artistes ne suivent pas non plus une chronologie stricte et ceci à plusieurs niveaux de leurs récits. Premièrement, chaque récit comprend des retours en arrière temporels, c'est-à-dire qu'un épisode qui s'est produit antérieurement à l'épisode raconté est inséré pour éclairer ce dernier. Deuxièmement, chaque récit comprend des retours en arrière graphiques, c'est-à-dire que des ébauches réalisées bien avant la création de l'album présent sont intégrés à la narration. Cet aspect "collage" est extrêmement significatif, mais exécuté distinctement chez les deux artistes. En outre, la différence fondamentale entre les deux auteurs discutés dans ce chapitre est que l'un raconte une maladie qu'il doit accepter et avec laquelle il va devoir vivre le reste de sa vie, tandis que l'autre raconte un épisode de sa vie à présent achevé. Les collages, partie intégrante de la structure de l'œuvre, reflètent cette convergence temporelle (et la volonté de véracité du genre autobiographique).

Chez Mattt Konture, il s'agit plutôt d'un récit chaotique non seulement de par son caractère plutôt pessimiste, mais également à travers les nombreux moments d'hésitation. Konture affirme que son récit est écrit au fur et à mesure. Il indique parfois des périodes de pause dans son processus créatif, périodes où il délaisse son œuvre. À d'autres moments, il annonce qu'il n'enlèvera plus les taches d'encre. Une fois encore, il est possible de voir ses états successifs comme une acceptation de—ou plutôt une résignation vis-à-vis de—sa condition. Les IRM ont montré des taches sur son cerveau et ont prouvé qu'il avait une sclérose en plaques. Les taches sont devenues une partie de sa vie, une partie de lui, une partie qu'il laisse s'exprimer sur le papier, l'encre devenant doublement porteuse de sens.

Mattt Konture parle aussi fréquemment de son ennui. Par exemple lorsqu'il en a assez de se dessiner et se dépeint en poire à la place. Il montre sa lassitude, voire son manque d'inspiration.

*Chapitre trois*

Pendant qu'il écrit et dessine, il discute avec le lecteur de son processus créatif. Les troisième et quatrième cases de l'œuvre expliquent que c'est par "conscience écologique" que ce bédéiste n'a pas écrit d'album autobiographique depuis cinq ans. Dans les premières planches, Mattt Konture ne semble pas savoir exactement quelle direction va prendre son histoire. Après avoir essayé plusieurs méthodes, telles coller des cases qu'il avait précédemment conçues sans savoir comment elles s'intégreraient par la suite, ou bien encore composer sa planche avec six vignettes et dessiner au fur et à mesure dedans, il décide de faire "ce qu'il veut, sans contraintes ... ce qui [lui] vient automatiquement, sans réfléchir." Ainsi, il revendique son rôle d'auteur dans tous les méta-commentaires en lien avec la création artistique de cette bande dessinée, et revendique cette prise de contrôle que l'on perd lorsqu'on devient patient. Comme les pièces d'un puzzle enfin assemblées, il colle littéralement des cases d'anciennes "comixtures" dans celle que le lecteur tient en main, des notes de son journal personnel, et le petit épisode complet qu'il avait pour un numéro spécial du journal belge *Mycose* dont le thème était les maladies. Tel David B., il inclut également des fragments de rêves, et de ce qu'il nomme ses prémonitions. Le tout forme un récit relativement décousu, caractérisation de ce récit comme "chaotique." G. Thomas Couser arrive à une conclusion identique à celle de Frank à ce sujet: "Chronic illness and disabilities may ultimately yield more complex and multidimensional narrative than acute illnesses; because lasting dysfunction has to be lived with for some time, rather than survived a mere episode" (12). Par ailleurs, Mattt Konture utilise une expression poignante lorsqu'il parle de son cas: "autodestruction programmée." Il n'y a pas d'issue à sa condition. Malgré tout, cette "comixture" est l'histoire d'un certain soulagement. Des années durant, il se pensait hypocondriaque, alors qu'il souffrait réellement d'une maladie incapacitante. Les dernières pages sont consacrées aux nouveaux traitements qui fonctionnent un peu mieux que les précédents, aux quelques amis qui l'aident dans sa vie, et elles introduisent une lueur d'optimisme à laquelle il est néanmoins difficile d'adhérer. Au niveau du style, et dans ses autoportraits en particulier, il est toutefois notable que ses traits dans les dernières pages sont plus doux, moins difformes, plus réalistes. L'auteur fait ainsi passer l'idée qu'il se sent mieux, plus humain, peut-être plus "normal."

Alors que Mattt Konture termine un épisode (il a obtenu un diagnostic mais devra vivre avec toute sa vie), Élodie Durand clôt un épisode de sa vie (elle peut mettre ce passage de sa vie derrière elle et avancer, reprendre une vie à peu près normale). Le titre même, *La Parenthèse*, indique une pause, quelque chose qui est mis en suspens pendant un temps, mais qui permet à ce qui a été interrompu de reprendre son cours. *La Parenthèse* a un début et une fin. L'album commence par une adresse à "maman," et les premiers mots sont: "Cette histoire est arrivée il y maintenant plus de dix ans" (4). Dès les premières pages, Élodie Durand explique ce qui l'a poussée à faire cet album, dix ans après les faits: "Mes souvenirs se transforment, ils bougent avec le temps et l'affectif ... Je voudrais les ordonner, les ranger, pour les garder en mémoire, et pour ne plus jamais m'en soucier" (4). Par ailleurs, sur la deuxième page, celle qui suit directement le titre, on peut lire: "Les dessins des pages 15, 16, 17, 18, 37, 38, 39, 41, 42, 86, 87, 88, 89, 182, 184, 185, 186, 187, 188, 191, 192, 196, 197, 198, 199 ont été réalisés entre les années 1995 et 1998" (2). Ainsi, bien que l'album ait été réalisé bien après tout ce qui s'est passé, la bédéiste incorpore des croquis qu'elle a réalisés pendant sa maladie, à chaud. Ces esquisses, qui ressemblent souvent à des dessins d'enfants cauchemardesques, étaient son seul moyen d'expression lorsque les mots lui faisaient défaut. Selon Tisseron, la production d'images offre généralement un moyen de se rétablir après avoir ressenti un sentiment de honte important (*La Honte* 157–76). Il en recommande l'usage dans la psychothérapie psychanalytique. Il rappelle d'abord que, pour Freud, les images permettent l'accès à l'inconscient. Tisseron pose la question suivante: "La nécessaire traduction en mots des images mentales dans la cure ne confronte-t-elle pas parfois le patient à une trop grande frustration? ... Il faut être poète pour dire les images" (*La Honte* 159). Ce à quoi il nous est possible de répondre: sauf si l'on est auteur de bandes dessinées, auquel cas il est possible de tenter de représenter, à l'aide de différents procédés, les douleurs internes physiques ou mentales, et les tourments de l'esprit. La spécificité des autopathographies graphiques est donc ici soulignée. Toujours pour Tisseron, ces mêmes images permettent à leurs auteurs d'exprimer "l'expérience sensorielle dans sa complexité," car les images du corps sont "une double tentative de maîtrise de l'imaginaire et d'appel à la reconnaissance par autrui" (*La Honte* 160), autrui qui peut être son publique pour les artistes. Durand confesse: "Je ne sais plus ni comment ni pourquoi j'ai commencé ces dessins. Mais aujourd'hui, je ne peux plus m'en passer" (16). Et elle poursuit: "Je crois que ça m'aide vraiment à comprendre ce qui m'arrive ... À trouver les mots ..." (17). Elle dessine donc pour se comprendre, et à l'inverse de Mattt Konture, qui se lassait du dessin et dont les mots remplissaient parfois entièrement les cases, Élodie Durand manque occasionnellement de mots et utilise le dessin pour portraire ses états d'esprit. Dans ses croquis réintégrés après coup à la narration, il existe une progression. Les premiers ont tendance à être plus effrayants. L'un d'entre eux semble dépeindre un être déchiré en deux (ou pour reprendre les termes de Lacan, "en morceaux"), tandis qu'un autre représente une sorte de larve. Dans les derniers, une impression de paix se dégage de ses pages. Les silhouettes s'étreignent, s'embrassent, comme si les deux êtres déchirés étaient prêts à ne refaire qu'un, à faire la paix. Ces silhouettes ne sont pas les seules à suggérer le retour à un certain équilibre. Le double difforme d'Élodie, dont la tête est plus grosse que le corps, réapparaît. Mais cette fois-ci, Élodie n'est plus avalée par lui. Elle le tient par la main et conduit la marche. Élodie Durand exprime à ce moment-là qu'elle a repris le contrôle de ses démons intérieurs, c'est-à-dire le contrôle de son cerveau. Elle n'est plus l'esclave de sa tumeur cérébrale.

Le récit lui-même est plus construit et travaillé que *Sclérose en plaques*, comme l'avoue l'auteur: "Je voulais aussi mettre un système en place afin de représenter les différents temps de l'histoire, qui puisse représenter ces souvenirs perdus et cette mémoire défaillante. L'utilisation des *flashback*s, leur imbrication et l'utilisation de discours directs me permettait alors d'alléger le récit" (Entretien).

Une conclusion est atteinte, rangeant de ce fait *La Parenthèse* plutôt du côté des récits de restitution même si un aspect de quête est présent; elle avoue que cet épisode a changé sa vie et qu'il ne pourra jamais être effacé (ironiquement, puisqu'elle a perdu beaucoup de souvenirs de cette période de sa vie). Bart Beaty explique que, premièrement "the adoption of an autobiographical tone can be seen as empowering," et que l' "autobiography in comics holds the possibility of giving the author birth for the first time" (144). Élodie Durand renaît après sa maladie, mais la bédéiste naît après sa maladie, en tant qu'artiste. Ainsi, écrire son histoire ne veut pas seulement dire reprendre le contrôle de sa propre vie, il est tout autant question de transformer une expérience difficile en un objet artistique. Elle utilise en quelque sorte ce qui l'a détruite pour se reconstruire, renversant la situation initiale.

## Conclusion du chapitre 3

À l'inverse des deux chapitres précédents, ce chapitre a été consacré à l'autopathographie, ou auto-patho-graphie, pour souligner la nature hybride de la bande dessinée. Ce qui en ressort, ce sont principalement les moyens mis à disposition des bédéistes, à la fois écrivains et dessinateurs, pour relayer leur expérience au lecteur. J'ai même argué à plusieurs reprises que l'ajout des images au texte permet à ces artistes non seulement de s'exprimer de manière plus précise sur leur histoire—parce que l'expérience humaine n'est pas uniquement composée de mots—, mais également qu'elles aident le processus de guérison psychologique. Elles permettent de gérer la maladie et l'après vie de la maladie.

Le regard joue un rôle essentiel dans ces récits et il faut dire que les bédéistes ont souvent un regard dépréciatif sur eux-mêmes. Konture a une forte tendance à l'autocritique et un cruel manque de confiance en lui, tandis que Durand se remémore la honte ressentie lors de sa régression physique et mentale. Les auteurs ont du mal à savoir qui ils sont, à se reconnaître, et pourtant, pour leurs albums respectifs, ils ont dû affronter leur propre image sur plusieurs dizaines de pages, ce qui les a forcés à se définir, et aidés à se redéfinir. Si chaque auteur perd le contrôle pendant les moments intenses de sa maladie, le fait d'être les maîtres de leur propre récit leur permet de retrouver un peu d'agentivité dans une vie où ils semblaient l'avoir perdu. Perdu car ils se sont trouvés tous les deux profondément perturbés dans leur vie par la maladie, et parce qu'ils se sont ensuite soumis aux médecins et au personnel médical. Le regard de la médecine est le deuxième regard, celui qui dégrade peut-être le plus, qui au lieu d'aider pendant un moment de souffrance, ajoute un déni de l'esprit qui est présent dans ce corps. Le regard médical est un regard qui nous réduit à l'état d'objet. Le corps n'appartient plus à une conscience, il devient un territoire, presque un terrain de jeu pour les médecins qui traquent la maladie, c'est-à-dire l'élément intrusif. Dans leurs albums, ces deux artistes montrent qu'avec la diminution physique vient la diminution mentale, et ceci non seulement vis-à-vis des médecins, mais également des proches. Le regard des proches est le troisième regard, peut-être celui le plus difficile à supporter, car ceux qui nous connaissent savent quand nous changeons et peuvent voir à travers nous la détresse, la souffrance, le besoin. Grâce aux images, la bande dessinée propose une représentation unique de l'expérience du point de vue de celui qui est malade.

Les deux auteurs parlent de leur relation avec le monde médical, de la réaction de leurs proches face à la maladie, de leurs sensations physiques et mentales, et de leur état actuel. Tous deux utilisent un nombre varié de styles, se distinguant fortement de la bande dessinée d'héritage franco-belge.[15] Cette variété de styles est accompagnée de morceaux dessinés antérieurement. Quand ils sont collés au milieu du reste de l'histoire, ces morceaux prennent une nouvelle dimension grâce au recul que les auteurs ont pu prendre. Chaque auteur montre à sa façon la manière dont la maladie leur a fait perdre l'illusion de leur unité, et comment le fait de créer l'album que nous tenons entre les mains les aide à la retrouver, même partiellement. La notion de souvenir est très importante dans les deux récits. Un sujet n'est pas la simple somme de ses souvenirs. Alors que Mattt Konture explore différents moments de sa vie passée en les regardant à travers le prisme de sa maladie dont il est à présent conscient, Élodie Durand lutte pour assembler les souvenirs de plusieurs années de sa vie, aidée par les membres de sa famille. Raconter son histoire, re-coller certains moments de sa vie pour en faire un tout construit, c'est redonner une cohérence à soi-même lorsque celle-ci a été perdue. Enfin, révéler publiquement cette histoire permet de s'affirmer en tant qu'individu, mais aussi en tant qu'artiste. Les mots de Freedman offre une conclusion parfaite à ce chapitre: "Pain language is transactional, not nominative—we use it in particular contexts, in order to be helped, to be heard, and to explain ourselves to ourselves as much as to another ... The representation of pain is not singular but multiple, both in aim and strategies: it can empathic, expressive, cathartic, aesthetic, explanatory, transactional" (64).

**Chapitre quatre**

# Santé mentale: Anxiété, stress, dépression

Dans les trois premiers chapitres de ce livre, nous avons principalement observé des auteurs se débattre avec des afflictions plutôt concrètes qui demandent soit une intervention médicale physique lourde, soit un suivi médical intense. Il y a en quelque sorte une séparation nette entre l'aspect concret de la maladie, et la personne. Dans ce quatrième chapitre qui se concentre plus sur ce qui joue sur la manière dont une personne perçoit le monde, la délimitation entre le psychologique et le biologique est beaucoup plus floue.

Le stress de la vie quotidienne est le thème central d'*Approximativement*.[1] Lewis Trondheim y parle de son installation dans la vie d'adulte: sa carrière de dessinateur est en train de décoller, sa femme et lui se sont mariés récemment et vont avoir leur premier enfant, ils vont déménager d'un appartement en ville à la campagne. Toutes ces choses semblent assez banales, mais Trondheim en extrait tous les moments les plus désagréables pour les présenter de manière plutôt comique. Il raconte ainsi des épisodes sporadiques et humoristiques de sa vie à cette période, tout en laissant transparaître ses angoisses profondes. En dévoilant l'intimité de ses pensées, et surtout ses peurs, Trondheim tente de gérer la manière dont sa vie est en train de changer, et aussi son identité. Il est en train de devenir auteur de bande dessinée, et père de famille. Le lecteur sent la peur de ne pas être à la hauteur dans chacun de ces rôles. Mais celle-ci s'avère irrationnelle, puisqu'il deviendra l'un des auteurs de bandes dessinées les plus lus et respectés en France. Son identité, alors en pleine définition (ou re-définition), affecte sa santé mentale à travers une sorte de remise en question constante de lui-même, de ses capacités aussi bien que de ses actions.

Les deux dernières artistes étudiées ont beaucoup en commun. Toutes les deux sont des femmes, toutes les deux font partie de la

*Chapitre quatre*

génération qui a commencé en se faisant connaître directement du public à travers leurs blogs avant d'être approchées par des éditeurs pour des publications papier, toutes les deux utilisent des couleurs acidulées dans leurs dessins ce qui reflètent à quel point elles cachaient ce qui se passait réellement à l'intérieur d'elles-mêmes, et contraste violemment avec l'aspect débilitant de ce qu'elles enduraient mentalement. Dans *L'effet Kiss pas cool*, Leslie Plée explique et analyse ses angoisses et leurs origines. Dans Chute libre, *Mademoiselle Caroline* parle des années où elle a fait trois dépressions et où sa vie avait perdu tout son sens. Cette intimité de femme est soulignée dans les sous-titres, "journal d'une angoissé de la vie" pour Plée et "carnets du gouffre" de mademoiselle Caroline, les deux albums étaient donc un mélange de journal et d'autobiographie. Les deux artistes parlent des épreuves qu'elles surmontent au quotidien, qu'elles cachent souvent à leur proche, avec parfois une touche d'humour pour alléger le ton, et avec des jeux avec les couleurs utilisées, non présents dans les autres albums du corpus de ce livre.

D'après un document datant de 2017 produit par l'Organisation Mondiale de la Santé intitulé *Depression and Other Common Mental Disorders Global Health Estimates*, environ 4,5% de la population mondiale souffre de dépression (ce qui représente une augmentation de 18% entre 2005 et 2015), et 3,6% de troubles anxieux (ce qui représente une augmentation de 15% entre 2005 et 2015). De plus, les femmes sont généralement plus affectées par ces troubles, 5,1% contre 3,6% pour la dépression, et 4,6% contre 3.6% pour les troubles anxieux (8–10). Il est également fréquent de souffrir à la fois de dépression et de troubles anxieux (12). Pour ce qui est de la France, les chiffres dépassent la moyenne mondiale: 4,8% de la population pour les troubles dépressifs, et 6,2% pour les troubles anxieux (19). Ce même document définit ces troubles dont les liens sont étroits, ainsi: les troubles dépressifs sont caractérisés par un sentiment de tristesse, de fatigue, de culpabilité, une perte de plaisir, de sommeil, de l'appétit, des difficultés de concentration, une basse estime de soi. Ils perturbent la vie quotidienne et peuvent amener au suicide. Ils peuvent durer longtemps ou revenir de manière régulière. On distingue les épisodes dépressifs (ponctuels) de la dysthymie, un état dépressif moyen mais constant. Les troubles dépressifs peuvent également être une phase de la bipolarité, l'opposé des épisodes maniques, non-inclus dans les données de l'étude présente de l'OMS. Enfin les troubles anxieux eux sont plutôt chroniques et peuvent également varier en intensité. Ils sont caractérisés par des sentiments d'anticipation excessifs et de peur. Ils recouvrent notamment les phobies, les troubles obsessionnels compulsifs, le trouble anxieux général, le trouble anxiété sociale, le trouble panique, et le stress post-traumatique (7).

L'anxiété, le stress, et la dépression sont des dénominations modernes pour des troubles à la fois physiologiques et psychologiques qui existent depuis toujours et que l'on retrouve dans toute forme d'art depuis l'antiquité, souvent sous le nom d'humeur ou de mélancolie. Dans son livre *Le Génie et la Folie*, le Dr. en sciences, médecin, et anthropologue Philippe Brenot rappelle qu'Aristote même se demande pourquoi est-ce que les hommes, et en particulier les hommes créatifs, sont si mélancoliques, dans le texte *L'homme de génie et la mélancolie*. Il précise, "[p]ar mélancolie, Aristote veut parler de cette tristesse songeuse attachée à l'imagine de l'artiste, cette nostalgie artistique que l'on retrouvera à la Renaissance puis dans le spleen des romantiques." (9) Toutefois, pour Brenot, il ne faut pas réduire l'homme à sa maladie, et le génie procède "de multiples composantes" (10). En psychiatrie, l'humeur et la personnalité font partie de la complexité humaine, et alors que la personnalité se construit en fonction de l'histoire personnelle, l'humeur et ses troubles ont tendance à être constitutionnels, liés à des facteurs génétiques (10–11). Un point en particulier ressort dans cette introduction, Brenot insiste sur le fait que d'après ses recherches, les arts du langage comme la poésie et la littérature abordent de manière beaucoup plus direct le sujet de la dépression et les pathologies qui s'en rapprochent, alors qu'au contraire ces sujets sont beaucoup moins fréquents dans les arts non-verbaux tels les arts plastiques et la musique (11). Or je ne peux m'empêcher de noter que la bande dessinée constitue un pont entre ce qu'il appelle les arts du langage et les arts non-verbaux, puisqu'elle est considérée comme un genre hybride contenant à la fois des images et des mots, et comme nous le verrons, certains artistes parfois choisissent de remplir leurs pages de mots, alors que d'autres préfèrent couvrir leurs pages de dessins sans paroles. La bande dessinée présente donc une nouvelle perspective sur la représentation de ces troubles, qui passe parfois par le choix des mots, d'autre par le choix des images, et souvent par le choix de la combinaison des deux.

*Chapitre quatre*

De nombreux dessinateurs de bandes dessinées ce sont attelés à ce sujet, si bien que dans son étude poussée sur les métaphores dans les pathographies graphiques, *Visual Metaphor and Embodiment in Graphic Illness Narratives*, Elisabeth El Refaie consacre un chapitre entier aux représentations métaphoriques de la dépression dans les romans graphiques. Notons qu'elle tire ses conclusions en analysant des bandes dessinées d'auteurs britanniques, américains, et d'une auteure française, Melle Caroline, dont je vais également parler dans ce chapitre. El Refaie défend l'idée que la dépression est un mal tellement complexe qu'il faut forcément avoir recours à des métaphores lorsque l'on essaie d'exprimer son effet sur la personne (*Visual Metaphor* 156). Elle observe que de manière générale lorsqu'on l'on évoque la dépression, les métaphores les plus communes sont: l'impression de faire une chute profonde, l'obscurité, porter un poids lourd, se sentir prisonnier, la sensation de désintégration de l'être. Je remarque premièrement, que ces métaphores sont presque toutes présentes dans l'un des poèmes les plus célèbre de la littérature française, le *Spleen* de Baudelaire ("Quand le ciel bas et lourd pèse comme un couvercle ... un jour noir plus triste que les nuits ... la terre est changée en un cachot humide ... ") et deuxièmement, que ces métaphores sont également très présentes dans les autres œuvres de mon corpus: la chute de la montagne chez David B. dans le premier chapitre, porter un poids avec le stress post-traumatique dans le cinquième chapitre avec Bertrand, se sentir prisonnier chez Kichka dans le premier chapitre, la sensation de désintégration de l'être avec Durand dans le troisième chapitre. Elle ajoute que l'expérience de la dépression étant si personnelle, les auteurs de bandes dessinées trouvent également des façons très originales de représenter de leur propre expérience (*Visual Metaphor* 156). Toutefois, la majorité des métaphores utilisées sont en rapport avec la perception du temps qui passe car "creating comics involves a unique process of translating time into space ... which differs in important ways from linguistic expressions ... " (*Visual Metaphor* 156). Bien sûr, le choix des métaphores est fortement influencé par le contexte social, culturel, et religieux de l'auteur (d'où la nécessité de préciser la nationalité des auteurs de son corpus, ses conclusions auraient peut-être été différentes avec un corpus plus global) (*Visual Metaphor* 166–67).

Les trois artistes sur lesquels j'ai choisi de me concentrer pour ce chapitre sont tous les trois français: Lewis Trondheim, Leslie Plée, et Mademoiselle Caroline. Il s'agit de trois expériences différentes liées à la santé mentale, représentées par trois artistes qui trouvent un exutoire à travers leurs bandes dessinées. Ils ont un point en commun, les gens qui les entourent ignorent pour la plupart leur condition étant donné que tout se passe dans leur tête, et le monde médical est quasi inexistant, mise à part quelques psychologues. Les trois artistes dessinent ainsi leur voix connue de tous en parallèle avec leur voix la plus intime. Lewis Trondheim aborde dans son texte une période très stressante de sa vie, un moment charnière où il débute à la fois sa carrière et une vie de famille dans *Approximativement*, qui n'est pas sa seule œuvre autobiographique. Leslie Plée dans *L'effet Kiss pas cool, journal d'une angoissée* parle de sa vie d'angoissée, de sa plus tendre enfance à sa présente dans laquelle arrive plus ou moins à gérer. Enfin, Mademoiselle Caroline dans *La Chute* parle de six années où elle s'est battue contre la dépression, jusqu'au jour où elle a pu enfin aller mieux en trouvant l'aide appropriée.

### Les couleurs, et le noir

Afin d'analyser la présence de la couleur noire, souvent associée dans les cultures occidentales avec le mal, la mort, et la déprime, il nous faut retracer brièvement l'histoire des bandes dessinées et de la couleur. Thierry Groensteen offre un résumé de l'histoire de la couleur directe sur son site, reproduction d'un texte publié en Allemagne lors d'une exposition en 1993, "Couleur Directe." Les premières bandes dessinées étaient en noir et blanc et au trait (voir celles de Rodolphe Töpffer) soit à l'encre, soit au crayon qui permettait quelques nuances de gris, "la bande dessiné s'est affirmée comme un art de la ligne et du cerne," rappelle-t-il ("Couleur Directe"). Quatre facteurs ont contribués à cela: la bande dessinée est l'héritière de la caricature (dessin humoristique et simplifié par le simple contour), les dessinateurs de presse étaient soumis à un rythme de production intense qui nécessitait une technique rapide et sans ornements, les contraintes de productions (la qualité du papier, les limitations des presses à grand tirage), et la soumission des images au récit (Groensteen parle de "projet narratif" au contraire de la peinture, art contemplatif) ("Couleur Directe"). Dès 1893 aux États-Unis, la presse imprime parfois en couleur, le rouge et le bleu d'abord, avant de voir l'arrivée du jaune et du

*Chapitre quatre*

orange quelques mois plus tard (Gabilliet). Avant réservée aux classes supérieurs, la couleur est alors accessible à tous, et la vente de journaux qui publient des comics augmente considérablement, particulièrement les suppléments du dimanche dont les bandes dessinées humoristiques étaient en couleur. "La" splendeur polychrome" était à l'évidence le principal élément destiné à susciter l'enthousiasme des lecteurs," d'autant plus qu' "[a]vant la systématisation de la photo couleur, du cinéma en couleur, de la télévision couleur, de la vidéo, les bandes dessinées étaient l'espace privilégié de récits dont l'attrait était rehaussé par l'emploi des couleurs." (Gabilliet) Jusque dans les années 80s, les coloristes, dont le travail consistait à mettre en couleur les épreuves des planches de bandes dessinées au trait (mais pas l'original), étaient communs (Gabilliet, Groensteen "Couleur Directe"). Ce coloriage était le plus souvent fait en aplat, c'est-à-dire avec une luminosité et une transparence uniforme (pas de dégradé). Hergé est par ailleurs souvent cité en exemple, et "c'est en tout cas le principe du coloriage qui prévaut dans toute la BD classique" (Groensteen "Couleur Directe"). Or un grand changement s'est effectué dans les années 70s en France, les dessinateurs ne travaillant plus pour la presse mais faisant directement des albums. Certains auteurs commencent à développer ce que Groensteen appelle une "sensibilité picturale" et le procédé de la couleur directe devient un véritable mouvement. Elle est définie comme: "la couleur directement appliquée sur la planche, la couleur indissociable de l'œuvre originale, la couleur non plus surajoutée à une image qui pourrait se passer d'elle mais constituant sa matière même." Ce mouvement, d'après Groensteen, coïncide avec la légitimation du 9$^e$ art en forme artistique reconnue et capable d'aborder des sujets sérieux et complexes. Dans les années 80, la revue Métal Hurlant notamment ralliaient de nombreux auteurs utilisant cette méthode (Groensteen "Couleur Directe"). Cependant, le fait que la bande dessinée soit capable de picturalité complexe ne délégitime pas les auteurs qui choisissent la picturalité simple, c'est-à-dire le trait à l'encre, car comme le précise Groensteen, l'important est toujours la qualité du récit et la production du sens, peu importe la qualité relative du dessin, la bande dessinée étant un art séquentiel ("Couleur Directe"). De manière très intéressante, la dernière partie de ce texte de Groensteen écrit en 1993 se demande si cette recherche de la picturalité complexe, proche parfois de la peinture au point que certaines planches sont exposées dans les musées, ne couperait pas la bande dessinée de son lectorat populaire au profit d'un lectorat élitiste. Or c'est dans les années 90s que les blogs BDs ont commencé a explosé et à renouer avec ce lectorat populaire, et avec une nouvelle génération qui grandira avec un rapport différent à la bande dessinée (l'ère du digital). De plus, le support numérique a permis aux auteurs de se libérer de la contrainte parfois économique liée au choix de l'utilisation de la couleur. Jan Baetens quant à lui, rappelle qu'on a souvent associé à tort les bandes dessinées avec la couleur, alors que les romans graphiques sont souvent associés avec le noir et blanc: "in the field of graphic storytelling, color is associated with mass culture, hence the prevalence of its use in comics, whereas the discrete values of black and white are claimed to denote high-brow production" ( "From Black and White" 112–14). Et la couleur dans certaines bandes dessinées jouait un rôle très important. Dans les bandes dessinées de superhéros de Marvel ou DC, certaines couleurs sont associées avec les super-héros (comme le bleu ou le rouge), alors que d'autres sont associées au super-vilains (le marron, le gris). Le choix de la couleur, ou non, reste donc bien un choix artistique personnel, et les artistes peuvent en faire un usage très varié les uns des autres.

Pour en revenir à l'utilisation de la couleur par les trois auteurs de ce chapitre, tous en font une utilisation très différente. Seul un utilise régulièrement la couleur noire, celui de Mademoiselle Caroline qui traite directement avec la dépression. La quatrième de couverture est d'ailleurs presque entièrement noire, mise à part les informations pratiques, et la silhouette de l'auteur en blanc. L'association de la couleur noire avec l'humeur morose mais aussi la folie, date de l'antiquité à travers la théorie grecque des humeurs. Douville explique, "Ces quatre humeurs sont le sang, le phlegme, la bile jaune et la bile noire (ou atrabile—au demeurant "bile noire" est l'origine étymologique de mélancolie). Bien évidemment, ces humeurs sont postulées, on ne les observe pas séparément comme des corps bruts. La médecine fonctionne essentiellement par analogie entre humeur, aspect physique, matière et substance" (205–06). Certaines expressions liées à ces théories sont restées dans le langage courant telle "broyer du noir" ou "avoir les idées noires." Ce motif noir revint constamment tout au cours de l'album. Dès la onzième page, la dernière bande est un rectangle noir où l'on put voir écrit en blanc "c'est noir et ça pique," d'autant plus mise en valeur par l'utilisation du jaune en fond pour la page qui suit, où la planche entière n'est qu'une seule image, celle de Mademoiselle Caroline à son centre, habillée d'un pull noir (comme un clin d'œil, un indice) au milieu de personnes à demi dessinées, presque effacées. Dans le récitatif on peut lire "Vous me regardez, mais vous ne voyez rien" Encore une fois, il s'agit de montrer l'invisible, sauf que cette fois-ci il ne s'agit plus de regards ou de douleurs, mais de pensées et d'émotions. Deux pages plus loin, c'est à présent la page entière qui est noire, et l'artiste reprend "vous ne voyez rien, mais moi je la vois. Au-dessus, en dessous, là où c'est noir. Où ça pique" (14). Elle parle de cette chute symbolique, métaphore communément utilisée comme le rappelle El Refaie citée précédemment. Avec la chute, on parle souvent du trou, comme dans l'expression "être au fond du trou." Le noir représente la chute dans le rien, dans le vide, la perte complète de repères, et s'associe à l'idée de trou noir, le manque de matière littérale, et par là même l'absence de vie, et la solitude. Page 83, Mademoiselle Caroline parle de néant et symbolise ce vide par des cases blanches vides, sur un fond noir. "Il n'y a plus RIEN" lit-on en bas de page. Par extension, le noir est associé à la mort et dans les pays occidentaux, la couleur que l'on porte pour les enterrements. On y oppose d'ailleurs la lumière, le soleil, la couleur jaune. Mademoiselle Caroline joue donc beaucoup avec ces contrastes, ces oppositions, comme deux forces qui s'affrontent en elle. Page 18, la moitié de la planche est blanche et contient le bras de l'artiste, comme l'appel à l'aide d'une personne en train de se noyer. L'autre moitié est simplement noir, on ne voit même pas la silhouette du corps de l'auteur. Ces pages entièrement noires reviennent à intervalle régulier pour signaler des épisodes, des moments marquants dans l'évolution de la maladie. Le gris et le vert entre kaki et vert d'eau, dominent les deux premiers tiers de l'album, avec parfois des touches de rose pâle ou de jaune dans certains moments joyeux. Toutefois vers la fin de l'album, après la rencontre avec le psychologue qui changera sa vie et lui permettra de sortir de sa dépression page 111, les couleurs sont plus présentes et une nouvelle couleur est intégrée: le rose vif, en couleur de fond. Même si Mademoiselle Caroline ne voit pas encore "la vie en rose" à ce moment-là, elle retrouve le goût des plaisirs simples. Ces couleurs qu'elle intègre dans sa bande dessinée, elle les réintégrait à sa vie car une des copines de son fils lui dit "Ta mère c'est cool, elle est tout le temps habillée en couleurs" (145). Le retour de la couleur symbolise le retour à la vie, le retour du bonheur.

Lewis Trondheim quant à lui, dans *Approximativement*, s'inscrit dans la lignée traditionnelle avec un dessin fait au trait, et des références visibles au style caricatural puisque ses personnages ont de têtes d'animaux. Trodheim, Laurent Chabosy de son vrai nom, est un auteur très prolifique, avec plus d'une centaine de publications, seul ou en collaboration, dans différents genres, de l'autobiographique à la fantasy, d'album unique ou des séries. Certains sont en couleur, d'autres, comme *Approximativement*, sont uniquement au trait. Le noir comme couleur de fond est très peu utilisé, sauf lorsque l'auteur montre des scènes de nuit, ou bien une instance spécifique où Trondheim dessine plusieurs versions de lui-même en train de se disputer, représentant ces différentes voix intérieures parfois contradictoires (souvent représentée dans la culture populaire de manière manichéenne; le petit ange porteur de sagesse respectant les règles et le petit diable porteur de chaos voulant les transgresser, souvent assis sur une épaule différente et chuchotant des conseils). Comme il ne s'agit pas d'une scène réelle mais d'une matérialisation de ces voix, ce noir représente son intérieur. L'auteur préfère matérialiser ses angoisses plutôt que de les suggérer avec ou sans couleur, couleur qu'il utilise par ailleurs dans sa série autobiographique *Les Petits Riens*, journaux souvent fait à l'aquarelle racontant des épisodes de sa vie quotidienne. Des extraits sont disponibles sur son site www.lewistrondheim.com/.

Alors que l'album de Trondheim est en noir et blanc, et que celui de Mademoiselle Caroline utilise énormément le noir, le blanc, et certaines couleurs primaires avec l'ajout de couleurs secondaires dans le dernier tiers de l'album, dans l'album de Leslie Plée ce sont les couleurs pastelles qui dominent. Ajouté à cela, le graphisme plutôt enfantin, l'album a une dimension oxymoronique du fait du décalage entre les couleurs et le style, et le sujet de l'anxiété évoquant des scénarios catastrophes. Dans les commentaires des internautes sur les sites où ils peuvent donner leurs avis de lecteur sur un livre (comme babélio.com), plusieurs expriment leur déception car l'album n'est pas assez drôle, voire ennuyeux. Certains lui reprochent même de ne pas être assez "girly" et que ces tracas ne sont pas ceux de tout le monde, de tous les jours. Au contraire, cela prouve que Leslie Plée a pu adéquatement retranscrire ce que cela fait de vivre avec ce niveau d'anxiété, dans une certaine complexité de nuances où les choses ne sont ni complètement horribles (comme les épisodes de dépression profonde de Mademoiselle Caroline), ni complètement euphorique (des moments de bonheur intense), mais plutôt un milieu ordinaire, banal. On peut alors comprendre d'où la critique de l'ennui vient lorsqu'on ne retranscrit pas de moments intenses, mais une tension permanente, languissante. J'ai précédemment évoqué que le thème du temps, qui passe et qui stagne, est presque tout le temps évoqué par les auteurs discutant de la dépression et de l'anxiété. Chez Plée, l'histoire chronologique est composée d'épisodes variés d'angoisse, souvent contenu de par la conscience de l'auteur de leur irrationalité. Il n'y a pas de grande révélation, d'arc narratif, l'auteur vit avec ses angoisses et les gère comme elle peut (d'ailleurs elle explique qu'elle a toujours été comme cela, depuis sa plus tendre enfance), et se contente de montrer sa vie. En plus de la narration, l'utilisation des couleurs pastel vient renforcer cette volonté de neutralité. Chaque épisode a une teinte dominante, le rose, le vert, le bleu. Leslie Plée n'utilisant aucune case, la simple couleur choisie en fond participe souvent à délimiter ce qui correspondrait à une vignette. La plupart des scénettes représentent Leslie et un autre personnage en train d'interagir, ou bien Leslie seule en train de réfléchir, sans décor de fond. Leurs vêtements sont alors les seules touches colorées qui se démarquent. Toutefois pour les scènes en abime, Leslie pendant une scène qui se remémore une autre scène, ou certains flashbacks, seule la couleur de fond est présente, mais de façon dégradée; là il y aurait eu de la couleur, on trouve à présent du rose clair et du rose foncé par exemple. La couleur est donc très importante chez Plée, elle participe à la séparation et la compréhension des épisodes, tout en imposant une atmosphère anti-climatique symbolisant le constant névrotique à travers des tons de couleur dilués. Le jeu avec les couleurs est donc l'un des outils les plus accessibles aux auteurs de bandes dessinées pour communiquer une certaine atmosphère, un sentiment, un ressenti, mais n'est absolument pas obligatoire et est unique à chaque artiste.

### Tensions misanthropiques

*Approximativement*, de Lewis Trondheim, commence par une seule vignette qui occupe la planche et donne le ton de l'album. Dans trois récitatifs, Trondheim explique qu'il n'est pas satisfait de son travail, et qu'il est encore plus mécontent du fait qu'il n'essaie pas de s'améliorer. Il avoue d'ailleurs, à la page suivante: "Imbécile, pourquoi faut-il toujours que je cherche à me rabaisser" (2). Trondheim présente une vision dysphorique de lui-même qui, d'après Kristeva, dans *Soleil noir* (dont le titre oxymoronique contient l'adjectif "noir" porteur de négativité comme expliqué précédemment), est le propre de la mélancolie et de la dépression, une "dialectique complexe d'idéalisation et de dévalorisation de soi et de l'autre" (20). Freud, quant à lui, compare le sentiment de dépression à celui du deuil, accompagné d'une perte d'intérêt pour le monde et la vie, ainsi qu'une estime de soi basse (*Deuil et Mélancolie*, 19–23). Des trois auteurs, Trondheim est le plus violemment dépréciatif, et de façon constante, mais les deux autres autrices ni échappent pas non plus. Plée commence son récit avec quelques souvenirs d'enfance, des moments marquants où elle se trouvait déjà différentes des autres enfants, à être fatiguée de la perspective d'une vie complète, à admirer la vie paisible de ses grands-parents à la retraite (5–6). Elle explique également qu'elle se donnait des règles de vie pour affronter sa peur de la vie, telles planifier autant à l'avance que possible, ne pas trop montrer d'émotions, et je jamais se mettre dans des situations pouvant conduire à une possibilité d'échec (7). Adolescente, le discours dépréciatif est plus fort: "tu sers à rien!" "tu es nulle," "tu fais pitié," "j'ai honte pour toi" (89), mais à l'adolescence est pour presque tout le monde un moment difficile où on se cherche et on doute de soi. Pour ce qui est de mademoiselle Caroline, les constants contrastes entre les cases noires et les cases blanches reflètent les oppositions que l'auteur ressentaient. D'abord la différence entre ce qu'elle ressent à l'intérieur, cette tristesse profonde, et ce qu'elle doit projeter à l'extérieur, une image que tout va bien. Ce qui amène la seconde opposition, la différence entre elle et les autres. Page 12, elle constate, "Vous me regardez, mais vous ne voyez rien." Une seule personne la voit, son médecin traitant à qui elle a amené son fils malade: "vous ne riez plus." Ces mots sont répétés plusieurs fois et résonne chez Mademoiselle Caroline et dans le texte, au point qu'elle fond en larmes et qu'il lui prescrit des antidépresseurs (16). Quelques pages avant, elle se décrit de façon banale "blonde," "embonpoint," "je m'habille." Des mots non dépréciatifs de premier abord, mais pas vraiment flatteurs. Ces mots dépréciatifs sont présents au milieu de l'album, "Tu es moche" "Tu es grosse" "Tu es nulle" peut-on lire à la page 102. On retrouve donc chez ces trois auteurs une estime de soi basse, et un sentiment d'être différent des autres, avec un regard sur les autres parfois sévères, et d'autres envieux, la dialectique dont parle Kristeva. Ces auteurs jouent un peu de cette misanthropie, en se présentant eux-mêmes comme banals. Leur dédain des hommes commence avec le dédain d'eux-mêmes. Et ce dédain peut escalader jusqu'à la violence (et dans les cas extrêmes, mener au suicide).

D'après Kristeva, la colère est elle aussi un signe de la dépression. Elle est d'abord dirigée contre un objet souvent perdu, mais si cet objet est intériorisé, la colère peut être dirigée contre soi-même (*Soleil noir* 20–21), comme lorsque Trondheim s'insulte lui-même. Trondheim ne représente même pas les hommes comme des hommes, mais chaque personne est dessinée de façon mi-homme (le corps) mi-animale[2] (la tête). Dans la toute première planche, il marche seul dans la rue, dans ce qui semble être une grande ville. Il se retrouve rapidement dans une bouche de métro, certainement à l'heure de pointe étant donné la foule qui commence sérieusement à l'irriter. Sans prévenir, Trondheim décide de faire sa propre loi et de frapper les personnes qui bousculent sans dire "pardon," ou bien encore celles qui montent dans le métro avant d'attendre que les autres n'en soient descendues. Le dessin perd encore plus de son réalisme lorsque les bras du personnage triplent en taille, exprimant la force mais aussi la colère de l'auteur. Quelques vignettes plus loin, le lecteur retrouve Trondheim tranquillement installé sur un siège, dans l'un des compartiments du métro, confessant que les vignettes précédentes n'étaient qu'un fantasme, une projection de son "ras-le-bol." Ses fantasmes traduisent une colère intériorisée, un malaise psychique qu'il exprime à travers son œuvre. Trondheim révèle également son désir de changer car après tout, il n'a que vingt-huit ans, et qu' "il n'est pas trop tard" (5). Il est donc en conflit avec lui-même, et avec certaines de ses pulsions. Ces premières pages donnent le ton du reste de l'album et de ses œuvres autobiographiques[3] de manière générale.

Ce conflit avec soi-même est véritablement au cœur des ouvrages traitant de dépression et d'anxiété. Leslie Plée, lorsqu'elle est adulte, doit constamment se parler à elle-même pour désamorcer ses crises d'angoisses. Tout comme Mademoiselle Caroline, elle avoue qu'elle joue souvent un rôle avec les autres, au point d'avoir "l'impression d'être schizo," séparée en deux comme son dessin juste en dessous de ce mot l'illustre: moitié Leslie, moitié une ombre à la tête de mort (83). Mademoiselle Caroline pense à la mort, et même très brièvement au meurtre suicide. Il y a d'abord la sensation de ne plus être vivante comme à la page 77, une page entièrement noire avec une phrase en écriture manuscrite en blanc "se réveiller avec la conviction qu'on est morte. Que sa vie est finie." On retrouve encore cette couleur noire exprimant la mort et le vide. A la plage page 80, c'est la violence de la condition qui est exprimée, toujours une page noire et quelques phrases manuscrites en blanc: "Elle m'assommait/ M'étouffait. M'étranglait. Me paralysait." Jusqu'au point culminant de se donner la mort, pages 94 et 95, "[c]'est là que j'ai vu la solution: J'ALLAIS ME TUER," "[m]ais avant, j'allais tuer mes enfants," confie-t-elle en précisant, "[c]ette idée a traversé mon cerveau malade. Juste une seconde. Mais je l'ai eue. Je l'ai envisagée." Cela donne une idée de la tension interne constante, de ces hauts et ces bas incontrôlables. À travers ces trois œuvres, on peut voir la représentation de toute une gamme de la morosité: de la simple mauvaise humeur, à la pensée suicidaire, en passant par l'anxiété.

Trondheim, tout comme Plée, retranscrivent principalement des situations de conflit ou de stress. Elles se produisent dans des espaces publics comme la rue, les transports en commun, ou bien des espaces plus privés comme au travail ou chez eux. Ces situations vont de l'anecdote, par exemple une conversation au téléphone entre Trondheim et sa mère, à l'événement spécifique tel qu'une fête entre amis, source d'anxiété pour Plée et Trondheim. La différence majeure est que Plée explique la racine de ses angoisses et comment son anxiété se manifeste physiquement et à travers ses pensées péjoratives, alors que la plupart du temps, Trodheim semble exprimer des frustrations. *Approximativement* peut presque être qualifié de recueil de plaintes contre la société, comme si Trondheim s'attachait à faire une liste exhaustive de tous les points négatifs de toutes les situations possibles. Son album participe plutôt d'une sorte d'humeur morose partagée par de nombreux Français, d'où peut-être le grand succès de ses ouvrages dans lesquels le public se reconnaît. D'ailleurs, on peut lire régulièrement dans la presse française que certaines études ont montré que les Français n'étaient pas particulièrement heureux, comparés aux citoyens d'autres pays d'Europe.

Trondheim n'est pas le premier à parler d'une sorte de malêtre généralisé dans son autobiographie. Ce sentiment se trouve chez plusieurs auteurs dès le début du 19ᵉ siècle. Il est souvent connu sous le terme de "mal du siècle" dans la littérature. Chateaubriand, Vigny et Musset sont cités comme exemples de cette forme d'expression. Selon certains penseurs, ce mal de vivre serait la conséquence directe de la Révolution française. "Comment en effet l'individu peut-il, après être né sous le signe d'une société hautement hiérarchisée et codifiée, définir sa place?" interroge Simone Bernard-Griffiths dans le liminaire de l'ouvrage collectif *Difficulté d'être et mal du siècle dans les correspondances et journaux intimes de la première moitié du XIXᵉ siècle* (7). Selon Bernard-Griffiths, la Révolution n'a pas apporté les changements espérés et le peuple français est face à une désillusion collective. Cependant, les valeurs politiques et religieuses sont bouleversées, ce qui crée une perte de repères. Il y a une "incapacité des êtres à savoir ce qu'ils sont autant que ce à quoi ils aspirent" (19). Cette perte de repères et de direction se traduit par une mélancolie généralisée qui, d'après l'auteur, est particulièrement bien exprimée dans la littérature intime de l'époque. Je rappelle que cette littérature de l'intime, c'est-à-dire des journaux aux autobiographies en passant par la correspondance, est véritablement née à cette époque.[4] Il n'est donc pas étonnant de retrouver ce phénomène dans la littérature autobiographique graphique, puisque l'ouvrage de Trondheim n'est ni tout à fait une autobiographie, ni tout à fait un journal. Jean-Philippe Mathy, dans *Melancholy Politics: Loss, Mourning, and Memory in Late Modern France*, examine les écrits d'intellectuels français éminents ayant traité du sujet depuis le début des années quatre-vingt. Dans cette collection d'essais, il tente de montrer que l'humeur morose de la France est un processus en cours, lié d'une part au désenchantement de l'après Mai 68 et à l'échec du marxisme, et d'autre part à la difficulté française à faire la paix avec son propre passé.

L'humeur morose de la France n'est pas uniquement documentée dans les écrits littéraires et philosophiques. Selon une étude réalisée en avril 2013 par l'institut Viavoice[5] ("La 'marque France' et les psychologies collectives") la France est un pays dont les habitants souffrent d'une dépression collective:

> 70 % des Français estiment que «la France et les Français sont en dépression collective." Il fait écho à l'idée selon laquelle, pour les trois quarts (77 %) des personnes interrogées, les Français ne sont "pas heureux," le sentiment prévalant étant celui

d'un "ras-le-bol" (52 %). Pour eux-mêmes à titre personnel, les Français se déclarent certes plus heureux (51 %), mais les mots qui définissent le mieux leur état d'esprit sont, en priorité, "désillusion" (37 %), "lassitude" (35 %) et "fatigue morale" (33 %). (4)

On peut ajouter à cela les deux guerres mondiales du siècle suivant qui ont également provoqué une certaine crise de conscience sur les capacités de l'homme à l'atrocité et à la destruction. Kristeva en fait d'ailleurs mention dans *Soleil noir:*

> Une formidable crise de la pensée et de la parole, crise de la représentation … la puissance des forces destructrices n'est jamais apparue aussi incontestable et imparable qu'aujourd'hui au dehors comme au-dedans de l'individu et de la société. La destruction de la nature, des vies et des biens se double d'une recrudescence ou simplement d'une manifestation plus patente, des désordres dont la psychiatrie raffine le diagnostic: psychose, dépression, manie, *borderline*, fausses personnalités, etc. … Un des enjeux de la littérature et de l'art est désormais situé dans cette invisibilité de la crise qui frappe l'identité de la personne, de la morale, de la religion ou de la politique. (229–30)

Ainsi, les transformations et bouleversements de la société depuis le siècle dernier ont eu des répercussions sur notre vie collective aussi bien que sur les consciences individuelles, en plus des évènements qui prennent place sous nos yeux. Récemment, la révolution technologique a bouleversé la façon dont les gens communiquent, et notre relation avec le monde. De plus, le mouvement des gilets jaunes (symptôme de l'agitation), la pandémie de Covid-19, l'inflation, tous ont eu un effet sur le moral collectif. Kristeva ajoute: "Dans cette dichotomie image/parole, il revient au cinéma d'étaler la grossièreté de l'horreur ou les schémas externes du plaisir, alors que la littérature s'intériorise et se retire du monde dans le sillage de la crise de la pensée" (*Soleil noir* 232). Or, la bande dessinée a à sa disposition à la fois les images et les mots, ce qui rend ce médium particulièrement apte à exprimer la crise.

Il convient toutefois de distinguer le fait de ne pas se sentir particulièrement heureux (un ressenti), avec des maladies cliniques telles l'anxiété et la dépression. Ici on parle de sentiment général, pas de diagnostic médical. Mais pourquoi les Français ne sont-ils pas heureux? La réponse donnée dans cette analyse est la suivante, et la même que l'on entend depuis la Révolution française: "l'explication majeure consiste en une perte identitaire" (5), bien que l'on puisse ajouter que les climats économiques et politiques actuels n'aident en rien, et que la période de pandémie du coronavirus a été difficile pour beaucoup, cette question reste infiniment complexe. *Approximativement* de Trondheim renvoie à ce malaise plus ou moins inconscient enraciné dans la culture française depuis plusieurs siècles, accentué par les années noires, la perte de l'Empire et du prestige français, ainsi que les problèmes liés au fonctionnement de l'économie néolibérale. Malgré l'utilisation d'un genre très personnel, le lecteur français peut certainement s'identifier à Trondheim et à ce tournant dans sa vie qui se trouve être particulièrement stressant. Son avenir est en jeu, tant sur le plan personnel que professionnel.

## Humour

"Je me presse de rire de tout, de peur d'être obligé d'en pleurer" disait Beaumarchais dans *Le Barbier de Séville*. De pair avec la dépréciation de soi, vient souvent l'autodérision chez ces auteurs, en particulier chez Trondheim, parfois chez Plée, et quelques fois chez Mademoiselle Caroline. Pour alléger le ton des sujets abordés, ils se moquent parfois d'eux-mêmes, de la voix qui panique, qui a peur, ou qui est en colère, de cette partie d'eux qu'ils savent parfois irrationnelle, exagérée, dramatique. C'est une façon de mettre de la distance avec cette partie moins flatteuse, celle cachée habituellement par le masque de la "normalité." Leslie Plée y procède lorsqu'elle présente sa peur de conduire, celle qu'elle intitule "la" peur, si bien que lorsqu'elle prend des cours, les personnes âgées sur le trottoir vont plus vite qu'elle car elle est paralysée par sa peur de l'accident (53–55). Ces différentes versions de soi participe à la comédie en formant d'abord un comique de caractère. Plée et Mademoiselle Caroline se présentent comme l'antithèse des personnages de le *BD girly*, aussi appelée *chick BD*, qui pour Laurent Bozard appartient à la même catégorie que la *chick lit*, c'est-à-dire des femmes trentenaires citadines à la recherche de l'amour, passionnées par la mode, superficielles, parlant régime, adorablement maladroites, et reines de l'autodérision, l'une des seules choses qu'elles ont en commun avec les autrices de ce chapitre, et d'où vient l'humour des ouvrages (43). Mais l'exemple le plus flagrant est Lewis Trondheim. Sa mauvaise humeur, de manière volontaire ou non, le fait s'inscrit dans la lignée de ces personnages bougons mais attachants, tels le misanthrope de Molière, Grincheux dans *Blanche-Neige et les sept nains* de Disney, ou encore Schtroumpf grognon dans la bande dessinée *Les Schtroumpfs* créée par Peyo. De plus, il se moque de lui-même et il est tout à fait conscient de ses propres débordements. Il ne se présente pas comme un héros, mais bien comme un anti-héros. Le grotesque est également présent dans la manière dont il se montre lorsqu'il est énervé, mais aussi dans celle de dessiner les autres (des animaux). Ces multiples versions de soi ont par ailleurs pour fonction, en faisant sourire ou rire elles contrebalancent le ton autrement grave de ces bandes dessinées. Les bagarres fantasmées en sont un exemple: l'artiste triple de taille et se transforme en maître de karaté pour apprendre aux passants à ne pas bousculer les autres. Il montre les pulsions de son "ça," sur lesquelles il aimerait agir ... mais il ne le peut pas, par décence (et peut-être aussi par manque de force et de courage).

Lorsqu'elle analyse la bande dessinée *Peepshow* de Joe Matt, Elisabeth El Refaie utilise deux approches théoriques. En premier lieu, elle propose une approche psychanalytique. En se référant aux travaux de Freud,[6] elle interprète les moments humoristiques comme des opportunités pour l'auteur de diffuser la tension créée par des désirs socialement inacceptables. D'après elle, ces épisodes interviennent surtout dans les situations gouvernées par des normes strictes ou des tabous (El Refaie, *Autobiographical* 70). De même, Plée et Mademoiselle Caroline parlent souvent de ce masque qu'elles portent pour prétendre être comme les autres, pour prétendre que tout va bien, pour ne pas déranger comme disait l'ami de Matt Konture dans le chapitre 3, ce qui rappelle ce Bergson dit sur le comique: "le comique exprime avant tout une certaine inadaptation particulière de la personne à la société" (148). Autre exemple de cette inaptitude, lorsque Lewis se transforme en une sorte de monstre vengeur, il rappelle fortement un autre personnage connu de la littérature: M. Hyde. Je fais ici référence au livre *L'Étrange cas du docteur Jekyll et de M. Hyde*,[7] dans lequel le D$^r$ Jekyll invente une potion permettant de dissocier son âme en deux: le bon d'un côté et le mauvais de l'autre. Lorsqu'il est M. Hyde, il peut s'adonner à tous les plaisirs parfois jugés négativement par la société, sans se sentir coupable. Cette nouvelle a de nombreuses interprétations, dont celle de critiquer l'hypocrisie sociale[8]—ce

*Chapitre quatre*

que dénonce également Trondheim lors de ses dédoublements. Lewis tente de s'imposer l'idéal social auquel il aspire mais qu'il n'arrive pas à atteindre (l'une des sources de son sentiment de culpabilité). Pendant un repas avec un curé, il passe plusieurs vignettes à analyser les moindres détails de la scène, puis insiste particulièrement sur leur poignée de main lorsqu'ils se sont présentés. Il se reproche notamment d'avoir relâché l'empoigne avant le curé, se traitant lui-même de "goujat" (6). Dans bon nombre de ses bandes dessinées personnelles, seuls certains détails sont racontés. Il est ainsi capable de raconter tout un voyage à l'étranger, en se concentrant uniquement sur les points négatifs au travers de scénettes anecdotiques. Paradoxalement, Trondheim transforme le quotidien en expérience universelle. Ce sont par ailleurs ces détails qui caractérisent le style de Trondheim, et l'auteur a su vendre son intimité aux lecteurs, puisque la série autobiographique des *Petits Riens* continue d'être publiée régulièrement.

Ce M. Hyde qui sommeille en lui peut faire sourire le lecteur pour deux raisons. Premièrement, seul le lecteur est au courant de ce qui se passe dans la tête du personnage à ce moment-là, tout comme chez Plée ou Mademoiselle Caroline lorsqu'elles montrent la différence entre ce qu'elles ressentent à l'intérieur, et la façon dont elles agissent à l'extérieur, l'une pour dissimuler son anxiété, l'autre sa tristesse. Les gens auteurs d'eux n'ont aucune idée de leurs pensées et sentiments. C'est à cette intimité particulière que les lecteurs ont accès. Deuxièmement, les fantasmes que Trondheim exprime ont pu être ressentis par les lecteurs. Ceux qui ont pris le métro plus d'une fois aux heures de pointe à Paris, qui plus est en été, peuvent comprendre sa détresse. De même que son impatience avec les multiples vendeurs de roses et d'autres gadgets qui harcèlent les gens à Paris. Ce décalage entre les attentes de la société et les envies et pensées des personnages, dans lesquelles certains lecteurs peuvent parfois s'identifier, engendre un certain humour à travers le comique de situation.

Comique de caractère, comique de situation, encore une fois, on se retrouve face à un certain paradoxe quand on parle d'humour dans des œuvres qui parlent de déprime, d'anxiété et de dépression, et qui devraient transmettre un sentiment de tristesse et de peur. Je parlais précédemment du fait que ces personnes se sentent inadéquates dans le monde, un monde dont les règles sont, à y regarder de près, une construction sociale, et donc arbitraires. Pour

Ionesco, justement, "le monde est comique parce qu'il est dérisoire," il manque de sens. Or, Ionesco continue, le comique est plus tragique que le tragique, car "dans le tragique il y a des normes, il y a l'homme qui est en lutte avec le destin ... par les lois, mais il y a les lois, ... dans le comique il n'y a pas de lois, et l'homme est ridicule parce qu'il n'a pas de destin." Ainsi, le comique c'est une face du tragique, son "envers" ("Interview"). Évidemment, Ionesco fait dans cet entretien référence à la littérature, et plus particulièrement au théâtre. Dans ces albums, l'absurdité est souvent traduite par les exagérations et les scénarios catastrophes quasi impossibles imaginées par les auteurs, qui souligne l'absurdité même de la dépression et de l'anxiété, quand on n'a pourtant rien à craindre et tout pour être heureux. Il est là, le manque de sens, à la fois dans les normes sociétales arbitraires et dans les scénarios inventés des autobiographies. On ne rit pas uniquement parce qu'ils sont ridicules dans certains comportements ou certaines situations, mais aussi parce que le monde autour d'eux est ridicule et leur demande parfois des choses ridicules. "Présenter la maladie dépressive avec humour est une performance," écrit le Dr. Charly Cungi dans la préface de de *Chute Libre*. À travers un regard différent, intime, sur le monde, ils demandent aussi aux lecteurs de remettre en question ces règles absurdes auxquelles nous adhérons presque tous sans nous poser de questions. Chez mademoiselle Caroline il y a d'ailleurs un véritable besoin de changer la vision que le lecteur a de la dépression, mais aussi d'aider, comme on le voit à travers plusieurs pages de ressources à la fin de l'album.

Rire de soi-même, et faire rire, c'est encore une fois se montrer vulnérable mais aussi partager une intimité avec le lecteur, et en même temps c'est également intégré une certaine authenticité en refusant une dichotomie simpliste où tout doit être soit complètement triste, soit complètement heureux, alors que la réalité de la vie est toute une palette de gris.

## Multiplicité et complexité

Le refus de la dichotomie et de la simplicité, on le retrouve dans la représentation multiple des artistes qui se montrent souvent scindés en deux, et parfois scindés en une multitude de version d'eux-mêmes lorsqu'ils concrétisent leurs différentes voix, leurs différents sentiments, leurs pensées contradictoires. Dans cette variété de façon de ne pas être bien, de ne pas être heureux, tout comme Leslie Plée qui avait l'impression d'être "schizo," ces auteurs ont souvent l'impression de contenir au moins deux personnes différentes, la personne extérieure et la personne intérieure. Mais il existe parfois plusieurs personnes extérieures et plusieurs personnes intérieures.

Chez Trondheim et Plée, cette multiplicité de la représentation de l'être est présente et mise en valeur dès la couverture pour d'*Approximativement*, et la deuxième de couverture et la page de garde dans *L'effet Kiss pas Cool*. Ces pages sont remplies d'une multitude de dessins d'eux-même, uniquement le visage chez Plée, et le haut du corps chez Trondheim, tous pareil mais tous différents, représentant toutes les émotions possibles. On remarque notamment la colère, la surprise, la panique, l'ennui, la tristesse, et en tout petit, dans le coin gauche d'*Approximativement*, on peut même apercevoir Lewis sourire, ce qui reste exceptionnel. Par ailleurs, cette couverture a fait beaucoup parler d'elle:

> La couverture, à titre d'exemple, relève du génie. À la question centrale du "comment se peindre?" Trondheim proposait une solution unique pour l'époque, à contre-courant. Il agglutinait dans un tableau des dizaines d'avatars, où chacun n'incarnait qu'une facette de son tempérament, mais où l'ensemble formait l'autoportrait total. Derrière le grotesque, ce dessin revendiquait une vraie vision d'autobiographe. Quelqu'un affirmait pour la première fois l'impossibilité de réduire un individu à une icône .... Un nouvel outil de langage était né. (Floreani)

La multiplicité permet ainsi de saisir l'ensemble, comme les différentes facettes qui forment un prisme dans son entier. L'artiste ne peut donc se limiter à une seule image s'il veut se montrer dans son entier. Pour Charles Hatfield, cette multiplicité d'images symbolise un contrôle de cette même image: "Paradoxically, playing with one's image can be a way of asserting the irreducibility of the self as agent" (115). Il ajoute que l'artiste "projects and objectifies his or her inward sense of self, achieving at once a sense of intimacy and a critical distance" (115). De plus, cette multiplicité souligne la complexité interne du sujet. Cela signifie que les différentes formes physiques sous lesquelles se dessine le bédéiste sont révélatrices de son monde intérieur, c'est-à-dire de son intimité. Il ne faut pas non plus oublier que ces portraits sont parfois bien loin de la "réalité," c'est-à-dire qu'ils ne présentent pas de ressemblance physique. Les traits sont minimalistes chez Plée, et Trondheim se présente comme un oiseau, et ses camarades sous d'autres formes animalières. Même chez Mademoiselle Caroline, les représentations ne sont pas identifiques: parfois quelques esquisses en noirs et blanc, d'autres un dessin plus travaillé et avec un peu de couleur, du rose pour les joues et du jaune pour les cheveux blonds. Ce n'est pas la manière dont l'artiste se dessine qui importe, mais plutôt celle dont il choisit de se dessiner, car elle est révélatrice de la façon dont il se voit. Non pas que Trondheim pense être un oiseau, mais l'aspect physique n'a pas d'importance: les artistes dessinent ce qu'ils ressentent.[9] L'affect prime donc sur la réalité corporelle.

Dans un récit concentré sur l'aspect psychologique, montrer la complexité est essentiel. Mademoiselle Caroline et Leslie Plée ont l'outil couleur qu'elles utilisent. Mademoiselle Caroline utilise également des métaphores visuelles: des traits verticaux pour exprimer la chute, des cercles noirs au-dessus de sa tête pour exprimer les pensées négatives, les vagues autour d'elle pour la sensation de noyade, etc. Trondheim aussi en joue. D'abord, il se scinde en deux. Il s'invente une sorte de double qui est à la fois la voix de la raison mais aussi celle de la critique: il est la voix qui exprime sa culpabilité. Ce double apparaît dès la dix-septième page, mais le lecteur découvre seulement vers la fin que cette sorte de dragon imaginaire (rappelant la salamandre du chapitre premier) qui suit Lewis tout en lui faisait des reproches, est en réalité une partie de lui-même. On pourrait parler de conscience, voire, en termes freudiens, de surmoi, en rappelant constamment à Lewis comment se comporter en société. D'après Freud, nous sommes tous composés du ça, du *moi*, et du *surmoi*. Le "moi" est une partie consciente de nous-même qui fonctionne selon le principe de réalité, et essaie sans cesse de satisfaire le "ça" et le "surmoi." Le "ça" correspond à nos instincts primaux, et fonctionne selon le principe de plaisir. Troisième et dernière composante, le surmoi correspond à l'idéal du moi, et fonctionne selon le principe de moralité. Il représente les normes et lois sociales, et a pour fonction de juger la conduite de sujet. Lors de sa première apparition, le dragon reproche à Lewis d'être mégalomane (17). Il réapparaît ensuite à la page 125, alors que Lewis se promène dans la rue. "Tu n'es pas honnête avec tes intentions," (125) reproche-t-il à Lewis. Le dragon ici repré-

*Chapitre quatre*

sente donc le surmoi, généralement associé à l'image de la sévérité et de la punition. Puis, quelques cases plus loin: "Juger, c'est se placer en supérieur... évolue déjà toi-même et tu verras qu'après tu n'auras même plus envie de juger" (126). Lewis acquiesce et le monstre disparaît, pour réapparaître plus grand encore dans les pages suivantes, ce qui peut être aussi interprété comme le retour du refoulé, ce qui est refoulé revenant parfois avec encore plus de force. Cette fois-ci, il lui reproche de ne pas avoir prévenu ses amis de la naissance de son fils, et finit par lui reprocher sa prétention. Pendant leur dispute, Lewis rétorque: "Ton but unique est de me culpabiliser comme tu as fait pendant toute mon enfance!" (130). Or la culpabilité et le propre du surmoi. Ainsi, il avoue indirectement qu'il s'est toujours senti comme cela, qu'il a toujours eu une sorte de voix qui le rabaissait dans sa tête. Dans sa colère, il tente d'étrangler le dragon qui lui ressemble de plus en plus pour enfin devenir lui, mais ce dernier prononce ces mots: "Tu ne pourras jamais te débarrasser de moi ... nous sommes trop liés" (131). "Liés" est un euphémisme, puisqu'ils ne sont en fait qu'un seul et même être, même si cet être est divisé intérieurement entre sa partie consciente, inconsciente, préconsciente, et entre le moi, le surmoi et le ça. Trondheim va même au-delà de la simple scission dans planches 84 et 85. Trondheim se dessine d'abord seul et se demande: "Qu'est-ce que je n'aime pas chez moi?" (84). Puis, il extrait de son propre corps ces différentes versions de lui qu'il n'aime pas: celui qui n'a pas de culture, celui qui ne sait pas s'exprimer, celui qui dramatise, etc. Chaque Lewis représente une partie du Lewis original et entier, ce dernier étant impossible à représenter en une seule fois. À la fin de cette scène, les "autres" Lewis, ses doubles imparfaits, se retournent vers lui et lui reprochent son imperfection. La dernière image le montre bien embarrassé, comme acceptant qu'il ne puisse rejeter la faute sur les autres, si imaginaires qu'ils soient. Cela montre que malgré ses tentatives, il ne peut pas se séparer de ses mauvais côtés, car il se retrouve toujours face à lui-même.

Trondheim montre que nous sommes tous de temps à autre engagés dans des dialogues avec nous-mêmes, et qu'un être n'est pas une voix unique mais une multitude de voix en compétition les unes avec les autres. La bande dessinée, de manière unique, permet de représenter sur le papier ces différentes voix, ces différentes parties de nous-mêmes qui coexistent mais qui ne sont pas toujours visibles par les autres. Par ailleurs, dans *Psychanalyse de la bande dessinée*, Serge Tisseron défend l'idée que la bande dessinée est le meilleur outil pour représenter le psychisme. En effet, la bande dessinée est composée d'images et de sons (les dialogues rapportés des personnages), tout comme notre mémoire, qui est composée d'éléments verbaux et iconiques mis en relation (*Psychanalyse* 79). De plus, les images ont une grande force d'évocation, souvent en corrélation avec les autres images les entourant; ainsi, "la BD se trouve entretenir une proximité structurale avec un élément majeur du fonctionnement psychique: l'importance des juxtapositions et des enchaînements dans la compréhension du sens à donner aux images" (*Psychanalyse* 80). Il conclut: "La bande dessinée est donc le seul genre à proposer une mise en scène uniquement visuelle ... de l'ensemble des messages que le psychisme doit déchiffrer simultanément et intégrer en situation de communication"; ces messages étant linguistiques (le verbal), infralinguistiques (mimiques et gestes), et paralinguistiques (intonations et prosodie) (*Psychanalyse* 81). Or dans le cas des témoignages où les notions de réel et de réalité se trouvent au cœur du message, il est particulièrement important de bien faire entendre ce dernier à l'autre. Les artistes déploient alors tous les moyens qui sont à leur disposition: utilisation de la couleur, mélange de styles, de genres (tragédie, comédie, aventures...), multiplicité des représentations de soi. Tous ces outils permettent aux auteurs d'exprimer la complexité du principe de perception de la réalité.

## Se dire et se faire comprendre

Dans chacune de leurs histoires, ces artistes ont tendance à ne pas se faire entendre par ceux qui les entourent et ceux qu'ils rencontrent. Il leur est difficile de faire comprendre à autrui ce qui leur arrive sur le moment, et ce qu'ils ressentent. Même s'ils ont l'air en bonne santé, car physiquement ils vont bien, leur santé mentale est tout autre. Or cela est presque toujours invisible aux autres, d'autant plus lorsque la personne déprimée cache souvent son mal derrière l'humour. Pour Kristeva, "la parole du dépressif est un masque" (*Soleil noir* 66), il ne peut pas être lui-même, il cache son mal-être. Ils font "semblant," autre forme de refoulement. Dans ces trois albums, Plée, Mademoiselle Caroline, et Trondheim, crient constamment en silence. C'est-à-dire qu'ils

*Chapitre quatre*

crient à l'intérieur d'eux-mêmes des choses qu'ils n'expriment pas dans la réalité. La planche 12 de *La Chute* est le parfait exemple de cela. Mademoiselle Caroline, souriante et joyeuse, au milieu de plusieurs personnes qui disent "Elle est toujours de bonne humeur," "en forme à ce qui je vois," "elle est drôle la dame," alors que le récitatif contient la vérité: "Vous me regardez, mais vous ne voyez rien." Les autres sont aveugles à cette souffrance intérieure, ils ne voient pas au-delà des apparences. De même, page 107, cinq représentations du visage de Mademoiselle Caroline disent "ça va" alors qu'une seule dit "ça pas PAS" et qu'on peut lire en haut du dessin: "J'ai été hyper forte. Personne ne voyait que j'allais mal."

À l'époque, Mademoiselle Caroline avait un blog BD, contenant un peu de tout, des illustrations de son quotidien, des photos, un peu de promotion personnelle pour des livres ou salons, et parfois, des commentaires sur l'actualité. Dans son album, on peut lire aux pages 75–76, "le 15 février 2009. ... Se réveiller avec la conviction qu'on est morte. Que sa vie est finie." Bien qu'il n'y ait pas de post entre le 10 février 2009 et le 5 mars 2009, rien n'indique vraiment dans les articles précédents ou suivant que l'artiste va mal. Le seul indice, possiblement, est un post du 9 avril 2009 où on peut lire: "c'est une belle journée de merde" et un deuxième du jour suivant, qui indique "Dans pas longtemps, je vous parlerai d'un truc qui est en marche... du moins je l'espère..." avec une photo en illustrant de deux personnes assises avec leurs têtes entre leurs mains penchées vers le sol, sur un fond gris. Chez Leslie Plée, ce dialogue interne en dissociation avec l'extérieur est presque constamment présent. Pages 20 et 21, l'angoisse de prendre la parole en public se traduit par une voix intérieure qui répète "Je vais crever," même si tout se passe bien, et qu'une fois la prise de parole terminée, tout est oublié. Ce décalage entre actions et pensées est bien sûr à la source de son humour, mais le décalage montre aussi combien la vie intérieure d'une personne est cachée des autres. Elle est cachée de ceux que l'on croise dans la rue et qui ne nous remarquent même pas, cachée des gens avec qui l'interaction reste minimum, tels les vendeurs, mais également de ceux que l'on voit régulièrement, comme les collègues, voire les membres de sa famille. Les seules personnes avec qui les auteurs semblent être honnêtes est leurs compagnons.

Si ces trois auteurs se sont d'abord gardés d'exposer leurs démons intérieurs, par choix ou non, les œuvres que nous tenons entre nos mains permettent de rétablir l'équilibre, d'être enfin entendus, mais surtout écoutés. L'autre, qui était "personnage," devient l'autre "lecteur." L'auteur d'autobiographie n'écrit jamais uniquement pour lui, sauf exception si l'autobiographie est publiée *post mortem*, sans son accord. Les autobiographies que nous tenons dans les mains ont alors été minutieusement travaillées. L'humour en est une preuve. En général, on ne se raconte pas des blagues à soi-même. Le principe de la blague est de faire rire l'autre. Le lectorat leur est donc bien en tête lors de la création de l'œuvre. Tout tourne autour de la manière de présenter son intimité, et de créer autour de soi un public intime. L'intimité qui n'a pu être partagée au moment des faits est donc présentée après les faits. Les proches qui n'ont peut-être pas su reconnaître ses appels à l'aide sont remplacés par des anonymes, lecteurs réels mais également imaginés. La dépression, l'angoisse sont considérés comme honteux par ceux qui les subissent car ils craignent le jugement et du regard des autres, et parfois à juste raison, car ils n'ont que leur parole pour exprimer leur malaise. Mais ces artistes ont une autre ressource à leur disposition, aux mots ils ajoutent les images, et présentent une histoire, voire un témoignage. Ils trouvent la force, ou peut-être s'agit-il d'un besoin, de projeter dans la sphère publique leurs sentiments et leurs pensées les plus intimes. Ils transforment leur intimité en art. Toujours d'après Kristeva, la création littéraire "est une représentation sémiologique très fidèle de la lutte du sujet avec l'effondrement symbolique. ... Cette représentation littéraire ... possède une efficacité réelle et imaginaire relevant plus de la catharsis que de l'élaboration; elle est le moyen thérapeutique utilisé dans toutes les sociétés au long des âges" (*Soleil noir* 35). Je me permets ici d'agrandir le champ de ce qu'elle nomme la création littéraire pour y inclure la bande dessinée. Le point commun de ces artistes: ils sont tous les trois auteurs de bandes dessinées et illustrateur à temps plein, c'est leur métier.

Il est d'autant plus intéressant d'entendre directement les collègues bédéistes de Lewis Trondheim apporter leur touche à cet ouvrage. En effet, si David B. aime à faire intervenir directement dans sa narration d'autres personnages principaux faisant partie de son histoire personnelle pour qu'ils rectifient parfois ce avec quoi ils ne sont pas d'accord, Trondheim, lui, leur donne la parole à la fin de son ouvrage. Quatorze personnes ont donc rédigé un petit paragraphe en réaction à la lecture de l'album, et à la manière dont ils sont montrés dans cet ouvrage. Lewis Trondheim se donne la parole en dernier pour expliquer sa démarche artistique. Il y a donc plusieurs publics. Il y a celui qui connaît la personne dans la vie réelle et qui est peut-être présent dans l'histoire que cette personne raconte, comme c'est le cas pour les collègues de Trondheim. Mais il peut s'agir d'une foule d'anonymes, ce public intime. Il est très intéressant pour le lecteur de voir les points de vue des autres personnages de l'histoire chez Trondheim. La plupart des personnages donnent des éclaircissements sur leur comportement ou sur un contexte sans doute négligé par Trondheim qui donnent à leurs actions plus d'importance qu'elles n'en ont. L'un des personnages, Killoffer, va même jusqu'à parler d'imposture. D'après lui, "Lewis n'est pas du tout intéressé par la vérité ... ce n'est pas avec cet album que le public pourra espérer apprendre quoi que ce soit sur Lewis." Cette déclaration a pour effet de brouiller les pistes et de semer le doute quant à la véracité des propos de Trondheim. Paradoxalement, en présentant ces différents points de vue, parfois très opposés aux siens, Lewis fait preuve d'une certaine transparence qui redonne de la crédibilité à son œuvre en tant qu'œuvre authentique. De plus, les propos de Killoffer sont contrebalancés par ceux de la mère de Lewis. "Merci de m'avoir permis de connaître une grande partie de ta vie cachée et ton démon intérieur," écrit-elle. Jean-Louis apporte des rectifications au récit de Lewis, et précise: "Vois-tu, lecteur, pour te faire rire et emporter ton adhésion, Lewis a remodelé et occulté nombre de choses ..." ce qui souligne l'aspect mentionné plus haut, à savoir qu'il s'agit d'une œuvre destinée à la publication, d'où un certain travail sur la structure. Jean-Christophe, lui, se contente de noter les numéros de pages et de dire, "c'est vrai ..." et d'ajouter quelques détails. Puis Émile discrédite la véracité de l'album en parlant de "tissu de mensonges." Enfin, Trondheim s'accorde un paragraphe dans lequel il explique qu'il n'a jamais vraiment su ce qu'il faisait et que cette œuvre s'est faite au gré de son inspiration. En fait, il revendique son droit d'expression, même si cette expression n'est pas toujours acceptée par les autres. Ces différents dialogues offrent aux lecteurs la possibilité de voir différentes subjectivités. L'autobiographie prétend à la véracité, mais pas à l'objectivité. C'est un point de vue qui est relayé. La vérité est un concept difficile à cerner. Notre psyché est composée de plusieurs éléments, certains inconnus à nous-mêmes. Il n'est alors pas étonnant de trouver des discours en désaccord, de se souvenir de quelque chose différemment. Lewis et ses collègues ne peuvent pas voir les choses de la même façon puisqu'une même personne ne regardera pas un événement de la même façon en fonction du moment où cet événement est regardé. Et certaines personnes faisant partie de l'entourage de Mademoiselle Caroline et Leslie Plée ont surement été très surprises de découvrir cette face cachée de cette personne. Les spécialistes en littérature ainsi que ceux de la psychologie cognitive sont d'accord pour dire que la mémoire est un "continuous process of reinterpretation, or re-remembering, the events of a life in the light of current interests and concerns" (El Refaie, *Autobiographical* 16). Les souvenirs que nous avons sont parfois réinterprétés en fonction de notre présent, non seulement de ce qui s'est passé depuis l'événement en question, mais également en fonction de notre humeur ce jour-là ainsi que d'autres facteurs. On en revient à la multiplicité de l'être comme analysée précédemment. Or, l'autre est également multiple, mais sa multiplicité nous est souvent invisible. Ainsi notre réalité est constamment confrontée à celle des autres.

En tout dernier lieu, on pourrait s'interroger sur les motivations de chacun de ces artistes. Par exemple, quel est l'intérêt de se montrer sous son plus mauvais jour? Tout d'abord, ces auteurs ne sont pas des auteurs "noirs." Leurs œuvres sont parsemées de touches d'humour, les "fantasmes" font de Trondheim font rire. Ils découlent presque toujours de souhaits assez simples tel que ne pas se faire bousculer dans le métro, une expression de désir qui permet au lecteur de s'identifier au personnage. Qui n'a jamais eu envie de dire quelque chose et de jouer au héros, mais est resté finalement impuissant, laissant plus tard libre cours à son imagination pour créer des scénarios dans lesquels il serait intervenu? Alors que Mademoiselle Caroline présente un récit semi construit et suivant une chronologie claire avec une guérison à la fin, ce qui la classerait dans la catégorie des récits de restitution selon la terminologie de Frank,[10] Trondheim et Plée seraient plutôt à ranger dans la catégorie des récits de chaos. Il serait cependant réducteur de limiter les œuvres à une suite de gags, bien au contraire. Trondheim et Plée représentent de manière concrète des fantasmes et des angoisses qui travaillent la plupart des gens à un moment ou un autre dans leur vie. De plus, Trondheim traite principalement d'une chose interne à tous: le regard de soi sur soi. L'un des exemples les plus flagrants se produit dès le début de l'album. Trondheim est devant un tribunal où le juge l'accuse de mégalomanie (16). Cette scène rappelle une scène analysée dans le second chapitre, lorsque Fred et Cati sont devant un juge. Chez plusieurs auteurs, elle fait écho à la peur d'avoir été jugé, et d'être jugé. Dans le cas de Cati et de Fred, ce sont les autres qui jugent, mais chez Trondheim, c'est lui-même qui se juge. Il procède à une auto-analyse poussée et sévère, et plus ou moins exagérée. Le motif de la justice et du tribunal est classique dans la littérature. *Le Procès* de Kafka en reste l'illustration la plus connue. Dans tous les cas, le jugement est démesuré, et ceux qui sont jugés se sentent impuissants face à l'écrasant verdict (souvent représenté par la grandeur démesurée du juge dans les bandes dessinées, comme chez Peeters ou Trondheim).

C'est contre un tel sentiment d'impuissance que luttent les trois auteurs de ce chapitre, voire tous les auteurs étudiés dans ce livre. Malgré les doutes et les inquiétudes, ces trois auteurs ont réussi. Mademoiselle Caroline s'est sortie de sa dépression grâce au docteur Charly Cungi qui a ensuite écrit sa préface. Sur sa page Instagram, qui a remplacé son blog (premier post en mai 2008, dernier post en avril 2021) et compte plus de 30 000 abonnés, elle indique en bio "autrice de bonne humeur." Leslie Plée elle aussi vit de son art, alors qu'à la toute fin de *L'effet Kiss pas Cool* elle expliquait les doutes qu'elle avait ses capacités artistiques. Alors qu'elle est encore libraire, en rangeant des albums du rayon bande dessinée, elle en découvre un dont l'auteur d'après elle ne sait pas dessiner: "Mais qu'est-ce que c'est que cette horreur?" "le type ne sait pas dessiner." Cet album lui provoque un déclic, "Alors que je me voyais sans génie donc indigne de dessiner, je m'aperçois que d'autres n'avaient pas ce genre de complexes" (96). Comme beaucoup de sa génération, elle commence par un blog BD en août 2007. Deux ans après l'ouverture de son blog, elle est contactée par un éditeur et publie *Moi vivant, vous n'aurez pas de pause-ou comment j'ai cru devenir libraire* qui rencontre un grand succès. Tout comme Mademoiselle Caroline, Leslie Plée n'est plus active sur son blog dont le dernier post date de 2015, mais elle poste parcimonieusement des illustrations d'interactions humoristiques qu'elle a avec son fils sur sa page Instagram qui compte plus de 15 000 abonnés. Quant à Lewis Trondheim, il a également une page Instagram populaire avec plus de 45 000 mille abonnés, mais il n'a jamais délaissé le blog des Petits Riens commencé en 1996. *Approximativement* a été réalisé en 1992, il y a plus de vingt ans. La situation de l'auteur, de son vrai nom Laurent Chabosy, est bien différente. Il est en fin de carrière, et l'un des plus grands maîtres de la bande dessinée française à l'heure actuelle. Après avoir fondé en 1990 L'Association aux côtés de David B. (chapitre premier) et Mattt Konture (chapitre III), il a publié ces bandes dessinées chez Dargaud et Delcourt. Il a été président du Festival international de la bande dessinée d'Angoulême en 2007, une année après en avoir reçu le prix le plus prestigieux, à savoir le Grand Prix ("Rencontre dessinée: Lewis Trondheim"). Ses inquiétudes en termes de carrière se sont révélées loin de la réalité, elles étaient des moments de doutes qui touchent la plupart d'entre nous. Un second album, *Désœuvré* renvoie directement à ce premier. Sorti en 2005, soit juste avant de recevoir une récompense prestigieuse, Trondheim s'interrogeait dans cet ouvrage sur son futur de dessinateur, mais cette fois-ci non plus de jeune dessinateur, mais bien de dessinateur vieillissant et ayant peur de devenir routinier, et dépassé. Un brin plus philosophique, *Désœuvré* est tout aussi teinté de doutes et d'autocritiques qu'*Approximativement*. Il avoue lui-même que sa vie est facile et heureuse, suivi immédiatement de: "Quand et comment tout cela va voler en éclat?" (*Désœuvré*.) Une différence importante entre les deux albums est que Trondheim paraît s'adresser directement à son lecteur, son personnage lui faisant face. Cette présence importante montre qu'après des années de travail, mais aussi de confessions, Trondheim est conscient de son public. Ce dernier l'a suivi et s'est agrandi au fil des années malgré son cynisme. Au contraire, ce cynisme est devenu sa marque de fabrique. Le caractère parfois vindicatif de ses textes fait partie à la fois d'une sorte de revendication à la liberté d'expression, mais également de sa marque de fabrique artistique.

Pour un mélange de raisons financières, artistiques, et psychologiques, le fait de témoigner chez ces trois auteurs est un besoin, mais également comme un devoir vis-à-vis des autres. James Pennebaker[11] rappelle que les rituels de confession sont très communs dans les religions occidentales (*Opening up*). Ses travaux de recherche, composés de nombreuses études de cas, montrent que le fait de chercher activement à cacher aux autres ses expériences difficiles peut affecter le système immunitaire, le système cardio-vasculaire, et même le système nerveux (*The Psychology of Physical Symptoms* 13). Au contraire, se confier, par écrit ou à l'oral, peut influencer positivement nos valeurs, notre manière de penser, et notre façon de voir les autres (*Emotion, Disclosure & Health* 14). Parfois les mots ne suffisent pas, alors nous avons recours aux images, forme primitive—dans le sens de "plus ancienne"—d'expression. Et ces albums, pour ces auteurs ont été le début ou la continuation d'une belle carrière.

## Conclusion du chapitre 4

Chez les trois auteurs analysés dans ce chapitre, il n'y a pas de maladie physique à proprement parler, mais plutôt des soucis psychologiques qui pèsent sur toute l'existence. Ces trois artistes exposent de manière très différente, par leur style mais aussi leur ton, ce qu'il y a au plus profond d'eux-mêmes. Nous avons d'abord vu la manière dont ils utilisent la couleur, ou non, pour exprimer la tristesse ou l'angoisse, avec une attention particulière sur le noir qui depuis longtemps est associé dans les cultures occidentales à la mort, à la dépression, à tout ce qui est négatif. Nous avons également vu que ces artistes entretiennent souvent des relations conflictuelles avec eux-mêmes et avec les autres. Ces conflits sont régulièrement tournés en dérision et amène de l'humour dans les albums, soit à travers le comique de caractère soit à travers le comique de situation. Ils allègent le ton, facilite la lecture, et aide à établir un lien avec le lecteur. Autre point, ces artistes se représentent souvent avec beaucoup de variabilité. La multiplicité des représentations de soi exprime la complexité de l'être humain et de l'expérience humaine, et l'aspect parfois multidimensionnel de notre réalité. Cette vie et ces sentiments cachés, cela apporte un certain soulagement de les révéler. Une part de solitude ressort de tous ces récits, solitude qui vient d'abord de l'unicité de l'expérience qu'ils ont traversée, et d'autre part de l'absence de l'écoute des autres pendant que cette expérience était traversée. Coucher cette expérience sur le papier permet à nos auteurs de rétablir un équilibre perdu, de reprendre un certain contrôle sur un moment de leur vie, et d'enfin se faire entendre par l'autre. Ce qui était monologue intérieur se transforme alors en dialogue. Il y a un double besoin confessionnel et pédagogique qui ressort de ces albums. Une petite planche de bande dessinée a beaucoup circulé sur Internet après la mort du célèbre acteur Robin Williams, en août 2014; elle dénonce la stigmatisation sociale liée à la dépression. Dans cette planche, on peut voir des personnes dans différentes situations, l'une a la grippe, l'autre s'est coupée et saigne, une autre se fait une piqûre d'insuline. À chaque fois, une autre personne est présente, et tient des propos que l'on tient normalement à des personnes qui ne vont pas bien psychologiquement, tel que "tu as essayé de ne pas être malade? (...) tu devrais changer ton état d'esprit," ou encore "tu ne fais aucun effort."[12] Célèbre principalement pour ses comédies, le suicide du comédien a attiré l'attention du public sur l'isolement des personnes dépressives qui se renferment souvent sur elles-mêmes, ou se cachent derrière l'humour. Au-delà de leur livre, les auteurs, après les parutions, engagent la conversation avec les médias, mais également avec leur lectorat, et sous sa forme la plus poussée, leurs fans. Comme l'explique Frank, "[s]torytelling is for an other as much as it is for oneself" (17). Le soi et l'autre entretiennent une relation d'interdépendance, et elle est habilement montrée dans ces bandes dessinées autobiographiques. L'art est un exutoire.

**Chapitre cinq**

# Santé mentale: Traumatismes

Dans ce chapitre, tout comme dans les chapitres précédents, c'est sur l'individuel que nous nous concentrons. Le premier album est celui de Manuel Larcenet, *Presque*, dans lequel il raconte son service militaire au début des années 1990, service obligatoire pendant lequel il a sans cesse été victime de harcèlement morale et physique.[1] Manu Larcenet est un auteur de bande dessinée prolifique qui a travaillé notamment avec *Fluide Glacial*[2] et avec *Le Journal de Spirou*,[3] deux géants de la bande dessinée en France. Dans *Presque*,[4] il y raconte les humiliations infligées pendant son service militaire. Le narrateur se présente comme un être perdu, qui tente à la fois de comprendre ce qui lui est arrivé, et de se justifier vis-à-vis des autres. En effet, sa famille ne le comprend absolument pas, et ne cherche pas à le comprendre. On assiste à une introspection brutale sur un cauchemar où l'auteur fait tout pour ne pas laisser son lecteur indifférent. Cette fois, c'est bien une force extérieure qui menace la santé physique et mentale d'un individu, et menace aussi son identité. L'impuissance est mise en avant dans l'ouvrage. Larcenet est impuissant à l'armée, impuissant dans sa famille, et il a même peur d'être impuissant face à son lecteur. Comme plusieurs bédéistes du corpus, Larcenet mélange librement les genres de dessins, juxtaposant les caricatures au sketch en passant par une forme plus traditionnelle. Il utilise parfois le style graphique pour certains portraits, tandis que le style schématique montre les différents soldats.

Alors que l'œuvre de Larcenet est entièrement personnelle, les deux autres auteurs parlent d'un évènement traumatique collectif, mais dont ils ont fait l'expérience personnelle, en tant que victime au cœur même de l'horreur: les attentats du 13 Novembre en France, à Paris et autour de Paris, revendiqués par l'organisation terroriste État islamique (Daech). Plusieurs attaques se sont

*Chapitre cinq*

déroulées à peu près au même moment: des attentats suicides près du stade de France, des fusillades dans certaines rues visant les terrasses de cafés et de restaurants, et la prise en otage d'une salle de concert, le Bataclan. 129 personnes sont mortes, et des centaines d'autres ont été blessées (Wawrzyniak). Catherine Bertrand et Fred Dewilde font partis des 1500 spectateurs du Bataclan qui venaient voir en concert les Eagle of Death Metal, et ont assisté à des scènes d'horreur alors que trois terroristes ont massacré 90 personnes: 259 coups de feu ont été tirés en 32 minutes, mais la prise d'otage a duré plus de deux heures et s'est terminée avec l'intervention de la Brigade de recherche et d'intervention (BRI), et la mort des djihadistes (Les Echos). Victimes mais survivants, ce n'est pas tant sur ce soir-là que se concentrent leurs ouvrages, mais sur l'après. Toute la France est témoin de l'horreur de cette soirée fatidique, mais l'expérience directe de victime rescapée est non seulement individuelle, mais également solitaire et isolante. Fred Dewilde est, comme Larcenet, auteur et dessinateur de bande dessinée, ainsi que graphiste spécialisé dans l'illustration médicale (Avignon Bibliothèques). Il a jusqu'à présent sorti quatre albums sur le même thème: *Mon Bataclan* (2016), *La Morsure* (2018), *Conversation avec ma Mort* (2021), *Ma mort émoi* (2022), non discuté dans ce livre. Les quatre ouvrages discute de son expérience traumatique au Bataclan, et surtout la vie après. La difficulté de la représentation se manifeste avec la présence de plusieurs stratégies. Dans *Mon Bataclan*, il y a en premier lieu un refus de représenter l'évènement en question de manière qu'on pourrait qualifiée de cinématographique ou journalistique.

Au contraire de Larcenet et de Dewilde pour qui dessiner est le métier, Catherine Bertrand, elle, est au départ dessinatrice amatrice. Depuis, cette archiviste photo de formation s'est reconvertie dans le graphisme (Babelio). Alors que les autres albums sont en noir et blanc, avec beaucoup de hachures, des traits secs et des détails, Bertrand utilise la couleur, et ses dessins ressemblent à des dessins d'enfant, par leur simplicité et leur rondeur. L'écriture manuscrite est présente, mais on n'y retrouve pas les cases traditionnelles. Son album se présente plus comme un journal, avec souvent une seule illustration par page. Bertrand explique elle-même dans une interview avec France Info qu'après l'attentat, elle manquait de mots pour s'exprimer sur ce qu'elle avait vécu: "J'ai commencé à dessiner un mois après l'attentat. Je n'arrivais pas à m'exprimer oralement, à expliquer aux autres, ni à même à moi-même, ce qui se passait dans ma tête. Alors j'ai préféré passer par le dessin, pour reproduire des scènes du quotidien, et aussi dessiner ce que je ressentais" (Houot). Elle parle de la page comme d'un espace de liberté, et représente le stress post-traumatique par un boulet qu'elle traine partout où elle va, changeant parfois de taille, étant plus ou moins envahissant. Le traumatisme et son souvenir sont comme des "corps étranger[s] inassimilable[s], provoquant sans cesse de vains efforts d'expulsion ou d'assimilation" (Ducrocq et al.) et nous allons voir de quelle façon cela se manifeste dans les albums.

Dans le livre, *Documenting Trauma in Comics: Traumatic Pasts, Embodied Histories, and Graphic Reportage*, Dominic Davies explique que le traumatisme est un phénomène assez élusif, réputé pour être impossible à représenter, le traumatisme de référence étant l'Holocauste dont nous avons discuté, sous une autre forme, dans le premier chapitre. Les caractéristiques même du traumatisme sont éclatées, fluides, fragmentées, et souvent le sujet de débats (1). Le traumatisme peut prendre de multiples formes et peut se manifester de nombreuses manières mais les auteurs de bandes dessinées ont le privilège de pouvoir incarner sur le papier ce qui est autrement ressenti au plus profond des corps. Peut-être même, se demande Dominic Davies, que le traumatisme en réalité ne se représente pas, mais il se documente (2). Pour Harriet E. H. Earle dans *Comics, Trauma, and the New Art of War*, les artistes, pour donner une voix à la dévastation, développent des stratégies de représentations innovatives (5). Cette représentation du traumatisme, au-delà de simplement montrer aux autres le traumatisme comme un évènement, tend aussi à l'émancipation, à la revanche, au soulagement, et participe au besoin d'en parler. Toutefois, il faut être conscient que le souvenir d'évènements traumatiques n'est pas un souvenir fiable (11). Le traumatisme étant un évènement visuel intense, il est normal que les bandes dessinées soient un media idéal pour tenter d'en saisir la représentation.

Quant à la définition propre du traumatisme, on entend généralement par traumatisme psychologique ("Traumatisme: définition de *Traumatisme*"): 1°) un violent choc émotionnel provoquant chez le sujet un ébranlement durable; 2°) tout événement subit, brutal, entraînant pour le sujet qui en est victime des transformations plus ou moins profondes, plus ou moins réversibles.

*Chapitre cinq*

En psychanalyse, Freud définit le traumatisme comme "une grave perturbation dans l'économie énergétique de l'organisme" qui met "en mouvement tous les moyens de défense" (*Au-delà du principe de Plaisir* 27). Cette perturbation envahit l'appareil psychique, "il ne reste à l'organisme qu'une issue: s'efforcer de se rendre maître de ces excitations, d'obtenir leur immobilisation psychique d'abord, leur décharge progressive ensuite. Il est probable que le sentiment spécifiquement pénible qui accompagne la douleur physique résulte d'une rupture partielle de la barrière de protection" (*Au-delà du principe de Plaisir* 28).

La représentation du traumatisme dans la littérature est un thème important qui a été exploré de diverses manières par de nombreux écrivains à travers les époques. Notre Histoire collective regorge d'évènements horrifiques: guerres, maladies, tortures, accidents, catastrophes naturelles... etc. Dans *The Trauma Graphic Novel*, Andrés Romero-Jódar rappelle que "Trauma studies, a critical trend born in the late 1980s and 1990s, arose in the United States as a development of the turn to ethics (Onega 2009, 196)[5] with the aim of assessing the overwhelming presence of testimonial and autobiographical narratives with a strong traumatic component that seemed to have flooded every type of artistic expression" (19). C'est également l'un des thèmes les plus abordés en bande dessinée. Toutefois, il faut distinguer le traumatisme collectif du traumatisme individuel. Le traumatisme collectif est le résultat d' "une catastrophe de grande ampleur" qui va "par-delà le destin individuel, ce sont des communautés et des populations entières qui sont frappées dans leur sérénité psychique: victimes, témoins, parents, public, sauveteurs" (Ducrocq et al. 785–87).

## Ne pas représenter l'évènement traumatique

Aucune des bandes dessinées de ce chapitre ne se veut un documentaire précis du drame, ni un témoignage détaillé venant d'une victime. D'après Andrés Romero-Jódar, les romans graphiques traitant d'évènements traumatiques sont la plupart du temps des "stream-of-consciousness graphic novels" (21), ce qui peut se dire de plusieurs albums étudiés dans les autres chapitres. La première chose qui ressort de ces quatre ouvrages est d'abord la difficulté de la représentation, non seulement de l'évènement traumatique en lui-même, mais également de ses conséquences. Pour

Leese, Köhne, et Crouthamel, "Trauma initiates an inner imaging, a disjointed process of creating images that are sometimes clearly remembered, sometimes subtly obscured. These images resist logic, explanation, or dissolution" (3). Comme nous le verrons, les représentations sont donc des représentations plus centrées sur le ressentis et les sentiments, et moins sur les évènements factuels.

La grande expérience dans le domaine dans la bande dessinée permet à Larcenet de mélanger et de jouer avec différent styles, ce qui change profondément la tonalité de chaque scène. On observe dans son œuvre un mélange de trois types de dessins qui sont parfois présents dans la même planche: des dessins simplistes avec seulement quelques lignes représentant grossièrement des personnes, des dessins caricaturaux notamment dans son prologue, et des dessins plus réalistes aux traits beaucoup plus épais et foncés servant d'ailleurs à représenter les scènes difficiles de la vie à la caserne durant son service militaire, l'endroit où il a subi des agressions. Ce mélange est aussi en quelque sorte représentatif de la variété des émotions présentes dans un même individu. Il laisse le lecteur parfois un peu dérouté, sans savoir ce qu'il est censé ressentir, sans trop comprendre ce qui se passe. Même avec un medium qu'il maitrise, Larcenet, est conscient de la difficulté de ce qu'il a à raconter, et opte pour une approche minimaliste. L'artiste raconte tout d'abord des généralités sur la vie pendant son service militaire et tout ce qui lui déplaisait et lui semblait barbare, dessine un événement particulièrement violent pour conclure son album, mais prend le parti de relater sous forme de dialogue avec sa mère le reste des abus qu'il n'a alors jamais besoin de montrer en images. Larcenet filtre les souvenirs qu'il choisit de dessiner.

Fred Dewilde aussi fait des choix stratégiques. D'abord, il y a la présence d'une page entièrement noire qui marque la distinction entre le concert qui démarre comme tous les concerts, et le moment où tout bascule, où l'horreur commence. Cette page noire fait office de transition du monde réel, au cauchemar. Elle interroge: à partir de quel moment s'aperçoit-on que ce que l'on vit vient de prendre une tournure pour le pire, que le monde vient de basculer? "[E]n un instant, nous ne sommes plus qu'une masse grouillante de vivants, de blessés, de morts, une masse de peur, hurlante de terreur ..." (*Bataclan* 11) annonce Dewilde. Ensuite, il y a aussi la volonté de ne pas dessiner de façon réaliste les terroristes. Dewilde fait le choix de les représenter avec une tête de mort

## Chapitre cinq

au lieu d'un visage, puisque la mort est tout ce qu'ils amènent. Les blessés, les morts, sont suggérés de manière pudique, à travers des gros plans sur des membres ensanglantés, du sang qui coule, des ombres sur le sol. Enfin, si la première partie de l'album est composé de manière littérale de bandes dessinées, la seconde partie est uniquement composée de mots et de paragraphes. L'attentat, c'est l'indicible qui passe par les images, le traumatisme, c'est l'irreprésentable qui passe par les mots. Dans *La Morsure*, la réflexion continue. Dans cet album, cette fois-ci entièrement dessiné mais avec de nombreuses métaphores visuelles, il s'agit plutôt de la représentation du stress post traumatique, que Dewilde dépeint comme une tâche grandissante sur son bras. Cet album raconte la difficulté de retrouver une vie "normale" et la façon dont l'auteur navigue cette nouvelle réalité. Enfin, dans *Conversation avec ma Mort, ou Comment Survivre après le Bataclan*, il verbalise et se focalise entièrement sur cette notion de trouble de stress-post traumatique. L'album commence avec une définition de ce trouble par Thierry Baudet, suivie d'une préface de Michel Wieviorka qui indique "Sortir de la violence terroriste ... c'est se reconstituer comme sujet." Puis quelques paragraphes plus bas, il explique, "ce reconstruire comme sujet ... c'est produire un travail de deuil ... [c']est lutter contre ... sa mort." Il conclue en faisait l'apologie du rôle de l'art dans le processus de dépassement, puisqu'on ne peut pas vraiment parler de guérison, ce n'est pas une maladie. Cette fois-ci, nous nous retrouvons quatre ans après les faits. Comme le nom de l'ouvrage l'indique, Dewilde est pendant tout le court album face à sa mort, représentée par un squelette, en train de discuter de ses difficultés. Cet album est de loin le plus abstrait des trois, de nombreux crânes envahissant les pages, aux côtés d'autres symboles de la mort tels les tentacules du deuxième album, les armes à feu, et même la corde des pendus. Dewilde anthropomorphise son traumatisme pour mieux l'appréhender.

Chez Bertrand, le syndrome de stress post traumatique prend la forme d'un boulet. Le boulet qui prend tant de place dans sa vie (dans son espace mental), en prend aussi sur la planche. À de tous petits boulets au début de l'album, incarnant le stress de la vie quotidienne tels les factures, les disputes de couple, ou encore les tensions au travail (page 11) se substitue un énorme et écrasant, parfois même menaçant, boulet (page 16, page 28 ou encore page 33). L'évènement terroriste en lui-même est principalement représenté par des onomatopées sur quelques pages, aux notes de musique du concert se succèdent les "tac tac tac" des armes à feu, son qui envahit de plus en plus les pages. Deux métaphores visuelles sont également utilisées: celle du robot tout d'abord, reflétant l'état de choc et l'instinct de survie qui prend les rênes de son corps, lorsqu'elle suit les autres et s'enfuie du Bataclan (elle se trouvait à l'étage, Dewilde était dans la fosse), et celle du lion et de la gazelle, très subtile référence à la chasse, à l'animal traqué et sans armes face aux prédateurs féroces et assoiffés de sang. Pas de sang, pas de corps, pas de terroristes sur ces pages (20–26). Cette liberté de ne pas représenter les faits comme ils le seraient dans un documentaire est essentielle.

> "[I]n many cases 'trauma' causes a gap between the traumatizing event and memory processing, which interferes with direct and adequate forms of representation and communication, resulting in a communicational and representational vacuum. However, this very specific form of 'absence,' or systemic void, creates a whole variety of secondary imagery like nightmares, intrusions, delusions, daydreams, hallucinations, and other spectres embedded within a particular kind of time structure including latency, deferred action, and repetition." (Crouthamel et al. 12)

La multiplicité des éléments visuels disparates, ces imageries secondaires, permet aux trois artistes de capturer le mieux possible, mais toujours de façon insatisfaisante, le malaise pendant l'évènement traumatique, mais surtout l'après. La dérégulation du système nerveux que provoque le traumatisme est si intense que se livre en interne une bataille d'émotions parfois contradictoires et inconstantes. Pour Freud, "il est hors de doute que la résistance opposée par l'inconscient et le préconscient se trouve au service du principe du plaisir, qu'elle est destinée à épargner au malade le déplaisir que pourrait lui causer la mise en liberté de ce qui se trouve chez lui à l'état refoulé" (*Au-delà du principe de Plaisir* 19). Revivre un événement traumatique va à l'encontre du principe de plaisir, dans les termes de Freud. Toutefois chaque personne va différée dans sa façon de digérer le traumatisme, et de le relayer aux autres.

Le souvenir traumatique est donc un souvenir différent des autres souvenirs. C'est un souvenir qui a tendance à surgir à l'esprit de manière incontrôlée, en ramenant à la surface un passé douloureux que l'on préfèrerait oublier. Le souvenir traumatique créé une tension. C'est un souvenir fragmenté, en morceaux aiguisés, qui resurgissent souvent pour perturber le présent. Larcenet produit son album plus de huit ans après les faits, et alors qu'il ne dessine pas visuellement l'impact de son passé dans son présent, il mentionne que ce passé le hante, et admet qu'il a eu des pensées suicidaires. Bertrand, en plus du boulet attaché à ses chevilles, parle de ses cauchemars et de ses flashbacks qui la prennent par surprise et la font se sentir terrifiée tout comme ce soir-là, provoqués souvent par des sons, parfois par des images. Dewilde est celui qui montre le plus cet enchevêtrement du traumatisme dans son quotidien, notamment dans *La Morsure*, qui représente cette trace indélébile dans son corps mais aussi l'emprise sur son esprit.

Alors qu'il est en voiture, la mention de la guerre à la radio fait surgir dans son esprit des images de terroristes avec leurs armes à feu dans des cases tout en horizontal qui se superposent, comme se superposent le présent et le passé (*Morsure* 7). Ce processus se répète plusieurs fois lorsque l'artiste se trouve en présence de déclencheurs émotionnels, c'est-à-dire des stimuli qui provoquent un ressenti très fort en lien avec l'évènement traumatique, souvent qui font revivre une partie de cet évènement de manière très intense. Dans le cas de Dewilde, des images à la télévision (*Morsure 25*) ou des avions de chasse qui passent dans le ciel (*Morsure* 29) peuvent être des déclencheurs émotionnels. L'auteur en fait même des cauchemars, dans une planche presque entièrement noire, il s'affiche au milieu de corps inertes (*Morsure* 21). Dewilde en est tellement perturbé qu'il avoue, "Entre fiction et réalité, ma mémoire me joue des tours ... Je doute de ma propre réalité" (*Morsure* 24).

Les souvenirs d'événements traumatiques ne sont donc pas conservés dans notre mémoire de la même façon que ceux de notre vie quotidienne (El Refaie, *Autobiographical* 99). La psychanalyse a démontré qu'ils sont difficilement assimilés par la personne. Ils tendent à prendre une valeur intemporelle, ne s'inscrivant pas complètement dans le passé, et occupant sans cesse le présent, de manière inconsciente (El Refaie, *Autobiographical* 99). Ces souvenirs douloureux manquent souvent de structure et de cohésion entre un moment et un autre, et sont parfois cachés entre des souvenirs-écrans. Les souvenirs-écrans sont définis en psychanalyse, et notamment par Freud, comme des souvenirs qui s'interposent entre la conscience et le souvenir d'un événement traumatique (*Psychopathologie de la vie quotidienne*). Ils

> doivent leur existence à un processus de déplacement; ils constituent la reproduction substitutive d'autres impressions, réellement importantes, dont l'analyse psychique révèle l'existence, mais dont la reproduction directe se heurte à une résistance. Or, comme ils doivent leur conservation, non à leur propre contenu, mais à un rapport d'association qui existe entre ce contenu et un autre, refoulé, ils justifient le nom de "souvenirs-écrans."
> (*Psychopathologie de la vie quotidienne* 37–38)

Ainsi les "[g]ood memories are stored as a part of a coherent narrative, just like the pictures in a photo album, while traumatic memories resemble a bag full of jumbled-up negatives," (El Refaie, *Autobiographical* 101)[6] ce qui est visible dans la façon dont Larcenet construit son récit. L'ordre chronologique est flou, certaines pages ne contiennent pas de textes, et certains dessins tendent vers l'abstraction, exprimant un sentiment ou un état d'esprit plutôt qu'un événement. Larcenet avoue même sa confusion au lecteur dans les premières pages: "Je ne savais pas vraiment quoi dire," c'est-à-dire que lui-même ne savait pas comment commencer son histoire. En réalité, il savait "quoi dire," mais il ne savait pas *comment* le dire. De plus, le canon trop souvent imposé le bloquait dans son processus artistique. Le déblocage s'est fait au moment où il a arrêté de suivre des règles particulières, et où il a simplement mis sur le papier ce qui lui venait à l'esprit, inspiré par la même liberté que Bertrand évoque. Toute la période racontée lui revient d'un seul coup en mémoire à cause d'un incident, superposant le passé et le présent l'espace de quelques secondes. Freud nomme les souvenirs gardés par l'inconscient, mais refusés par le conscient, "le refoulé" (*Au-delà du principe de Plaisir* 12–16). Or ce qui est refoulé revient parfois dans la partie consciente de la psyché lorsque le sujet est face à quelque chose, qui peut être un parfum, une image, une musique, etc., faisant remonter à la surface ces souvenirs enfouis (*Au-delà du principe de Plaisir* 12–16). Les souvenirs traumatiques sont donc très complexes à gérer pour l'individu, au niveau conscient aussi bien qu'au niveau inconscient.

D'après Hillary L. Chute, dans *Graphic Women*, la bande dessinée serait particulièrement propice à exprimer les souvenirs (4). Tout comme la mémoire, les bandes dessinées sont fragmentées, et peuvent donc mimer le principe de la mémoire fragmentaire. Elle est encore plus fragmentée dans le cas d'événements traumatiques (4). En effet, le sujet ne peut pas être "maître de ces excitations" en même temps, son esprit conscient ne peut pas gérer le souvenir entier du traumatisme, son inconscient libère donc des fragments à son esprit conscient (Freud, *Au-delà du principe de Plaisir* 28). Pour Nabizadeh, "modern comics embed loss within their structure, where the appearance of the panels (and their contents) is interrupted by their disappearance (or absent presence) of the gutters—the space in-between the panels. Thus comics access the instability that resides at the heart of memory as they capture its appearance and disappearance." (Introduction, 8) Cette fragmentation qui ressemble aux cases de la bandes dessinées, et cette liberté sur la plage, ont fait que ce médium s'est vite imposé à ces auteurs. Larcenet a choisi un style différent de son style habituel, mais pour Bertrand et Dewilde qui tous deux ont toutefois une formation en graphisme et dessins, ce sont leurs premiers albums complets. Dans *Mon Bataclan*, Dewilde a une planche entière composée uniquement de fragments, comme un miroir brisé, nombreux étant des gros plans sur des blessures, des images difficiles, et d'autres sur des visages sans corps. On peut voir le jeu de la fragmentation avec les cases agencées sur la planche, notamment comme mentionné précédemment lorsque des cases qui évoquent le passé font irruption dans ou entre des cases dépeignant le présent. Mais la fragmentation sur la page n'est pas la seule fragmentation que la bande dessinée permet de représenter. Elle permet aussi de figurer la fragmentation de l'être. Larcenet présente trois versions de lui-même. D'abord, il y a le dessinateur-individu, tel qu'on l'aperçoit au tout début et dans les scènes sérieuses pendant le service militaire. Puis il y a la version simplifiée de lui-même, un petit personnage aux lignes simples qui semble apparaître dans les moments humoristiques et qui rappelle également qu'à l'armée, on perd son identité pour devenir un soldat comme les autres. Ces deux personnages se rencontrent même à la quatrième page de l'album. Larcenet assis à son bureau, devant ses planches de bandes dessinées, regarde son double simplifié qui se trouve à côté de ses dessins, debout sur son bureau. Allégoriquement, il se penche ici sur son passé, il parle d'un moi qu'il n'est plus, mais qui fait toutefois encore partie de son identité. Enfin, il y a un troisième type de représentation de lui-même: sa caricature, plusieurs années après l'écriture de l'ouvrage, représentant l'auteur vieillissant et manquant d'assurance. Chaque version de lui-même représente non seulement une époque de sa vie, mais également un état d'esprit (de l'être "normal" à l'être déshumanisé). Dewilde se dessine de manière constante dans les 3 albums, mais dans *Mon Bataclan*, dans la seconde moitié de l'album, l'écriture prend le relais, il n'y a plus d'images, on lit le journal de Fred. Cependant, il utilise une variété de métaphores visuelles pour symboliser la marque du traumatisme sur et dans son corps. Alors que dans une seule instance, dans *La Morsure*, il se dessine en superhéros qui a le pouvoir de contrôler le feu pour essayer de changer ce qui s'est passé au Bataclan, une sorte de réécriture du passé (*Morsure* 12–13), Bertrand, quant à elle, se dessine en superhéros sur plusieurs pages, pour souligner la bataille interne constante qu'elle mène, pour marquer une certaine reprise de contrôle sur sa vie (125–27). Qu'il s'agisse de Dewilde ou de Bertrand, se dessiner en être surhumain aux pouvoirs fantastiques est aussi une façon de ne plus se sentir et de ne plus être vue comme une victime.

Comme évoqué dans les autres chapitres, ce genre d'éléments qui éloignent le texte du réalisme visuel et chronologique, le rendent malgré cela plus réaliste au niveau émotionnel et au niveau de la complexité interne du sujet. L'artiste italien Gipi, dans son album *Ma vie mal dessinée*, parle avant tout de sa vie et surtout de ses problèmes, et entrecoupe sa narration avec les aventures d'un pirate. En littérature on trouve également ce phénomène. L'un des exemples les plus connus reste celui de *W ou le souvenir d'enfance*, de Georges Perec. Perec est témoin d'événements violents lorsqu'il est très jeune, à savoir la perte de ses parents qui ont été déportés dans les camps de concentration pendant la Seconde Guerre mondiale. Il tente de se souvenir de tout ce qu'il peut sur son enfance dans la partie autobiographique, entrecoupée de la description de la vie sur W., une île imaginaire qui fait figure de dystopie. Ces deux livres ont en commun l'enfance et le traumatisme, en plus de leur structure mélangeant autobiographie et fiction. Dans "E. Weiss et G. Perec, ou la nécessité psychique de l'écriture autofictionnelle," Isabelle Pagnon-Somé explique que: "Le projet autofictionnel naît selon moi dans une situation de détresse psychique extrême: l'écrivain ... est confronté à une double nécessité: non seulement ranimer le témoin interne, ce que permettent les écritures du moi, mais aussi le mettre en contact avec cette partie psychotique clivée qui menace son intégrité psychique" (460). La fiction est alors un complément à la réalité. Dans le cas de la bande dessinée, elle permet, parfois, de mettre des mots et des images sur l'indicible. D'autre part, beaucoup de planches autobiographiques restent silencieuses. Cette protection physique imaginaire est une protection psychologique réelle.

## L'isolement

Sur la première planche des *Chroniques d'une survivante*, Bertrand explique que l'objectif de sa bande dessinée est triple: "Aider les victimes ...," "Aider l'entourage à mieux comprendre les victimes," "Sensibiliser les personnes aux dommages collatéraux des actes terroristes." (7) Derrière cette déclaration, on peut voir qu'au-delà de l'aspect cathartique de la production d'une œuvre d'art, il y a aussi une volonté d'utilité. De ces trois objectifs ressort un désir de renouer les liens avec les autres. Le traumatisme est un évènement isolant. Des travaux tels ceux de Foa et Rothbaum[7] ainsi que de Resick et Schnicke[8] éclairent le lien entre cet isolement et la sévérité des symptômes du stress post-traumatique. Par ailleurs, les facteurs socioculturels ont aussi une influence sur la perception des individus traumatisés au sein de leur communauté. Bertrand a conscience de cet isolement puisqu'elle le mentionne dans les remerciements où elle dit qu'elle espère aider les autres victimes à sortir de leur isolement. Les travaux de Pietrzak, Goldstein, Malley, Rivers et Southwick[9] mettent en lumière la manière dont les réactions négatives des pairs peuvent amplifier l'isolement, générant ainsi une profonde réticence à partager les expériences traumatiques. L'isolement est représenté à trois niveaux différents dans ces œuvres: l'isolement pendant l'évènement traumatique, l'isolement vis-à-vis des autres et même des proches, et l'isolement dans la position d'auteur face au lecteur. Les trois auteurs se démènent et se battent avec cette sensation d'isolement.

Chez Larcenet, il y a l'isolement ressentie pendant toute la durée du traumatisme. À l'armée, il est seul à la merci de ses bourreaux qui sont ses supérieurs. Dans la toute dernière scène qu'il représente, celle où son collègue exténué tire sur l'un de leurs supérieurs, Larcenet tente de raisonner son supérieur en lui rappelant qu'ils ne sont pas vraiment à la guerre, mais qu'ils sont en train de faire comme à la guerre. Son supérieur fait la sourde oreille. Le choix qu'a fait l'auteur de favoriser cet événement en particulier, par rapport aux nombreux autres, pourrait être envisagé de la manière suivante: son compagnon de guerre, au-delà la violence de son acte, s'est néanmoins rebellé contre les abus que tous subissaient. Il y a peut-être une admiration de la part de Larcenet, qui a subi passivement les abus. "J'ai appris à me taire," dit-il, ajoutant un peu plus loin: "J'ai appris à vivre avec l'Autre en permanence, à guetter son approche et la menace latente qu'il représentait." L'autre devient même une source de danger dont on doit se cacher en se renfermant sur soi, tout le contraire du dévoilement de son intimité. Même lorsqu'il est témoin d'actes violents ou victime de ces actes, la peur l'empêche de s'exprimer. L'autre est la cause du désarroi. Il subit mais ne peut rien dire, car ses paroles seraient source de représailles. Larcenet ne montre pas les abus dont il est victime, il ne se représente qu'en train d'essayer d'en discuter avec sa mère.

Bertrand et Dewilde faisaient partie d'une foule mais ont vécu deux expériences totalement différentes puisque Bertrand est sortie assez rapidement du Bataclan, alors que Dewilde est resté plusieurs heures allongé parmi des cadavres en faisant le mort, jusqu'à l'arrivée de la police et des forces spéciales. Il était, de plus, juste à côté d'une jeune femme qui elle aussi faisait la morte pour être épargnée. La profonde solitude arrive directement après, violente comme une gifle qui survint de nulle part, une fois l'adrénaline redescendue, lorsqu'ils se retrouvent seuls chez eux, à comprendre l'ampleur de ce qui vient de se passer. Dewilde dit qu'il rentre chez lui couvert de sang d'autres victimes, dans le froid, rejoindre sa femme et son enfant. Il parle de "chaos" et de "rêve" (*Bataclan* 25). Bertrand elle aussi est perdue, entre tous les coups de téléphone qu'elle reçoit, à un moment elle se sent euphorique d'être en vie, et directement après, le poids de l'horreur vécue s'effondre sur elle comme une masse et elle se retrouve en pleurs. La solitude est interne, ils se retrouvent seuls face au poids psychologique du traumatisme puisqu'il n'y a pas eu d'intervention psychologique sur place ce jour-là.

La seconde façon dont l'isolement se manifeste est à travers l'incompréhension des personnes autour de soi. Larcenet dans *Presque* a des difficultés à se confier à ceux qui lui sont le plus proches. Sa mère, par exemple, refuse complètement de l'écouter. Lorsqu'il essaie de lui parler de la difficulté de son expérience, elle répond en parlant du fils d'une voisine qui en a une très bonne expérience, et lui demande s'il veut manger du poulet. Ceci est l'exemple parfait de la violence psychologique exercé par la minimisation, c'est-à-dire l'acte de dévaluer l'importance du discours de l'autre, proche du déni. En ne donnant aucun poids à ses mots, sa mère ignore sa souffrance et le force à se renfermer, car il n'y a pas de raison de parler si on n'est pas écouté. Il finit toutefois par lui donner une liste d'exemples d'abus difficiles à entendre même pour le lecteur. Entre autres: devoir faire des pompes en criant des choses dégradantes sur soi-même, se faire tenir en joue avec un pistolet chargé, trouver du sperme dans ses chaussures, être réveillé en pleine nuit par une rafale de balles à blanc, nettoyer les couloirs à plat ventre sur une serpillière, et se faire déchirer son courrier devant tout le monde. Larcenet parle de brimades, d'humiliations, de coups, et de peur. Il ébauche ici la difficulté à se confier sur ces incidents, car toute personne partageant son intimité avec une autre, plus spécifiquement dans le cas d'un événement parfois éprouvant à raconter, appelle la sympathie et l'empathie de la personne qui l'écoute. Or Manu Larcenet n'en trouve pas. Le jour où son frère doit à son tour partir à l'armée, les mots lui manquent. "Je n'ai pas su quoi lui dire ... Je ne pouvais pas replonger là-dedans," révèle-t-il. Une dernière fois, il insiste sur la difficulté à parler de cette période de sa vie, et indirectement sur la difficulté à écrire cet album. Mais il souligne aussi un paradoxe: il est parfois plus "facile" de se confier à des étrangers (les lecteurs) qu'aux membres de sa propre famille. En effet, l'artiste n'est pas obligé de faire face à ces lecteurs de la façon dont il ferait face à une personne à qui il raconte son histoire. Le besoin de se confier reste présent, mais la peur de la réaction de l'autre a un effet paralysant, même jusqu'à la publication.

Puisque vécue en direct par les proches, l'expérience de Dewilde et Bertrand est différente, du moins au départ. Immédiatement après le concert avorté, Dewilde est entouré. Comme il s'agit d'un évènement de société, les proches ont pu suivre aux informations presque en temps réel, à la radio, à la télé, sur les réseaux sociaux, et se ronger les sangs en attendant des nouvelles de ceux qui étaient au concert. Il résume ce qu'il a fait une fois chez lui après avoir rassuré sa mère et sa femme, dans la partie de l'album qui n'est plus dessinée: "Douche, pleurs, lexomil, café, cigarettes, lit." Le tout premier jour d'après, comme il l'appelle, il a encore des difficultés à se rendre compte de l'ampleur de ce dont il a été témoin et victime. Il parle d' "inexplicable," de "rêve," de "choc" (*Bataclan* 27). Mais surtout il parle d'un film qui lui revient incessamment en tête, le film (figuratif) de la soirée de la vieille, qui passe en boucle dans son esprit. Il se demande même, "comment gérer ces images qui fluent et refluent dans ce qui me sert de cerveau? Je m'attends à ce que des flashs surgissent à tout instant. C'est ça, être vivant après un attentat?" (*Bataclan* 28). Même si dans l'après, Dewilde passe son temps à "raconter aux proches, encore et encore, inlassablement," (*Bataclan* 28) il s'éloigne de plus en plus d'eux. Dewilde se demande comment parler à sa fille de 3 ans de la mort, du concept d'attentat, de terrorisme. L'une des parties est même intitulée, "comment parler avec moi," et il y avoue qu'en plus de son irritabilité, il ne fait que "debite(r) le même récit en boucle" (33). Une autre partie parle de sa psychologue, qui l'a beaucoup aidé et qui l'a encouragé dans son projet de bande dessinée. Dewilde parle de "dessin salvateur" qui lui "a permis de commencer à [s]e réapproprier ce moment de vie volé, violé" (*Bataclan* 36). Enfin, il aborde aussi problème de la culpabilité du survivant avec laquelle il se bat (*Bataclan* 42). Dans *La Morsure*, son isolement est ressenti au niveau visuel. Lorsqu'il est sous le coup de son stress post-traumatique, Dewilde se dessine seul au milieu d'une planche, enlacé par un tentacule (*Morsure* 9), seul en superhumain qui arrête les terroristes (*Morsure* 12–13), seul dans son lit en train de faire des cauchemars (*Morsure* 21, 23), seul en train de tomber dans un gouffre en forme de crâne (*Morsure* 24), seul parmi des crânes et du sang (*Morsure* 27), seul transpercé de part en part par cet énorme tentacule (*Morsure* 28, 29, 30), seul, dans un champ, dans une case qui prend la planche entière, où le chemin entre les blés prend la forme d'un 13, comme image de fin de cet album. Dewilde représente la violence du syndrome post-traumatique et la violence de l'isolement qu'il lui impose. Pour les autres, la vie a repris, pour lui, elle ne sera plus jamais la même.

Bertrand elle aussi parle du décalage qu'elle ressent avec les autres. La page 46 est intitulée "sentiment de détachement d'autrui" et elle s'y montre désintéressée par la conversation qu'elle a avec une autre personne sur la météo. À la page suivante, elle se dessine seule, sur son boulet, comme flottant dans l'espace, une image évoquant fortement une illustration tirée du *Petit Prince* d'Antoine de Saint-Exupéry, personnage souvent seul sur sa petite planète. Elle aussi parle de son irritabilité et de ses accès colère (49), de ses changements soudains d'humeur (50), de ses difficultés de concentration (50), de ses insomnies. Tout cela entrave sa relation avec les autres. Certaines interactions en particulier sont laborieuses. Pages 56–57, elle raconte l'interaction qu'elle a eu avec une agente d'assurance au téléphone qui semble complètement indifférente au fait qu'elle est survivante du Bataclan et essaye de lui vendre une nouvelle police d'assurance. Alors que dans la réalité, elle n'a rien dit à cause du choc ressentie face à cette indifférence totale, sur la page, elle s'imagine lui hurler dessus et décharger sa colère et sa douleur. À la page suivante, elle déplore le manque d'assistance aux victimes, même les services psychiatriques se disent débordés et se montrent indifférents. Page 60, elle parle d'un sentiment d'abandon des services qui devraient être présents pour soutenir les victimes, après de nombreux refus subis. Sur cette planche, la solitude que provoque ces "non" est parfaitement visible: toutes les excuses données par les services en question flottent dans des bulles entourant Bertrand, qui porte un t-shirt sur lequel on peut lire "S.O.S" et qui est en train de pleurer. Dans la majorité des planches, Bertrand se représente seule, soit en train de trainer son boulet, soit en conflit avec les autres. Elle avoue "j'ai le sentiment de ne plus être adaptée à ce monde" (66), j'ai "parfois l'impression d'être un alien" (67). Même si elle l'entend comme un être venant d'un autre monde, elle dessine même comme un extra-terrestre dans un vaisseau spatial sous cette déclaration, Bertrand est véritablement aliénée par son traumatisme. D'ailleurs, quelques pages plus loin, elle se dessine comme une bête en cage qui suscite les regards et une fascination malsaine chez les gens mais aussi dans les médias (70). Comme Bertrand n'a pas été blessée physiquement, elle explique qu'elle a eu du mal à accepter son statut de victime, et que pour de nombreuses personnes, mais aussi pour les institutions, les victimes sont ceux et celles qui ont été tués ou blessés physiquement. Elle se trouve donc malgré elle entre deux, et doit se battre pour être prise en charge. Même son médecin traitant ne semble pas comprendre lorsqu'elle lui dit qu'elle était au Bataclan. Elle doit lui préciser qu'elle était bien à l'intérieur du Bataclan la nuit du 13 Novembre (76). Enfin, elle admet également "le gouffre qui s'est créé" entre elle et son entourage. Ils ne peuvent pas la comprendre, ils ne savent pas quoi lui dire, s'ils lui parlent. Elle précise qu'ils n'osent plus lui parler de leurs petits problèmes, ou qu'ils sont maladroits dans leurs propos (84). Dans les deux premiers tiers de son livre, Bertrand décrit donc parfaitement toutes les difficultés auxquelles font face les survivants des attentats du 13 Novembre 2015, et notamment le sentiment d'abandon et la solitude qui l'accompagne. Dans le dernier tier de son livre, tier où la couleur est présente au contraire du début de l'album, Bertrand commence à parler de résilience. Pour combattre l'isolement, elle décide de retrouver d'autres victimes survivantes du Bataclan, "il n'y a qu'eux qui peuvent vraiment me comprendre" précise-t-elle (80). Grâce aux réseaux sociaux, ils arrivent à se retrouver, virtuellement et même physiquement pour ceux qui habitent la même région. Ensemble, ils ont créé une association pour les survivants du 13 Novembre, qu'il s'agisse du Bataclan ou de l'un des autres lieux, appelée "Life for Paris," en janvier 2016 (82). Cette association a pour but "de permettre aux victimes, familles de victimes, professionnels d'interventions et aidants de pouvoir se retrouver et de créer un espace d'échanges sécurisé et ouvert, sans jugement, afin de pouvoir s'entraider dans "l'après" ("Historique"). Bien sûr, le combat passe aussi à travers l'art à travers cet album, et à travers un second album nommé *Justesse: Chroniques, portraits & plaidoiries illustrées du procès des attentats du 13 novembre 2015* aux éditions du boulet, sorti en novembre 2023 où elle relate les dix mois d'audience du procès des attentats de son point de vue, celui de la partie civile. Bertrand reste très engagée dans l'aide aux victimes du terrorisme et est à présent vice-présidente de l'Association Française des Victimes du Terrorisme ("Le Conseil d'administration").

Se confier à des parfaits inconnus à travers le récit de l'un des moments les plus difficiles de sa vie, n'est pas une décision facile, mais elle semblait indispensable malgré la peur de la réception. Dewilde a été le plus productif avec quatre albums, Bertrand s'est autopublié au départ pour le premier album, avant qu'une maison d'édition n'accepte de publier son premier livre, et elle a autopublié le second pour plus d'autonomie. Dans un article sur son blog daté du 9 décembre 2023, elle explique: "La raison principale est la liberté de création. Lorsque j'écris mon livre, je le fais avec une totale indépendance et liberté d'expression. C'est ce qui me tient le plus à cœur: livrer un témoignage authentique, d'auteur à lecteur."

La crainte de la réception est plus nette chez Larcenet où la solitude ressentie face à l'indifférence de l'autre, collègue ou membre de la famille, est immense. Il a même des difficultés à croire que son lecteur l'écoutera vraiment. La sensation qu'il est en train "d'embêter" le lecteur est non seulement présente mais aussi pesante. Larcenet se justifie constamment au début et à la fin de l'œuvre, puis à ses supérieurs et à sa mère à l'intérieur même de la narration. Huit ans après la publication de *Presque*, il ajoute une note à la fin. Dans celle-ci, il discute avec un lecteur imaginaire, dans une librairie. Il lui parle du livre que ce lecteur a entre les mains. Larcenet lui explique qu'il n'a jamais lu ce qu'il a lui-même écrit. Il avoue qu'il avait même peur d'écrire. Premièrement, il ne savait pas comment, puis, lorsqu'il a eu le feu vert de son éditeur et qu'il pouvait faire ce qu'il voulait, cette liberté lui a fait peur. La seule raison pour laquelle ce livre a été publié malgré sa "médiocrité" (terme qu'il utilise) est en quelque sorte pour la postérité. Le mot "médiocre" est un terme très fort qu'un artiste n'utilise pas souvent pour décrire son propre travail. D'après Freud, le sujet déprimé se représente comme incapable de succès, et moralement corrompu. Il a tendance à se vilipender et s'attend à être rejeté par les autres, voire même puni (*Deuil et Mélancolie* 47). L'adjectif "médiocre" est révélateur de l'état d'esprit de l'auteur qui dévalorise ses propres capacités artistiques, et d'une dépression généralisée de l'être. On voit avec l'utilisation de ce mot un clair manque de confiance en soi. Après la lecture de l'œuvre, on comprend pourquoi: tout au long de l'album, on assiste à la destruction d'un être. L'événement majeur est celui des abus subis à l'armée. Cependant, la réaction de ses proches qui ne le soutiennent pas du tout et lui disent qu'il exagère, ne peut faire qu'amplifier les conséquences de ce traumatisme. Les six derniers dessins qui composent la toute dernière planche représentent un lecteur observant le livre, le jetant par terre pour finalement partir, les mains dans les poches. Larcenet projette ici sa peur d'être rejeté par les lecteurs. Exprimer son intimité, c'est s'exposer au regard et au jugement de l'autre. Toute personne qui possède un lourd secret a peur de la réaction de l'autre lorsqu'il décide enfin de le partager. L'auteur montre le rejet fantasmé d'un lecteur potentiel, et s'excuse par avance auprès de son lectorat. Ce qui a donné la force, ou le déclic, à Larcenet de partager son histoire, c'est l'inspiration de courage qu'il a tiré de la lecture du livre de David B. *L'Ascension du Haut Mal*. L'album de Larcenet est une réponse à celui de David B. Lorsque l'autre nous a révélé son intimité avec nous, il est plus facile à notre tour de partager la nôtre. C'est tout le principe des médias sociaux, un échange d'intimité (plus ou moins mis en scène pour un public). L'intimité génère plus d'intimité, d'où la surabondance d'intimité publique dans la société contemporaine (Berlant, *Intimacy* 1–8).

Larcenet faisait partie de ce public lorsqu'il a lu David B., ce qui l'a inspiré pour lui-même partager son histoire. La lecture de l'autre engendre l'écriture de soi.

L'autre est la cause de tout, et cela se voit dans la manière dont il est dépeint. Il est la cause de la souffrance première, la cause de la confession, la cause du message, la cause de la rédemption. Il est le moteur de la création et en même temps la substance du public intime: une sorte de conscience collective inconnue. Dans un article intitulé *Le 13 novembre 2015 en bande dessinée: Traumatisme et reconnaissance sociale*, j'ai soutenu qu' "au-delà de la catharsis et du désir de reconstruction," ces œuvres sont à la recherche de reconnaissance sociale telle qu'elle est définit par Maercker et Müller[10]: "a victim's experience of positive reactions from society that show appreciation for the victim's unique state and acknowledge the victim's current difficult situation" (Maercker and Müller 345). Comme ils le précisent, la reconnaissance va plus loin que le soutien: "The new construct of social acknowledgment expands this environment to include the societal context. This means that not only individuals, but also social or pressure groups influence the person by judging him or her" (346). Le processus de guérison d'un traumatisme requière le soutien de l'entourage, et de la société dans son ensemble (Laborde 473).

## De l'humour à l'absurde

Dans les chapitres précédents, j'ai mentionné que la fiction pouvait être mise au service de la réalité, dans cette toute dernière partie, je vais montrer la façon dont l'humour peut se mettre au service du tragique. Dans le livre *Representation and Memory in Graphic Novels*, Golnar Nabizadeh rappelle un point important sur l'utilisation de l'humour dans les récits traumatiques, en prenant comme exemple le roman graphique *Persepolis* de Marjane Satrapi, album dans lequel l'autrice raconte son enfance et adolescence en Iran pendant la révolution Islamique des années 80:

> There are various case studies on the use of humour as a support mechanism for survival under traumatic circumstances … Common to these analyses is the way that humour jostles against the threat of annihilation. As Valerie Holman and Debra Kelly explain, as a catalyst for the "imaginative life of peoples at war," humour also plays a "similar role in re-engaging present-day

readers, viewers and listeners with the experience of previous generations" (2001, 254).[11] Satrapi describes the subversive, and sustaining power of humour, "[w]hen you go through war and revolution, the only thing you can do is laugh. It's a way of surviving (Walter 2004).[12] (92)

L'humour, et le rire en général, a donc plusieurs fonctions au sein des récits traumatiques. De surcroit, selon Freud, l'humour est souvent lié au mécanisme de défense psychologique appelé "sublimation." Il explique dans *Le Mot de L'esprit et ses rapports avec l'inconscient* que la sublimation implique la transformation d'impulsions inacceptables ou de pensées conflictuelles en formes socialement acceptables. Dans le contexte littéraire et théâtral de la tragédie, où des émotions intenses telles que la douleur, la perte et la souffrance sont souvent mises en scène, l'humour peut agir comme une sublimation permettant d'apaiser ces tensions émotionnelles. Les personnages ou situations comiques peuvent servir de contrepoids émotionnel à la tragédie principale, offrant une pause. Ce processus permet à l'individu de s'adapter aux normes sociales tout en trouvant des moyens créatifs et productifs de satisfaire ses besoins psychiques. La création même d'une œuvre d'art est considérée par Freud comme sublimation. La sublimation n'annule pas les émotions ou les pulsions sous-jacentes, mais elle les transforme en quelque chose de socialement acceptable et souvent créatif, ce qui offre une perspective intéressante pour comprendre comment les individus peuvent composer avec des aspects sombres de l'existence.

Larcenet, Bertrand et Dewilde, intègrent l'humour de manière très différente dans leurs récits. Le grotesque est le procédé comique privilégié chez Manu Larcenet. Dès que les tensions montent, que l'atmosphère est sur le point de devenir insupportable, Larcenet passe d'un dessin réaliste à un dessin simpliste, humoristique, privilégiant ainsi le mélange des genres. Il ne prétend pas retranscrire tous les faits de son année au service militaire. Seuls quelques épisodes sont racontés dans leur entier, le tout étant ponctué par ces interludes caricaturaux. Larcenet utilise ses périodes de permission pour transcrire ses conversations avec sa mère et présenter les pièces manquantes de son récit. Ces conversations sont à la fois extrêmement pathétiques, dû au sujet qu'aborde Manu et à la détresse qu'il exprime, et paradoxalement comiques à cause de la réaction de sa mère qui répond à côté, ou plutôt manque de répondre. En effet, Larcenet lui présente une liste de griefs, racontant toutes les choses humiliantes et effrayantes qu'il doit subir au quotidien: "faire des pompes en gueulant je suis trop con pour baiser ma femme alors j'encule les taupes," s'être fait "branlé dans ses godasses," devoir "nettoyer les couloirs à plat ventre sur une serpillière," s'être fait "déchirer son courrier devant tout le monde," etc. Celle-ci répond inlassablement: "J'ai fait du poulet!" Le décalage, ajouté à la répétition, puisque cette scène se produit plusieurs fois, crée l'aspect comique. En présentant ces expériences traumatiques sous forme de discours rapporté, l'artiste évite de les dessiner, de les revivre. Si l'entourage d'une personne en détresse morale ne l'écoute pas ou minimise ses propos, il ne reste que très peu de personnes vers qui se tourner. Cela participe également au sentiment de culpabilité, celui qui fait que l'on a l'impression "d'ennuyer" les autres. L'humour inséré ici représente bien le malaise généré par cette situation sans issue.

Incorporer ces moments humoristiques permet également à l'artiste de contrôler la peur et l'angoisse que ses propres souvenirs exercent sur lui. Raconter son histoire, c'est décider comment s'en souvenir. Il faut choisir un point de vue. Dans le cas présent, on peut presque parler de mécanisme d'autopréservation. Parfois, pour tourner la page, il faut savoir oublier. Lorsqu'oublier n'est pas une option, on peut décider de transformer la manière dont on se remémore quelque chose. La dernière planche de l'album de Larcenet illustre assez bien ce point. Il choisit cette image en guise de conclusion et en référence à son titre. Cela pourrait être une image comique si l'on n'en connaissait pas le contexte: un petit bonhomme tout frêle avec un pistolet braqué sur un grand bonhomme. Toute son expérience à l'armée est concentrée dans cette image. La violence et la force de ses supérieurs, ainsi que leur abus de pouvoir sont représentés par la taille de l'autre personnage, et sa bouche grande ouverte pour hurler ou l'avaler. Le petit personnage, qui représente Manu Larcenet, semble sans défense malgré le petit pistolet qu'il tient en main, et effrayé. Un sentiment d'angoisse et d'impuissance transparaît dans cette image qui évoque également une scène très violente dans laquelle l'un de ses compatriotes tire à bout portant une balle à blanc sur l'un de ses supérieurs, lui déchirant la moitié du visage. L'image du soldat prêt à tirer est par ailleurs présente sur la couverture du livre.

Pour terminer, la note de fin apporte aussi une touche humoristique, car les dessins relèvent de la caricature, dans la veine des dessins de presse dont la vocation est d'illustrer l'actualité de manière satirique. Cette fois-ci, Larcenet se moque de lui-même. D'ailleurs, le lecteur ne dit pas un seul mot. Le pathétisme exacerbé de la scène participe à son aspect humoristique. De plus, les dessins sont en fort contraste avec le registre soutenu des propos de Larcenet, très différents de ceux des pages précédentes. Il s'exprime de manière très formelle, mais dissémine dans son discours quelques mots vulgaires, ce qui crée la surprise, et le rire grâce au ton décalé.

On peut trouver du comique de mots chez Bertrand également. Elle parsème son récit de références à la culture populaire pour alléger le ton, comme "l'effet kiss cool"[13] page 37, en référence à une publicité de chewing-gum des années 90.

> Le double effet Kiss Cool (littéralement "baiser frais" en anglais) signifie qu'une action provoque un effet supplémentaire à celui normalement attendu. Le double effet Kiss Cool implique un effet secondaire, qu'il soit positif ou négatif, un effet surprise. Cette expression est dérivée d'un slogan publicitaire entré dans le langage courant. Dans les années 1990, l'entreprise *Kiss Cool* lance une campagne publicitaire vantant le double effet de ses bonbons: ils rafraichissent l'haleine, et provoquent ensuite un effet inattendu, un peu fou, que ce soit une poussée d'euphorie ou de délire. C'est en quelque sorte "un peu plus qu'un simple bonbon." (Dambrine)

Ponctué de sarcasme, elle met son personnage dans des situations qui peuvent sembler cocasses de l'extérieur (comique de situation), mais qui sont en réalité les conséquences du stress-post traumatique. Alors que le monde a repris sa vie d'avant, Bertrand est dans une réalité alternée, si bien qu'elle se sent à présent comme ou une bête bizarre mise en cage pour être observée par les autres (page 70), un alien (page 67) dans ses interactions avec les autres, les "personnes lambda" comme elle les désigne. Le logo de l'association *Life for Paris* qu'elle montre, est un cœur, et la dessinatrice le met en scène dans son album en train de se préparer à la bataille contre son boulet, avec comme fond un décor du célèbre jeux vidéo *street fighter* (encore une référence aux années 90 et à l'enfance / adolescence de l'artiste). L'avant évènement traumatique constitue souvent un refuge, un état utopique inatteignable dans lequel on aimerait désespérément retourner.

Chez Dewilde, l'humour n'est pas présent au sein de la narration, mais dans *Mon Bataclan*, Dewilde parle d'humour. Dans la partie typographiée, celle qui ne contient plus de dessins, mais ressemble plus à une autobiographie traditionnelle, la toute première sous-partie est intitulée "Le Retour." Il y raconte que, à chaud, en sortant du Bataclan, plusieurs survivants discutaient ensemble et ont commencé à rigoler "ça fume, ça rigole, ça blague dur. Noir. Très noir." Il avoue que lui-même fait une blague qui se ponctue par, "clairement je suis trop vieux pour les concerts." L'artiste reflète sur ce besoin que les survivants ont eu "d'évacuer le surplus" tout en se trouvant incapable de comprendre la "mécanique psychologique" mais que cette humanité retrouvée l'aide à se sentir vivant de nouveau (*Bataclan* 25). L'humour est souvent considéré comme un mécanisme de défense. Face à des situations difficiles ou à des émotions intenses, l'humour peut servir de moyen de faire face de manière constructive. L'aspect comique peut être vue comme une réponse psychologique adaptative aux défis de la vie. L'humour, crée une distanciation émotionnelle qui permet au public de prendre du recul par rapport aux aspects tragiques de la vie. Cette distanciation peut offrir un répit émotionnel.

L'humour présent dans ces œuvres a pour moi la même fonction que l'humour présent dans le théâtre absurde, et d'ailleurs, ces albums ont beaucoup en commun avec les pièces du théâtre de l'absurde. Le théâtre de l'absurde est un mouvement théâtral qui a émergé dans les années 1950, principalement en France, et qui a rompu avec les conventions dramatiques traditionnelles. Ce mouvement a été influencé par les événements traumatisants de la Seconde Guerre mondiale et par les remises en question philosophiques du sens de la vie et de la communication. Les dramaturges les plus emblématiques de ce mouvement sont Eugène Ionesco, Samuel Beckett et Harold Pinter, entre autres. Le théâtre de l'absurde a plusieurs caractéristiques. Les pièces de théâtre de l'absurde présentent souvent des situations dénuées de logique et d'explication rationnelle. Chez Larcenet, pendant les simulations de bataille, certains soldats et commandants oubliaient qu'il s'agissait de simulations. Larcenet raconte une scène particulièrement violente dans laquelle un officier brutalise un soldat qui finit par lui tirer dessus à bout portant. Larcenet assiste à toute la scène, et pendant tout son déroulement, essaie en vain de rappeler à tout le monde "c'est un jeu, c'est pas pour de vrai!" Bertrand, elle, se montre comme un robot en train de sortir du Bataclan alors qu'elle entend de coups de fou et voit tout le monde s'affoler autour d'elle (24). Ça n'a pas de sens de se faire tirer dessus durant un concert. Jamais elle n'aurait imaginé ça, et elle a du mal à y croire. Elle pense d'abord à des pétards, puis des problèmes techniques (22). Elle admet, "mon cerveau n'a pas accepté de voir ça" (23). De même, Dewilde qui lui est situé dans la fosse, admet que d'abord il "ne comprend rien" et qu'il est très vite "happé par une vague de terreur" (*Bataclan* 12). Après plusieurs heures, alors que la police aide les survivants à sortir de la salle, il se dit comme "disloquer face à cette réalité" (17). De plus, après l'évènement traumatisant, les troubles de stress post-traumatiques font également vivre dans une sorte d'absurdité, non seulement un passé qui hante le présent, particulièrement chez Dewilde avec la métaphore de la morsure et la personnification de sa propre mort, et Bertrand avec celle du boulet, mais aussi avec les décalages que le stress post-traumatique créent entre les traumatisés et les autres. On a déjà mentionné précédemment que le comique de situation était présent chez nos trois artistes. Dewilde qui fait des blagues à la sortie du Bataclan avec d'autres survivants et qui prodigue un paragraphe intitulé "comment parler avec moi" (*Bataclan 33*), Bertrand dont plusieurs interlocuteurs ne semblent pas comprendre lorsqu'elle leur dit qu'elle était au Bataclan, et Larcenet dont la mère, après une confession lourde sur des abus mentaux qu'il a subi, ne trouve qu'à lui répondre: "tu veux du poulet?" Le caractère absurde de la scène avec sa mère, répétée plusieurs fois, fait écho avec l'absurdité de la situation de Manu à l'armée. Rien n'a de sens et il se sent perdu, même quand il rentre chez lui. "Je ne me reconnais plus chez moi," avoue-t-il à sa mère, qui ne veut pas ou ne peut pas accepter la situation dans laquelle se trouve son fils. Ces situations de comédies noires vont de pair avec un autre caractéristique de l'absurde: le langage dans le théâtre de l'absurde est souvent déconstruit et déformé. Cela sert à illustrer la difficulté fondamentale de la communication humaine. Comme nous l'avons vu, les problèmes de communication avec l'autre sont omniprésents dans ces albums, tant et si bien de Dewilde dévoue un album entier à sa propre mort personnifiée qui le suit partout et avec qui il discute, un autre exemple de situation absurde, et qui illustre la double difficulté de s'exprimer et de se faire comprendre. Elle illustre aussi deux points essentiels du théâtre de l'absurde. Premièrement, les personnages dans le théâtre de l'absurde sont souvent des archétypes plutôt que des individus développés. Ils peuvent être interchangeables, dépourvus de traits distinctifs, et parfois, ils peuvent même être dépourvus de noms. La mort est un concept large. Dans les autres albums, il y a les méchants, violents, brutes, et les autres. Il y a aussi les membres de la famille qui essayent un peu de comprendre, mais qui sont souvent maladroits. Et puis il y a les employés administratifs, qui font preuve de froideur et manque cruellement d'empathie. Deuxième point, le théâtre de l'absurde traite de questions profondes sur l'existence humaine, la solitude, la communication, et la quête de sens dans un monde apparemment dénué de signification. Bertrand et Dewilde ont vu la mort de très près. Larcenet a été le témoin d'une violence inhumaine, et ils portent tous les trois ça en eux. A côté de cela, le quotidien paraît absurde, et l'interrogation sur la mort est le centre d'un des albums de Dewilde, preuve que la question le travaille, même après des années. Leurs albums n'ont pas de conclusion, de fin nette, tout comme les pièces de théâtre de l'absurde dans lesquelles les événements peuvent sembler dénués de tout but ou de toute conclusion, défiant ainsi les attentes du public quant à la structure narrative. Il n'y a pas de résolution dans le traumatisme. On ne guérit pas du traumatisme. On apprend à gérer, à amenuiser les troubles de stress post-traumatique, mais on ne redevient jamais la personne d'avant. Il faut recréer un autre sens à la vie après le traumatisme, il n'y a pas de retour en arrière possible.

Pour terminer, les dynamiques qui sous-tendent la relation entre la tragédie et la comédie peuvent éclairer sur la présence de l'humour dans des bandes dessinées parlant d'évènements très lourds et sérieux. Selon Ionesco, le comique était plus tragique que le tragique. D'après lui, la tragédie a des lois, un but, une destinée, et ainsi un sens. Au contraire, la comédie est plus chaotique, elle n'a pas de direction, pas de but ("Interview with Ionesco part 2"). C'est là tout l'angoisse de l'existence, la question certainement la plus ancienne posée en philosophie: pourquoi? Tant la tragédie que la comédie peuvent être perçues comme des réponses à l'absurdité inhérente de la condition humaine.

## Conclusion du chapitre 5

L'analyse approfondie des bandes dessinées de Manu Larcenet, Fred Dewilde et Catherine Bertrand offre une perspective éclairante sur la complexité de la représentation des événements traumatiques. Là où les mots ne sortent pas, l'artiste dessine. Mais là où les images s'avéreraient trop graphiques pour certains artistes, les mots prennent le relais. L'approche «stream-of-consciousness» adoptée par ces romans graphiques révèle la difficulté inhérente à représenter les traumatismes et leurs conséquences de manière linéaire et précise, et confirme une dernière fois que cette approche est celle privilégiée des bandes dessinées autobiographiques. La fragmentation, tant dans la structure des bandes dessinées que dans la représentation des personnages qui ont parfois un double caricatural comme chez Larcenet, ou un double superhéros comme chez Dewilde et Bertrand, émerge comme une métaphore puissante de la fragmentation psychique induite par le traumatisme. Les stratégies visuelles et narratives utilisées par les artistes démontrent une diversité d'approches pour exprimer leurs expériences post-traumatiques. Bertrand et Dewilde raconte une expérience très similaire, le même attentat terroriste, drame national dont ils ont été les victimes, de manière très différente. Les choix artistiques, tels que le mélange de styles de Larcenet, la représentation symbolique de Dewilde et l'approche plus minimaliste de Bertrand, ajoutent des nuances et des dimensions uniques à la compréhension des traumatismes. La difficulté à assimiler le traumatisme et à gérer ses effets à long terme est un thème récurrent, souvent sous forme de métaphores car ce stress est invisible pour les autres. Les bandes dessinées, en tant que médium fragmenté, semblent offrir une voie particulièrement adaptée pour exprimer cette complexité. L'humour même a sa place, et est au service de l'aspect tragique comme la comparaison avec le théâtre de l'absurde et la citation de Ionesco le montre. Les bandes dessinées examinées dans ce chapitre ne prétendent pas offrir une représentation exhaustive ou objective des faits, mais plutôt une exploration intime des émotions et des conséquences du traumatisme. Ces œuvres, au-delà de leur aspect cathartique, visent à briser l'isolement des survivants, à sensibiliser la société et à encourager la reconnaissance sociale des victimes du terrorisme. L'utilisation de l'art devient ainsi un moyen puissant de résilience, de partage d'expériences intimes et de transformation personnelle, mais aussi un appel aux autres artistes à ne pas hésiter à aborder les sujets les plus sérieux en bandes dessinées. C'est grâce à David B. que Manu Larcenet écrit *Presque*. Après la lecture de la toute première œuvre dont j'ai parlé dans le premier chapitre, *L'Ascension du Haut Mal*, Larcenet décide de se dévoiler. Dans la scénette de fin de l'album, Larcenet dessine une rencontre imaginair e avec un lecteur potentiel à qui il se sent obligé de divulguer la genèse de son œuvre. Larcenet parle de "révélation" après la lecture du témoignage de David B., et il ajoute: "On pouvait donc parler de choses aussi intimes en bandes dessinées?" Grâce à l'exemple de David B., et plus spécifiquement à la façon dont celui-ci aborde un sujet très personnel dans sa bande dessinée, Larcenet prend lui aussi la décision de s'ouvrir à travers son art. La parole libère la parole, et l'art libère l'art.

# Conclusion générale

Dans l'introduction, j'ai commencé par définir la notion d'intimité. Après avoir conclu cette recherche, une autre constatation m'est apparue. On entend souvent dire que le rire est le propre de l'homme, mais de récentes recherches scientifiques ont montré que certains animaux possédaient un rire similaire.[1] Cependant, les animaux ne font pas de distinction entre la vie privée et la vie publique. Les animaux vivent soit de façon solitaire, soit de façon solidaire, en communauté. Même les animaux qui ne sont pas grégaires doivent parfois se joindre à leurs congénères, souvent pour procréer. L'homme moderne a créé artificiellement deux vies pour lui-même: une vie visible de tous, la vie publique; et une vie privée, partagée avec un groupe limité d'individus, généralement retranchée dans l'espace domestique. On appelle cette vie privée l'intimité. Cette distinction n'est pas présente de la même manière dans toutes les cultures, ni même à toutes les époques, et il serait trop long d'en dresser ici l'histoire. Pourtant une chose est certaine: l'intimité, c'est le profondément humain.

Chaque personne a non seulement une intimité différente, mais aussi une façon de voir son intimité. En tant qu'être humain, nous avons tous plus ou moins la même vie publique dans laquelle nous prenons des rôles. Au supermarché, nous jouons aux clients et aux caissiers. En classe, nous jouons aux élèves et aux enseignants. Dans la rue, nous jouons aux piétons et aux conducteurs d'auto, et ainsi de suite. Tour à tour, nous nous comportons comme cela est nécessaire dans une situation donnée, suivant les règles de la vie en communauté et de la hiérarchie du monde moderne. À l'inverse, loin des regards, notre intimité est ce qui nous définit, dans le sens de ce qui nous démarque. Autrement dit, notre intimité nous différencie des autres, et elle est liée à notre identité.

*Conclusion générale*

Exprimer notre intimité publiquement, c'est donc revendiquer haut et fort notre individualité. Lorsque Lauren Berlant analyse l'intimité montrée en public, elle parle de toutes sortes d'intimités, mais elle parle principalement d'une intimité soigneusement confectionnée, souvent échangée en tant que commodité. Les réseaux sociaux, les blogs, la téléréalité sont tous des formes d'intimité qui ont tendance à suivre un modèle, à vouloir montrer une vie sous un certain angle. Des publics intimes anonymes qui suivent de près la vie privée de personnes qu'ils ne connaissent pas dans le monde "réel" (le monde analogique). On parle d'ailleurs de relations parasociales. Il existe même plusieurs articles parodiant le type d'information échangé sur ces réseaux, des photos de vacances cherchant à rendre plus ou moins jaloux les autres, aux statuts tristes cherchant à attirer la compassion. Cependant, dans ce livre, les auteurs que j'ai étudiés vont plus loin. Ils proposent une autre vision de l'individualité, une intimité à vif, en marge, souvent inconnue et incomprise. En créant des publics intimes autour de leurs histoires parsemées de difficultés, ils favorisent une prise de conscience.

Cette intimité partagée est en marge car elle n'est pas enviable. D'ailleurs, les personnes qui sont touchées par des maladies sérieuses sont souvent mises au ban de la société, souvent provoquée par une peur inconsciente, et pour la plupart irréaliste, de la contamination. Tous les exemples de mon corpus montrent une grande variété d'êtres stigmatisés: l'enfance de David B. passée à voir son frère s'enfoncer dans l'épilepsie; l'enfance du coréen Jung dans une famille belge stricte où il se sentait différent à travers son statut d'enfant adopté et d'origine asiatique; la perte d'un enfant chez Terrier; la vie avec le SIDA au quotidien chez Peeters; une tumeur au cerveau qui a complètement perturbé la vie de Durand; vivre avec une sclérose en plaques chez Konture; être angoissés au quotidien avec Trondheim et Plée, les survivants d'un crime avec Bertrand et Dewilde, etc. Mais les auteurs arrivent à renverser leur marginalisation sociale, et je maintiens que même si leur situation n'est pas enviable par ceux qui la lisent, une chose cependant l'est: leur force dans leur capacité de réflexion sur leur expérience, ainsi que la sublimation de cette expérience en œuvre artistique. En plus d'ouvrir les yeux à leurs publics intimes sur les différentes afflictions qui les touchent, ils leur montrent comment gérer ces situations, non pas de manière stoïque, mais bien de manière humaine incluant parfois des moments de faiblesse.

Le public s'intéresse à ces histoires car celles-ci dominent l'expérience humaine; nous sommes constamment en train d'écouter, d'imaginer, ou de dire des histoires à travers les livres, les films, la télévision mais également la musique, la publicité, nos rêves, l'Histoire même est une histoire, la présentation des faits au tribunal, dans les articles de journaux, jusqu'aux scénarios que nous créons dans nos têtes pour explorer différents cours d'actions possibles face à une situation difficile (Gottschall 1–20). Les histoires donnent de la cohérence à la vie humaine (Gottschall 138) de façon collective, mais également individuelle. Elles nous enseignent des choses sur le monde, influencent notre morale, nous empreignent de peur et d'espoir qui affectent notre comportement, et même notre personnalité (Gottschall 148).

De plus, le thème de la santé qui était déjà un thème universel avant la pandémie du Covid-19 en 2019, est devenu encore plus concret et omni-présent dans notre réalité quotidienne. Nous connaissons tous quelqu'un qui a été malade à un moment ou un autre, et nous avons été témoin d'une pandémie d'ampleur mondiale. Plusieurs cercles de lecteurs sont concernés, comme le décrit G. Thomas Couser dans *Recovering Bodies: Illness, Disability, and Life Writing*. Premièrement, il y a ceux qui sont directement touchés, c'est-à-dire ceux qui souffrent de la même condition que celle décrite dans ces œuvres ou qui pourraient en souffrir, ainsi que tous ceux qui entourent ces personnes atteintes et prennent soin d'elles. Ces autobiographies peuvent aider ces lecteurs en les informant, en les rassurant, ou simplement en donnant une expression publique, et donc une certaine forme de légitimité, à des personnes parfois mises en marge de la société (292–93). Pour ceux qui sont affectés moins directement, ces histoires permettent parfois de comprendre un peu plus ce que traversent les autres, et peuvent les aider à mieux communiquer avec elles. Couser parle de ces récits comme d'un moyen d' "to teach those who are well how to respond to those who are ill" (293) à la fois donc donner de l'information mais également inciter à la compassion.

Pour Jonathan Gottschall, "[w]hen we experience a story—whether in a book, a film, or a song—we allow ourselves to be invaded by the teller" (XV) ce à quoi la psychanalyse répond par le processus d'identification par lequel l'*ego* se forme en abordant et rejetant tour à tour des caractéristiques aperçus dans les objets qui l'entourent et qu'il rencontre. Révéler son intimité fait rentrer l'autre dans notre monde et en fait un confident, presque un proche. Or, on est toujours plus affecté par ce qui arrive à un proche que parce qui arrive à cent personnes sans visages à l'autre bout du monde. Dévoiler son intimité permet la proximité, même s'il s'agit pour beaucoup d'une proximité superficielle, étant donné qu'elle est construite pour former un ensemble cohérent qu'est l'album de bande dessinée, dans notre cas. C'est cette proximité qui permet l'influence et la prise de conscience chez les lecteurs de ces albums. Après la lecture d'une œuvre de fiction, même si le lecteur était plongé passionnément dans la lecture, il sait qu'il ne s'agit que d'inventions, que ces choses ne se sont pas réellement produites. Cependant, le lecteur ne peut se dire cela lorsqu'il lit des œuvres autobiographiques. La nature véridique de l'autobiographie crée autour d'elle des publics intimes. L'intimité implique la proximité qui invite à l'identification.

Je reste profondément convaincue qu'à l'origine, les auteurs étudiés ici n'écrivent pas pour les autres, mais pour eux-mêmes. Certains d'entre eux n'ont sorti qu'une ou deux bandes dessinées et exercent d'autres métiers. C'est le cas d'Élodie Durand, qui est illustratrice de livres pour enfant, ou bien Raphaël Terrier, qui travaille dans l'informatique. D'autres sont des habitués des bandes dessinées mais font d'habitude de la fiction, comme Jung ou Peeters. Au contraire, David B., Konture et Trondheim ont écrit beaucoup d'œuvres autobiographiques et leur relation avec ces œuvres semble un peu plus commerciale. D'après Jonathan Gottschall, "[u]ntil the day we die, we are living the story of our lives. And, like a novel in process, our life stories are always changing and evolving, being edited, rewritten, and embellished by an unreliable narrator. We are, in large part, our personal stories" (176). Notre vie est une succession d'histoires que nous nous racontons à nous-mêmes, et que j'ai même qualifiées de mythe de l'origine personnelle dans le premier chapitre. Chacun d'entre nous se représente sa propre (H)istoire comme une histoire, or ces artistes sont capables de transformer cette histoire en art.

Il y a un donc un double mouvement dans l'écriture qui mime la dichotomie originale de l'histoire racontée: l'aspect personnel et l'aspect public. On écrit à la fois pour soi et pour les autres. Écrire pour soi aide la guérison. Comme G. Thomas Couser l'explique, "if introspection is conductive to autobiography, illness and disability would seem to be apt preconditions for writing one's life" (5). Être malade force à la remise en question de soi, et parfois, selon Couser, à la "reassessment of a whole life" (176). Il conclut que "[o]ne of the most fundamental functions of illness narrative, then, is to validate the experience of illness" (293) et par là même, donner un sens à la maladie. En effet, la médecine a soigné leur corps, mais à travers l'écriture, c'est une autre forme de soin, alors émotionnel, que cherchent les auteurs (Gottschall 10), ce que la médecine ne leur donne pas. L'expérience post-moderne de la maladie se distingue par l'envie des patients de reprendre le contrôle de leur corps et de leur histoire par rapport au discours médical qui leur a été imposé (Frank 10). Toujours d'après Couser, "life writing about illness and disability promises to illuminate the relations among body, mind, and soul ... by treating the body's form and functions (apart from race or gender) as fundamental constituents of identity" (12). Notre identité est définie d'une part par notre corps, d'autre part par ces histoires sur nous-mêmes que nous partageons avec les autres.

J'ai dans cette étude démontré que la bande dessinée, ce médium hybride, est particulièrement approprié pour exprimer la condition humaine, plus particulièrement pour retranscrire l'intimité. Chaque artiste de mon corpus montre qu'à sa façon, la bande dessinée met à leur disposition une multitude de techniques entre les mots, les images, la relation texte/image, les relations d'images à images, et même les espaces entre les vignettes. Tous ces outils permettent aux bédéistes d'exprimer leur flux de pensées et certaines connections non linéaires, tel Kichka dont l'histoire du père est imbriquée dans celle du fils, plutôt qu'une histoire élaborée d'une manière rigoureusement chronologique.

Dans le premier chapitre, je me suis concentrée sur le début de l'histoire, l'enfance, dans laquelle le corps et l'esprit passe par le plus grand nombre de transformations pendant un temps défini. J'ai analysé la manière dont la bande dessinée permettait aux auteurs de représenter différentes versions d'eux-mêmes, c'est-à-dire leurs personnes à différents âges et étapes de leur vie, en train de dialoguer. En représentant, sur la même page, un moi révolu et un moi du présent, les bédéistes peuvent mettre en avant la complexité de l'évolution de la personnalité. L'importance de l'autre dans notre propre formation est aussi soulignée dans ce chapitre, l'autre "autre" et les autres versions de nous-mêmes.

*Conclusion générale*

Dans le deuxième chapitre, la bande dessinée s'est montrée particulièrement apte à exprimer la complexité des sentiments humains. À travers deux histoires d'amour, une foule de sentiments se sont succédé : l'amour en premier lieu, mais également la peur, la surprise, le deuil, la colère, la tristesse, et même à certains moments le bonheur. Les bédéistes ont principalement utilisé des images pour tenter de faire ressentir leurs sensations aux lecteurs. J'ai observé, par exemple, l'utilisation d'une succession d'images silencieuses dans les moments douloureux pour retranscrire la perception altérée du temps, comme ralenti, voire arrêté. De même, parfois, lorsque l'émotion est trop intense, les mots manquent. C'est à ce moment-là qu'interviennent les images et les métaphores visuelles. L'image d'un cœur coincé dans un étau et crachant des lettres et des mots dans *46XY* reste l'une des plus poignantes mais aussi l'une des plus représentatives du corpus.

Les représentations de la douleur physique sont au cœur du troisième chapitre. Les deux artistes ont des difficultés à expliquer l'intense douleur qu'ils ont ressentie. Alors que Mattt Konture remplit ses pages de mots et semble dessiner des choses parfois aléatoires, comme une poire, Durand choisit d'incorporer dans son œuvre des dessins plus anciens, réalisés lorsqu'elle était en pleine crise alors sa tumeur au cerveau alternait sa réalité, époque où elle aurait par ailleurs été incapable d'écrire et où seul le dessin lui permettait de s'exprimer. Ces deux procédés illustrent malgré eux une sorte de perte de repères et de déconstitution de l'être. Cette déconstitution passe également par la représentation du regard des auteurs sur eux-mêmes, ainsi que celui de ceux qui les entourent, personnel médical et proches. La notion de regard est le second point important de ce chapitre. Grâce à la bande dessinée, les auteurs peuvent se dessiner tels qu'ils se voient, mais également tels qu'ils imaginent que les autres les perçoivent. Ces dessins d'eux-mêmes sont extrêmement révélateurs de leur monde intérieur.

La vie intérieure est également très présente dans le quatrième chapitre, où les processus psychologiques sont en jeu. J'ai noté que Trondheim, Plée, et Mademoiselle Caroline multiplient les portraits d'eux-mêmes, mais à l'inverse de ce que fait David B., ce ne sont pas leurs êtres passés et présents qui discutent, mais bien plusieurs facettes de leur personnalité. J'ai même pu identifier chez Trondheim laquelle de ces versions fait office du ça, du moi et du surmoi, fréquemment présents dans les mêmes cases. De cette plongée au fond de l'existence psychique de ces bédéistes ressort une certaine solitude, et ces dernières œuvres ont un aspect confessionnel beaucoup plus développé que dans les bandes dessinées étudiées dans les chapitres précédents. Les bédéistes s'entretiennent avec eux-mêmes autant qu'avec le lecteur.

Enfin, avec le dernier chapitre, je me suis attardée à naviguer dans la complexité émotionnelle du traumatisme et de l'après-traumatisme. L'analyse approfondie des bandes dessinées de Manu Larcenet, victime de mauvais traitement pendant son service militaire obligatoire, et de Fred Dewilde et Catherine Bertrand, victimes rescapées des attentats du 13 Novembre 2015 à Paris, m'a permis en premier lieu d'illustrer la notion de fragments. Les souvenirs de traumatisme étant souvent fragmentés, j'ai montré comment la bande dessinée permet de mimer cette caractéristique à plusieurs niveaux: celles des gouttières qui par nature fractionnent la narration, celle des représentations de soi qui se font multiples, celle des intrusions du passé dans le présent à travers l'alternance d'images. J'ai ensuite abordé la question de l'isolement. Les artistes retranscrivent la sensation d'aliénation créé par le traumatisme, qui met un mur entre eux et les autres, qu'il s'agisse de proches ou d'inconnus. Enfin, j'ai souligné les liens entre comique et tragique. J'ai montré les nombreuses similarités entre ces albums et les pièces de théâtre de l'absurde, notamment que les personnages deviennent stéréotypés et vides, que les problèmes de communication enfreignent la compréhension et accentuent la solitude, et que ces œuvres interrogent le sens de la vie et de la mort.

Dans la bande dessinée, tout sert à retranscrire la complexité de l'expérience humaine contenant un mélange d'émotions, de souvenirs, de réflexions. De plus, les questions de santé, d'intimité et d'identité sont étroitement liées et cette liaison est particulièrement bien mise en relief. Le travail présent dans ce livre est évidemment loin d'être exhaustif. Il existe de nombreuses autres bandes dessinées autobiographiques de tradition franco-belge qui parle de la santé, de l'identité, et de l'intimité. En ce qui concerne l'enfance, mais qui recoupe aussi des thèmes trouvés dans le chapitre sur la vie de couple, *Tombé dans l'oreille d'un sourd*,[2] de Audrey Levitre et Gregory Mahieux, est un album raconté du point de vue de parents entendant ayant eu un petit garçon sourd,

*Conclusion générale*

qui insiste particulièrement sur le regard des autres et les difficultés administratives. Cet album fait écho à l'ouvrage américain *Super Sourde*[3] de Cece Bell sur le même sujet, mais raconté du point de vue de la petite fille. Aussi écrit en langue anglaise à l'origine, l'album *American Born Chinese*[4] de Gene Luen Yang, se marierait bien à la lecture de *Couleur de Peau: Miel* de Jung puisqu'il y traite de sujet similaire, à savoir non pas celui de l'adoption, mais celui de se faire accepter lorsque l'on grandi au milieu de personnes qui ne nous ressemblent pas. Dernier exemple relatant de la relation bienveillante entre parents et jeunes enfants, *Ce n'est pas toi que j'attendais*[5] de Fabien Toulmé dans lequel la perspective du père pourrait être mise en parallèle avec celle de Raphaël Terrier. En effet, il y raconte la grossesse, la naissance, et l'enfance de sa fille née avec le syndrome de down, non diagnostiqué pendant la grossesse. Au contraire, les relations parents-enfants peuvent être la cause de la souffrance des enfants. On peut nommer *C'est mon petit doigt qui me l'a dit* (2022) de Samboyy sur l'inceste, *(A)mère* (2004) de Raphael Terrier ou comment grandir avec une mère alcoolique.

Une lecture détaillée de *Globules et conséquences: Petite histoire d'une leucémie*[6] de Catherine Pioli serait un bon complément à celle de *La Parenthèse* puisque les deux histoires sont écrites du point de vue de jeunes filles en pleine santé qui se retrouvent du jour au lendemain à faire face à une maladie très grave. Dans la même veine, mais avec une histoire plus douce, dans *Différence Invisible*[7] de Julie Dachez (Auteur) et Mademoiselle Caroline (Illustrations), l'autrice découvre que toute sa vie on a manqué de la diagnostiquer autiste Asperger. Difficile à classer car il recoupe plusieurs thématiques, l'album *Sous mes bouclettes*[8] de Gudule et Mélaca, est un album à deux mains où se mélange vie de la mère, à présent malade du cancer, et vie de la fille, qui s'occupe de sa mère dans ces dernières années, similaire à la façon dont Joyce Farmer s'occupe de ses parents vieillissants dans *Special Exits.*[9] Enfin, de nombreux albums non-mentionnés discutent aussi de la question de la santé mentale. D'abord, *La bande dessinée ou comment j'ai raté ma vie*[10] du bédéiste Benoît Barale, comme son titre l'indique, aurait pu être étudiée en parallèle d'*Approximativement* de Trondheim pour le traitement de l'angoisse liée à la carrière de bédéiste et d'artiste en général. *L'homme le plus flippé du monde I* (2020) de Theo Grosjean. Contrairement à ce que l'on peut trouver en anglais, il y a relativement peu en français de bandes dessinées

*Conclusion générale*

autobiographiques centrées sur les LGBTQIA+. On pourra toutefois noter la collection de *Journaux* de Fabrice Néaud (plusieurs volumes entre 1996 à 2002), et *Appelez-moi Nathan* (2018) de Catherine Castro et Quentin Zutton (il s'agit toutefois pour le premier, de journaux, et pour le second, d'une autobiographie fictionnelle). Enfin, des bandes dessinées au cœur à la fois de la santé, mais aussi de la vie collective, telles les bandes dessinées ou futures bandes dessinées sur la pandémie du Coronavirus qui commence en 2019 mais affecte directement la France en 2020, avec *Le journal de Célia, infirmière au temps du covid et autres récits*, de Mademoiselle Caroline et Célia (2021). Le travail de ce livre ne représente donc qu'une partie du travail de recherche qu'il est possible de faire sur ce thème général de la santé, à la fois si riche, et si concret dans la vie de tous.

Il reste donc encore beaucoup à explorer, et des liens à tisser, en poursuivant ces recherches en incorporant des bandes dessinées provenant d'autres pays francophones, ainsi que de pays non-francophones (et là, on peut trouver de nombreux travaux écrits sur le sujet en anglais, certains que j'ai cités) notamment pour les comparer et voir comment ces notions s'articulent dans des contextes culturels et sociaux différents. Ces œuvres, et la recherche qui les accompagne, ont une importance globale. D'abord, l'intimité dans notre monde moderne s'exprime par les mots et les images. Enfin, la façon dont nous répondons en tant qu'individus et en tant que collectivité aux images de la maladie a des répercussions sur notre vie collective. Ces bédéistes, à travers leurs œuvres, nous apprennent à voir le sujet et son corps souffrant différemment.

# Notes

### Introduction

**1.** Fredric Wertham, *Seduction of the Innocent*, Rinehart & Company, New York, 1954.
**2.** Justin Green, *Binky Brown Meets the Holy Virgin Mary*, Last Gasp Eco Funnies, Berkeley, 1972.
**3.** Spiegelman, Art. *Maus*, Pantheon Books, 1986.
**4.** Johns Hopkins University Press, Baltimore, 1995.
**5.** Farrar, Straus & Giroux, New York, 1978.
**6.** www.graphicmedicine.org
**7.** Il existe une troisième catégorie qui ne sera pas traité dans ce livre, celle des professionnels de la santé: médecins, thérapeutes, infirmiers, aide à la personne, etc.
**8.** B. (David), *L'Ascension du Haut Mal*, L'Association, Paris, 2011.
**9.** Jung (de son vrai nom Jun Jung-sik), *Couleur de peau: miel*, t. 1, Quadrants astrolabe, Bruxelles, 2007 ; *Couleur de peau: miel*, t. 2, Quadrants astrolabe, Bruxelles, 2008 ; *Couleur de peau: miel*, t. 3, Quadrants astrolabe, Bruxelles, 2013 ; *Couleur de peau: miel*, t. 4, Quadrants astrolabe, Bruxelles, 2016.
**10.** Michel Kichka, *Deuxième Génération: ce que je n'ai pas dit à mon père*, Dargaud, Paris, 2012.
**11.** Raphaël Terrier, *46XY*, La Boîte à bulles, Antony, 2008.
**12.** Peeters, Frederik. *Pilules bleues*. Genève, Atrabile, 2001.
**13.** Élodie Durand, *La Parenthèse*, Delcourt, Paris, 2010.
**14.** Mattt Konture, *Sclérose en plaques*, L'Association, Paris, 2006.
**15.** Larcenet, Manu. *Presque*. Montreuil, Les Rêveurs, 2005.
**16.** Dewilde, Fred. *Conversation avec ma mort*. Paris, Rue de Seine Éditions, 2021
**17.** ———. *La Morsure*. Paris, Belin, 2018.
**18.** ———. *Mon Bataclan*. Paris, Lemieux, 2016.
**19.** Bertrand, Catherine. *Les Chroniques d'une survivante*. Paris, self-published, 2017.

**Chapitre 1**

**1.** Notamment dans: Sigmund Freud, *Trois essais sur la théorie de la sexualité infantile*, Gallimard, Paris, 1989.

**2.** Notamment dans Henri Wallon, *Les Origines du caractère chez l'enfant*, Presses universitaires de France, Paris, 2015.

**3.** Notamment dans Jean Piaget, *Six études de psychologie génétique*, Folio, Paris, 1987.

**4.** Toutefois, Eakin explique que la similarité s'arrête là, étant donné qu'il refuse la dualité encore le corps et l'esprit telle qu'elle est conçue par Descartes.

**5.** Le présent informant le passé, il s'agit peut-être ici d'un processus narratif pour ancrer et présenter le sujet principal de son histoire. Raphaël Terrier fait de même au début de *46XY* (cf. chapitre 2).

**6.** Sujet qui sera plus extensivement développé dans le chapitre III.

**7.** *Le Mythe de Sisyphe* est un essai philosophique de l'écrivain Albert Camus qui repend un mythe grec dans lequel le personnage principal est condamné à pousser un rocher jusqu'en haut d'une montagne, rocher qui retombe systématiquement au pied de la montagne dès qu'il a atteint le sommet. Sisyphe est ainsi condamné à répéter indéfiniment la même tâche.

**8.** Madame B. dit à Florence qu'elle possède aussi un don pour communiquer avec les morts et qu'un groupe de motards morts dans un accident la suivent partout, et lui absorbent toute son énergie (B., vol. III ; 4).

**9.** Voir la partie *Cerner l'invisible* de ce même chapitre.

**10.** En lettres majuscules dans le texte original.

**11.** Par "réaliste," on entend généralement des dessins aux traits dont les détails et la précision se rapprochent de la photographie.

**12.** Mouvement littéraire et culturel du début du 20$^e$ siècle valorisant le processus créatif à travers l'expression des rêves, des fantasmes, de l'inconscient.

**13.** Par exemple *Reinventing Comics: How Imagination and Technology Are Revolutionizing an Art Form* (*Réinventer la bande dessinée*), Paradox Press, New York, 2000.

**14.** Par exemple *Picture Theory: Essays on Visual and Verbal Representation*, University of Chicago Press, Chicago, 1994.

**15.** Par exemple *Autobiography*, Routledge, Abingdon-on-Thames, 2011.

**16.** Bernd Simon s'appuie sur des recherches menées par Aleida Assmann, Michael Billig, Jürgen Habermas, Stuart Hall et Andreas Wimmer.

**17.** Il est évident que ses recherches concluent à des tendances générales, mais que ces situations sont très complexes et que de nombreux paramètres peuvent influencer positivement ou négativement ces conclusions. En l'occurrence, ces résultats correspondent bien à l'exemple de Jung, mais ne peuvent en aucun cas s'appliquer à toutes les personnes en situation minoritaire. Dans ses recherches, Simon indique notamment que les relations de pouvoir internes au groupe et au sous-groupe ont aussi beaucoup d'influence sur la construction identitaire (9933).

**19.** Notamment: *The Principles of Psychology*, Henry Holt & Company, New York, 1890.
**20.** Notamment: *Consciousness reconsidered*, MIT Press, Cambridge (États-Unis), 1992.
**20.** Rappelons que le maître de macrobiotique qui soigne Jean-Christophe au début est lui aussi une sorte de chat.
**21.** Harold P. Blum est professeur de psychologie clinique et de psychiatrie à l'École de médecine de New York et l'auteur de plus de 150 articles ainsi que de plusieurs ouvrages.
**22.** C'est notamment David B. qui encouragea Marjane Satrapi à faire *Persepolis*, à présent succès mondial.

## Chapitre 2

**1.** Malgré plusieurs recherches en français et en anglais, je n'ai pas réussi à trouver d'œuvres (j'entends par là des bandes dessinées, des films ou des romans), qu'elles soient fictionnelles ou autobiographiques, réalisées du point de vue du futur père. Il existe des œuvres du point de vue du médecin, comme *La Vacation* de Martin Winckler, ou bien des documentaires comme *Les histoires d'A.*, sorti en 1973, et pro-IVG. Le plus souvent, les géniteurs ne font même pas partie de l'histoire. Cela s'explique sans doute par le fait que d'une part, l'avortement n'est pas légal dans tous les pays ; d'autre part que les femmes peuvent y avoir recours sans en prévenir leur partenaire, et enfin que la société a tendance à associer les sentiments et les tâches liés aux enfants avec les femmes qui sont traditionnellement celles qui restent à la maison en congé maternité (bien que certains pays, en minorité, confèrent également des congés paternités).

Sur un site américain dédié à l'avortement et aux hommes, un homme témoigne:

> When being male brings nothing but privilege and power, gender-based injustice rarely becomes an issue to be discussed publicly. Without such discussion and critical assessment, male status is rarely viewed by privileged men in a context where they will be able to recognize its negative effect on the lives of others. Consequently, the debate over the role of men in unplanned pregnancy is extremely interesting in that it represents one of the first times in the history of modern man in which he is confronted with a situation in which his power and influence may be deemed less important than that of his female partner.

Ainsi, lorsqu'il s'agit d'avortement, les hommes ont très peu la parole.

**2.** Paul John Eakin a consacré toute sa carrière au genre autobiographique, en se concentrant sur les notions de sujet, de moi, de personne, et de narration en lien avec l'identité. ("Paul John Eakin Emeriti Faculty Profiles")

**3.** Cependant, j'ai aussi souligné l'importance de "l'autre" dans l'histoire personnelle dans le chapitre premier, principalement du frère pour David, du père pour Kichka, et de la famille biologique et adoptive pour Jung. Cet autre est toutefois différent puisqu'il ne forme pas un bloc avec le narrateur. Former un couple, c'est devenir "nous" au lieu de "je," ou de "moi et les autres."

**4.** Les artistes évoqués dans le Chapitre 1, par exemple, donnaient parfois directement la parole à ces "autres" pour qu'ils puissent exprimer leur perspective, partager une petite partie de leur intimité.

**5.** Il n'est pas vraiment possible de parler de chapitres puisque Peeters sépare chaque partie (faute de terme plus approprié) par une page blanche contenant un petit dessin (un mégot de cigarette, une cellule, des médicaments, une lampe, etc.) qui ferait figure de titre, ou du moins marque un changement. Je parle par conséquent de partie ou de chapitre, mais la numérotation est la mienne, elle ne fait pas partie du texte original.

**6.** La cristallisation est un phénomène théorisé par le romancier Stendhal, celui du début de la relation amoureuse où tout chez l'autre semble parfait, et est admiré, ce qui amène à l'adoration de cette personne.

**7.** Comme défini par Scott McCloud, les ellipses entre chaque vignette sont extrêmement courtes, ce qui donne l'impression d'une action lente ou au ralenti (*L'Art invisible* 78).

**8.** Comme défini par Scott McCloud, des vignettes successives ne représentent pas une avancée dans le temps, mais plutôt se posent sur des détails de la scène, ce qui fait presque office de pause (*L'Art invisible* 80).

**9.** Cet album ne contient pas de numérotation de page.

**10.** Il en parle extensivement dans *Cinq leçons sur la psychanalyse* (1909), notamment dans la première conférence: "La malade elle-même qui, à cette époque de sa maladie, ne parlait et ne comprenait que l'anglais, donna à ce traitement d'un nouveau genre le nom de *talking cure* ; elle le désignait aussi, en plaisantant, du nom de *chimney sweeping*." (Usage de l'italique de l'auteur 9)

**11.** Ce qui rappelle ce que dit Scott McCloud à propos de ce qui se passe entre les vignettes.

**12.** "Lorsque la psychanalyse parle de l'objet, elle parle de l'objet du désir tel qu'il se construit dans le triangle œdipien. Selon cette figure, le père est le support de la loi et la mère le prototype de l'objet" (Kristeva, *Pouvoirs* 43).

**13.** Il faut toutefois faire attention aux conventions culturelles. Dans *L'Art invisible* (p. 139), Scott McCloud explique que la bande dessinée, en tant que mouvement artistique, possède un système de symboles reconnus. Cependant, ce système n'est pas forcément le même partout. Il offre l'exemple du Japon dont l'art de la bande dessinée s'est développé pendant longtemps sans l'influence de l'Europe ni des États-Unis. De plus, chaque artiste crée son propre univers et à "chaque fois qu'un artiste invente une nouvelle manière de représenter l'invisible, son idée est susceptible d'être reprise par d'autres" (137), tout comme il est susceptible d'avoir repris l'idée d'un autre.

**14.** Consultable à l'adresse suivante: fr.linkedin.com/in/raphaelterrier/en (Mai 2022).

**15.** Dans *The Threshold of the Visible World*, Kaja Silverman s'interroge sur le fait que, parfois, elle s'arrête pour donner de l'argent aux personnes faisant la manche dans la rue, alors que pour d'autres, elle choisit de les ignorer. Elle en déduit que lorsqu'elle s'arrête pour leur donner de l'argent, elle le fait car avant de décider de s'arrêter, elle s'est imaginée être à leur place, c'est-à-dire qu'elle s'est identifiée à elles l'espace d'un instant. Toutefois cette identification est douloureuse, d'où le fait qu'elle ne se produise pas à chaque fois. Elle en conclut qu'il n'y a pas de relation possible avec l'autre sans processus d'identification (*The Threshold of the Visible World* 79). Pour cette note, j'ai simplifié son raisonnement, qui s'appuie sur de nombreux travaux de psychanalyse et de psychologie.

## Chapitre 3

**1.** *Sclérose en plaques* est le tome VI d'une série d'albums publiés au gré des envies de l'auteur, qui est par ailleurs également musicien.

**2.** Planches consultables sur la page web: www.frm.org/nos-publications/bande-dessinees/bd-sclerose-en-plaques

**3.** "Documentaire de 64 minutes réalisé par Francis Vadillo, qui a suivi Mattt Konture pendant plus de deux ans, chez lui, dans différents festivals, et lui offre enfin le portrait qu'il mérite. C'est l'occasion de le voir au travail, dessinant dans ses carnets et réalisant des fanzines, ou jouant sur scène avec son groupe Courge. On pénètre dans son quotidien en l'accompagnant dans sa pratique compulsive du dessin, seul ou entouré de ses nombreux amis "fanzineux," mais aussi par l'évocation de la maladie qui l'affecte, la sclérose en plaques. C'est enfin un portrait d'une scène underground musicale et graphique vivace et festive (…). Durant le tournage, Mattt Konture a réalisé une nouvelle "Comixture" qui accompagne le DVD. Ce nouveau Comix, sans comparaison possible avec un simple making-of, ouvre un dialogue avec le documentaire, lui offre des prolongements inattendus et donne toute sa cohérence à l'ensemble." ("Comixture jointe: L'éthique du Souterrain")

**4.** À ce sujet, Bart Beaty, dans *Unpopular Culture*, explique que l'Association—le groupe dont Konture est l'un des membres fondateurs—est la maison d'édition de bande dessinée indépendante qui a révolutionné le monde de la bande dessinée franco-belge en s'opposant aux maisons d'éditions classique pour qui (toujours d'après Beaty) seul le relevé des ventes importe. D'où la surexploitation de séries populaires comme *Astérix* ou *Lucky Luke*, dont les inventeurs d'origine ont depuis bien longtemps été remplacés par d'autres équipes (60). Mattt Konture ne fait que revendiquer sa philosophie d'artiste ici, insistant sur le fait que lorsqu'il crée un album, il a un vrai message à faire passer.

**5.** En référence à une image particulière analysée dans le Chapitre 1 provenant de *L'Ascension du Haut Mal*.

**6.** Une IRM (image par résonance magnétique) permet de visualiser de manière très précise les tissus mous et les organes en deux ou trois dimensions et de façon non invasive.

**7.** Voir introduction.

**8.** Plus connu sous le nom de *gaslighting* en anglais, situation dans laquelle une personne doute complètement de sa raison et de la réalité, poussée à la confusion par les autres. Dans le cas de Mattt Konture, les autres ne se rendent pas compte de ce qu'ils font. Toutefois le *gaslighting* est une forme de manipulation qui peut être extrêmement abusive.

**9.** Cet ordinateur fait en quelque sorte écho à la vignette que j'ai analysée dans le chapitre premier, où des livres qui entouraient Jean-Christophe et ses parents incarnaient le savoir de la médecine et des médecins, leur conférant autorité scientifique.

**10.** Rappelons qu'ils sont collègues et que Mattt Konture est certainement familier avec *L'Ascension du Haut Mal*.

**11.** Mattt Konture parle de sa carrière, notamment de son rôle au sein de l'Association et de son groupe de musique appelé Courge, dans la vidéo intitulée "Interview de Mattt Konture" de la chaîne YouTube Bruits de Lune (www.youtube.com/watch?v=s2Jw_Q70Khw).

**12.** Il s'agit du titre d'une communication faite au 16$^e$ Congrès international de psychanalyse, à Zurich le 17 juillet 1949, publiée par la suite dans la *Revue française de psychanalyse* en 1949.

**13.** L'unité est toujours illusoire chez Lacan.

**14.** Je me permets de rappeler que la sclérose en plaques se détecte grâce une IRM et qu'elle est diagnostiquée par la présence de taches sur le cerveau.

**15.** Voir l'introduction.

## Chapitre 4

**1.** Lewis Trondheim, *Approximativement*, Éditions Cornélius, Paris, 1998. D'autres ouvrages de cet auteur seront toutefois cités, dont *Désœuvré* (L'Association, collection "Éprouvette," Paris, 2005), qui traite du fait d'être un bédéiste vieillissant.

**2.** Ceci est un procédé fréquent dans les bandes dessinées. Attention toutefois à ne pas confondre le degré de réalisme du dessin avec le degré de sérieux de l'histoire. Art Spiegelman, dans *Maus*, raconte l'expérience de son père juif pendant la Seconde Guerre mondiale en Pologne, et notamment sa vie dans les camps, en dessinant les Juifs comme des souris et les Allemands comme des chats. Le texte de Trondheim ne traite pas d'un sujet aussi lourd, mais au-delà de l'humour, il aborde quand même certaines idées noires de l'auteur.

**3.** Notamment sa série de journaux intimes intitulée *Les Petits Riens*.

**4.** Voir l'introduction.

**5.** Échantillon de 1 002 personnes, représentatif de la population française âgée de dix-huit ans et plus. Représentativité par la méthode des quotas appliquée aux critères suivants: sexe, âge, profession, région et catégorie d'agglomération.

**6.** Sigmund Freud, *Der Witz und seine Beziehung zum Unbewussten*, Franz Deuticke, Vienne et Leipzig, 1905 (*Le Mot d'esprit et sa relation à l'inconscient*, traduit de l'allemand [Autriche] par Marie Bonaparte et M. Nathan, Gallimard, Paris, 1930).

**7.** Stevenson, Robert Louis. *L'Étrange cas du docteur Jekyll et de M. Hyde*. Longmans, Green & Co., 1886.

**8.** J'entends par là l'hypocrisie engendrée par la vie en société: les normes sociales, comme les règles de politesse, de salutations ...

**9.** De même qu'Art Spiegelman ne se prend pas non plus pour une souris dans *Maus*, mais cette souris symbolise l'être traqué puisque les nazis sont, eux, représentés par des chats. Cette animalisation qui participe à la simplification permet au lecteur de s'identifier plus facilement au "personnage," comme l'explique Scott McCloud (*L'Art invisible* 37–39), point que j'ai déjà mentionné dans les chapitres précédents.

10. Voir Chapitre 3.

**11.** James W. Pennebaker travaille depuis plus de trente ans sur le lien entre la santé, l'acte de se confier, les émotions et les symptômes psychosomatiques. Il a publié plusieurs ouvrages sur le sujet qui ont été traduits dans de nombreuses langues. L'un de ses objectifs principaux est de montrer que l'acte de partager avec l'autre une expérience traumatique permet de supprimer les effets de stress liés à cette expérience, ainsi que sa présence dans la cogitation quotidienne ("Background Information")

**12.** Cf. *Helpful advice*, sur le site Robot Hugs (www.robot-hugs.com/helpful-advice/).

## Chapitre 5

**1.** C'est en 1972 qu'est instauré en France un service militaire obligatoire pour les jeunes hommes, et en 1905 qu'il prend sa forme moderne: deux ans de service (puis réduit à un an) pour tous les jeunes hommes de plus de 18 ans. C'est le président Jacques Chirac en 1997 qui suspendra cette obligation de conscription. Le service militaire est à présent volontaire. ("Chronologie")

**2.** Magazine de bande dessinée d'humour pour adultes créé en 1975 par l'artiste Gotlib. (Vertaldi)

**3.** Périodique de bande dessinée franco-belge fondé en 1938 et pour tout public. ("La véritable histoire de Spirou")

**4.** Manu Larcenet, *Presque*, Les Rêveurs, Montreuil, 2005.

**5.** Onega, Susana et Jean-Michel Ganteau. "Introduction." *The Ethical Component in Experimental British Fiction since the 1960s*, édité par Susana Onega et Jean-Michel Ganteau. Cambridge Scholars Publishing, 2007, pp.1–9.

**6.** El Refaie se base ici sur une analogie utilisée par le psychothérapeute de Rosalind Penfold dans la bande dessinée autobiographique *Dragon Slippers*.

**7.** Foa, Edna B., Rothbaum, Olasov B. *Treating the Trauma of Rape: Cognitive-Behavioral Therapy for PTSD*. New York, Guilford Press, 1998.

**8.** Resick, P. A., & Schnicke, M. K. Cognitive processing therapy for sexual assault victims. *Journal of Consulting and Clinical Psychology*, t.61, no. 4, 1993, pp. 748–56.

**9.** Pietrzak, R. H., Goldstein, R. B., Malley, J. C., Rivers, A. J., & Southwick, S. M. "Structure of posttraumatic stress disorder symptoms and psychosocial functioning in Veterans of Operations Enduring Freedom and Iraqi Freedom." *Psychiatry Research*, 178(2), 2010. Pp. 323–29.

**10.** Maercker, Andreas, and Julia Müuller. "Social Acknowledgment as a Victim or Survivor: A Scale to Measure a Recovery Factor of PTSD." *Journal of Traumatic Stress*, vol. 17, no. 4, 2004, pp. 345–51.

**11.** Holman, Valerie et Debra Kelly. "Introduction. War in the Twentieth Century: The Functioning of Humour in Cultural Representation." *Journal of European Studies* t. 31, no. 123, 2001, pp.247–63.

**12.** Walter, Natasha. "Marjane Satrapi: The Lipstick Rebellion." *The Independent*. 5 sept. 2004. independent.co.uk/arts-entertainment/books/features/marjane-satrapi-the-lipstickrebellion-40666.html. 21 mars 2019.

**13.** Une expression par ailleurs également utilisé par Leslie Plée, étudiée dans le chapitre 4.

## Conclusion

**1.** Voir les travaux du neuro-scientifique Jaak Panksepp, tel que l'article "Laughing rats and the evolutionary antecedents of human joy?" ou le documentaire "Why Dogs Smile and Chimpanzees Cry."

**2.** Steinkis, 2017.

**3.** Les Arènes, 2015. Le titre original est *El Deafo* et a été publié en 2014 par Amulet Books.

**4.** First Second Books, 2006, publié par Dargaud en français sous le même titre en 2007.

**5.** Delcourt, 2014.

**6.** Vents d'Ouest, 2018.

**7.** Delcourt, 2016.

**8.** Delcourt, 2018.

**9.** Fantagraphics, 2010. Publié en français sous le titre *Vers la sortie* en 2011 chez Acte Sud.

**10.** PLG, 2018.

**Annexe**

*L'Ascension du Haut Mal* par David B.

*Annexe*

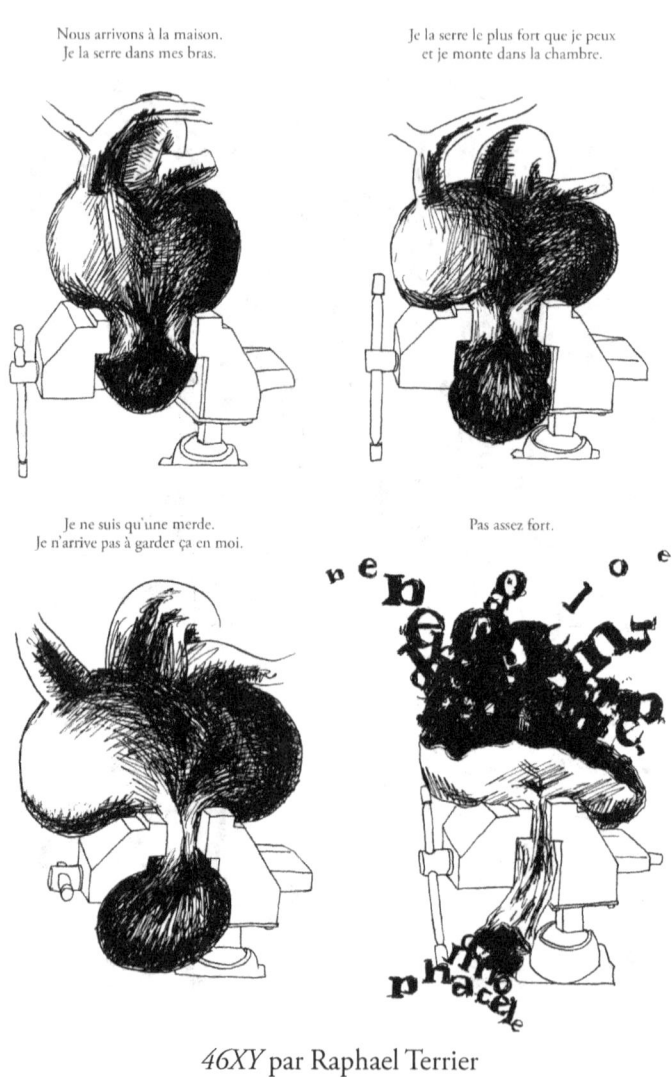

*46XY* par Raphael Terrier

*Annexe*

*Pilules bleues* par Frederik Peeters

## Annexe

*Sclérose en Plaques* par Matt Konture

*Annexe*

*Presque* par Manu Larcenet

# Références bibliographiques

Anderson, Benedict. *Imagined Communities: Reflections on the Origin and Spread of Nationalism.* Verso, 1991.

Anderson, Linda. *Autobiography.* Routledge, 2011.

Augé, Marc, et Claudine Herzlich. "Biological Order, Social Order: Illness, an Elemental Form of Event." *The Meaning of Illness: Anthropology, History and Sociology*, Routledge, 1995, pp. 27–70.

Avila, William. *Representations of HIV/AIDS in Popular American Comic Books, 1981–1996.* Doctoral dissertation, Bowling Green State University, 2021.

B., David. *L'Ascension du Haut Mal.* L'Association, 2011.

Bakhtin, Mikhail. *Rabelais and his World.* Traduit par Helene Iswolsky. MIT Press, 1968.

Baetens, Jan. *The Graphic Novel.* Leuven UP, 2001.

—. "From Black & White to Color and Back: What Does It Mean (Not) to Use Color?" *College Literature*, t. 38, no. 3, 2011, pp. 111–28.

Baetens, Jan, et Hilde Van Gelde. "Permanences de la ligne claire. Pour une esthétique des trois unités dans L'ascension du Haut-Mal de David B. *"Poétiques de la bande dessinée*, édité par Pierre Fresnault-Deruelle et Jacques Samson. *Media et Information*, t. 26, 2007, pp. 193.

Beaty, Bart. *Unpopular Culture: Transforming the European Comic Book in the 1990s.* U of Toronto P, 2007.

Baudelaire, Charles. "Spleen (Quand Le Ciel Bas Et Lourd)." *FleursDuMal. org*, fleursdumal.org/poem/161.

Berlant, Lauren, éd. "Intimacy: A Special Issue," *Critical Inquiry*, t., no. 2, 1998, pp. 281.

—. *Intimacy.* Chicago, University of Chicago Press, 2000.

—. *The Female Complaint: the unfinished business of sentimentality in American culture.* Duke UP, 2008.

*Références bibliographiques*

Blum, Harold P. "The Creative Transformation of Trauma: Marcel Proust's *In Search of Lost Time.*" *The Psychoanalytic Review*, t. 99, no. 5, 2012, pp. 677–696.

Bernard-Griffiths, Simone. *Difficulté d'être et mal du siècle dans les correspondances et journaux intimes de la première moitié du XIXe siècle*. Presses universitaires Blaise Pascal, 1999.

Bertrand, Catherine. *Les Chroniques d'une survivante*. Auto-édité, 2017.

Bozard, Laurent. "Défense Et Illustration De La Chick BD." *Alternative Francophone*, t. 1, no. 9, 2016, pp. 39–49.

Brenot, Philippe. *Le Génie Et La Folie: En Peinture, Musique, Littérature*. Odile Jacob, 2014.

Caroline, Mademoiselle. *Chute Libre: Carnets Du Gouffre*. Delcourt, 2013.

"Catherine Bertrand." *Babelio*, www.babelio.com/auteur/Catherine-Bertrand/454159. 2 déc. 2023.

Chaney, Michael A. "Animal Subjects of the Graphic Novel," *John Hopkins UP*, t. 38 no. 3, 2011, pp. 129–49.

"Chronologie. Les Grandes Dates Du Service Militaire Obligatoire." *Leparisien.Fr*, 12 févr. 2016, www.leparisien.fr/archives/chronologie-les-grandes-dates-du-service-militaire-obligatoire-12-02-2016-5539485.php. 21 oct. 2023.

Chute, Hillary L. *Graphic Women: Life Narrative and Contemporary comics*. Columbia UP, 2010.

Couser, Thomas G. *Recovering Bodies: Illness, Disability, and Life-Writing*, U of Wisconsin P, 1997.

"Comixture Jointe: L'éthique Du Souterrain." *Cultura*, www.cultura.com/p-comixture-jointe-l-ethique-du-souterrain-9782844144478.html.

Czerwiec, MK. "Representing AIDS in Comics." *Journal of Ethics: American Medical Association*, American Medical Association, 1 févr. 2018, journalofethics.ama-assn.org/article/representing-aids-comics/2018-02.

Dambrine, Adrian. "'Le Double Effet Kiss Cool': Qu'est-Ce Que c'est ?" *La Culture Générale*, 30 sept. 2022, www.laculturegenerale.com/double-effet-kiss-cool-deuxieme-effet-definition-origine-signification/. 2 nov. 2023.

Davies, Dominic. "Introduction." *Documenting Trauma in Comics: Traumatic Pasts, Embodied Histories, and Graphic Reportage*, Palgrave Macmillan, 2020.

Descartes, René. *Discours de la méthode* (1637). Les Échos du Maquis, 2011,philosophie.cegeptr.qc.ca/wp-content/documents/Discours-de-la-m%C3%A9thode.pdf. 18 avr. 2014.

Dewilde, Fred. *Conversation avec ma mort*. Rue de Seine Éditions, 2021

———. *La Morsure*. Belin, 2018.

———. *Mon Bataclan*. Lemieux, 2016.

Durand, Élodie. *La Parenthèse*. Delcourt, 2010.

———. "Je voulais que ce combat contre la maladie soit le plus authentique possible pour le lecteur." Entrevue par Charles-Louis Detournay, *ActuaBD*, 7 août. 2010, www.actuabd.com/Elodie-Durand-la-Parenthese-Je. 13 août. 2014.

Ducrocq, F., et al. "Chapitre 79 : Les Traumatismes Collectifs." *Société Française de Médecine d'Urgence*, La Maison de l'Urgence, 2007, www.sfmu.org/upload/70_formation/02_eformation/02_congres/Urgences/urgences2007/donnees/pdf/79_ducrocq.pdf. 8 oct. 2023.

Dumont, Agnès. "BD Et Romans-Photos: Prévention Ludique En Afrique." *Revue Critique De L'actualité Scientifique Internationale Sur Le VIH Et Les Virus Des Hépatites*, Transcriptases, janv. 2004, www.pistes.fr/transcriptases/113_326.htm.

Eakin, Paul John. *How Our Lives Become Stories: Making Selves*. Cornell UP, 1999.

———. "Relational Selves, Relation Lives: The Story of the Story." *True Relations, Essays on Autobiography and the Postmodern*, édité par Couser Thomas G. et Joseph Fichtelberg. Praeger, 1998.

Earle, Harriet E. H., *Comics, Trauma, and the New Art of War*. UP of Mississippi, 2017.

Engelmann, Jonas. "Picture This: Disease and Autobiographic Narration in the Graphic Novels of David B and Julie Doucet." *Comics as a Nexus of Cultures Essays on the Interplay of Media, Disciplines and International Perspectives*. McFarland, 2010.

El Refaie, Elisabeth. *Autobiographical Comics: Life Writing in Pictures*. UP of Mississippi, 2012.

———. *Visual Metaphor and Embodiment in Graphic Illness Narratives*. Oxford UP, 2019.

Fanon, Frantz. *Peau noire, masques blancs*. Éditions du Seuil, 1952.

Flanagan, Owen. *Consciousness reconsidered*. MIT P, 1992.

Floreani, Jeanine. "Le Syndrome du prisonnier." *du9 l'autre bande dessinée*, 01 déc. 2007, www.du9.org/chronique/syndrome-du-prisonnier-le/. 18 juil. 2014.

Foa, Edna B. et Rothbaum, Olasov B. *Treating the Trauma of Rape: Cognitive-Behavioral Therapy for PTSD*. Guilford Press, 1998.

Fox, Steven. "Abortion Eve." *Underground Comixjoint*, 2013, comixjoint.com/abortioneve.html. 10 avr. 2014.

*Références bibliographiques*

Frank, Arthur W. *The Wounded Storyteller: Body, Illness, and Ethics.* U of Chicago P, 1995.

Freud, Sigmund. *Au-delà du principe de Plaisir.* Payot, 2010.

———. *Cinq leçons de psychanalyse.* Université du Québec, 2013, classiques. uqac.ca/classiques/freud_sigmund/cinq_lecons_psychanalyse/ cinq_lecons/cinq_lecons_psychanalyse.pdf. 14 févr. 2015.

———. *Deuil et Mélancolie.* Paris, Payot, 2011.

———. *Le Mot d'esprit et sa relation à l'inconscient.* Traduit par Marie Bonaparte et M. Nathan. Gallimard, 1930.

———. *Psychopathologie de la vie quotidienne.* Payot, 2004.

———. *Trois essais sur la théorie de la sexualité infantile.* Gallimard, 1989.

Foucault, Michel. *Naissance de la clinique—Une archéologie du regard médical.* Presses universitaires de France, 1963.

Gabilliet, JeanPaul. "'Fun in Four Colors' Comment La Quadrichromie a Créé La Bande Dessinée Aux ÉtatsUnis." *Transatlantica. Revue D'études Américaines. American Studies Journal,* Association Française D'études Américaines (AFEA), 1 oct. 2005, journals.openedition.org/transatlantica/319.

Gallop, Jane. *Reading Lacan.* Cornell UP, 1985.

Gottschall, Jonathan. *The Storytelling Animal: How Stories Make Us Human.* Houghton Mifflin Harcourt, 2012.

Grisi, Stéphane. *Dans l'intimité de la maladie— De Montaigne à Hervé Guibert.* Desclée de Brouwer, 1996.

Groensteen, Thierry. "Les petites cases du Moi: l'autobiographie en bande dessinée." *Neuvième Art,* t. 1, 1996, pp. 58–69.

———. *Système de la bande dessinée.* Presses universitaires de France, 1999.

Hatfield, Charles. *Alternative Comics: An Emerging Literature.* UP of Mississippi, 2005.

"Helpful Advice." *Robot Hugs,* 21 Nov. 2013, www.robot-hugs.com/helpful-advice/. 17 nov. 2014.

"Historique." *Life for Paris—Association de Victimes Des Attentats Du 13 Novembre 2015,* 2023, lifeforparis.org/association/. 28 sept. 2023.

Houot, Laurence. Entretien avec Catherine Bertrand. "'Chroniques d'une Survivante,' Le Carnet Dessiné de Catherine Bertrand, Rescapée Du Bataclan." *Franceinfo,* 3 oct. 2018. www.francetvinfo.fr. 7 nov. 2023.

"Hulk." *Comic Vine,* 11 févr. 2020, comicvine.gamespot.com/hulk/4005-2267/. 10 mars 2020.

"Interview with Ionesco Part 2." *YouTube,* 25 avr. 2010. *YouTube,* www.youtube.com/watch?v=yjRiTGS8n3c&t=5s.

*Références bibliographiques*

Ionesco, Eugene. "Interview with Ionesco part 2." *YouTube*, IonescoEnthusiast, 2010, www.youtube.com/watch?v=yjRiTGS8n3c&t=5s.

Jakubczuk, Renata. "Les Avatars Des Normes: La Transgénéricité Des Textes Dramatiques De Paul Willems." *Romanica Cracoviensia*, no. 3, 2019, pp. 147–55.

James, Williams. *The Principles of Psychology*. Henry Holt & Company, 1890.

"Jo (Derib)." *BDGest*, Home Solutions, 26 févr. 2003. www.bedetheque.com/BD-Jo-Derib-Jo-24127.html.

Jolly, Margaretta. "Introduction." *Life Writing as Intimate Publics*, numéro spécial de *Biography*, t. 34, no. 1, 2011, pp. V-XI.

Jung, Sik Jun. *Couleur de peau: miel*, t. 1. Bruxelles, Quadrants astrolabe, 2007.

———. *Couleur de peau: miel*, t. 2. Bruxelles, Quadrants astrolabe, 2008.

———. *Couleur de peau: miel*, t. 3. Bruxelles, Quadrants astrolabe, 2013.

———. *Couleur de peau: miel*, t. 4. Bruxelles, Quadrants astrolabe, 2016.

Jurecic, Ann. *Illness as Narrative*. Pittsburgh, University of Pittsburgh Press, 2012.

Kichka, Michel. *Deuxième Génération: Ce Que Je n'ai Pas Dit À Mon Père*. Dargaud, 2012.

Kleinman, Arthur. *The Illness Narratives: suffering, healing, and the human condition*. New York, Basic Books, 1988.

Konture, Mattt. Entretien avec Monique Saltet. www.bd-massillargues.net/index.php?post/2011/01/17/49-konture-matt. 14 janv. 2007.

———. *Sclérose en plaques*. Paris, L'Association, 2006.

Krippner, Stanley. "Personal mythology: An introduction to the concept." *The Humanistic Psychologist*, t. 18, 1990, pp. 137–42.

Kristeva, Julia. *Pouvoirs de l'horreur—Essai sur l'abjection*. Paris, Éditions du Seuil, 1980.

———. *Soleil Noir—Dépression et Mélancolie*. Paris, Gallimard, 1987.

Kübler-Ross, Elisabeth. "Le deuil, un temps à traverser." Elisabeth Kübler-Ross France, 2008. ekr.france.free.fr/deuil.htm. 27 dec. 2013 "La «Marque France» et les psychologies collectives," *Influencia*, Viavoice Paris for W & C$^{ie}$, 1 mars 2013. www.influencia.net/data/document/cie1.pdf. 13 oct. 2014.

Laborde, Cynthia. "Le 13 novembre 2015 en bande dessinée: Traumatisme et reconnaissance sociale." *Contemporary French and Francophone Studies*, t. 24, pp. 467–75, 2020.

———. "Re/trouver sa place dans l'H/histoire: Perspectives postmémorielles dans *Deuxième génération: Ce que je n'ai pas dit à mon père* de Michel Kichka." *French Forum*, t. 44, no. 1, 2019, pp. 119–31.

*Références bibliographiques*

Lacan, Jacques. "Le stade du miroir comme formateur de la fonction du je, telle qu'elle nous est révélée, dans l'expérience psychanalytique." 1949. espace.freud.pagesperso-orange.fr/topos/psycha/psysem/miroir.htm. 4 sept. 2015.

La Genardière, Claude de. "David B.: histoire(s) d'une reconstruction." *Neuvième art 2.0*, 2004, pp. 11, neuviemeart.citebd.org/spip.php?article225. 16 janv. 2014.

"La Véritable Histoire de Spirou (1937–1946)" *Les Éditions Dupuis*, 2013. www.dupuis.com/la-veritable-histoire-de-spirou/bd/la-veritable-histoire-de-spirou-tome-1-la-veritable-histoire-de-spirou-1937-1946/35925. 7 oct. 2023.

Larcenet, Manu. *Presque*. Les Rêveurs, 2005.

"Le Conseil d'administration." *ASSOCIATION FRANÇAISE DES VICTIMES DU TERRORISME*, 2022, www.afvt.org/qui-sommes-nous-organisation-membres/#. 23 déc. 2023.

Leese, Peter, Crouthamel, Jason et Köhne, Julia Barbara. *Languages of Trauma: History, Memory, and Media*, U of Toronto P, 2021. doi-org.ezproxy.uta.edu/10.3138/9781487539405.

Lejeune, Philippe. *Le Pacte autobiographique*. Éditions du Seuil, 1975.

Les Échos. *Attentats Du 13 Novembre 2015: Dans l'enfer Du Bataclan*, 8 sept. 2021, www.lesechos.fr/politique-societe/societe/attentats-du-13-novembre-2015-dans-lenfer-du-bataclan-134336513-novembre-2015-dans-lenfer-du-bataclan-1343365. 26 sept. 2023.

Lewis, Helen Block. *Shame and Guilt in Neurosis*. International Universities, 1971.

Lhote, Florence. "Genre Et Genres: Le VIH Par Ses Récits." *Babel. Littératures Plurielles*, Université Du Sud Toulon-Var, 18 mai 2020. journals.openedition.org/babel/10391.

Maercker, Andreas, et Julia Müller. "Social Acknowledgment as a Victim or Survivor: A Scale to Measure a Recovery Factor of PTSD." *Journal of Traumatic Stress*, t. 17, no. 4, 2004, pp. 345–51.

Mathy, Jean-Philippe. *Melancholy Politics: Loss, Mourning, and Memory in Late Modern France*. Pennsylvania State UP, 2011.

Mattingly, Cheryl, et Linda C. Garro. *Narrative and the Cultural Construction of Illness and Healing*. U of California P, 2000.

May, Georges. *L'Autobiographie*. Presses universitaires de France, 1984.

McLennan, Rachael. *American Autobiography*. Edinburgh, Edinburgh UP, 2013.

McCloud, Scott. *L'Art invisible*. Delcourt, 2007.

———. *Reinventing Comics: How Imagination and Technology Are Revolutionizing an Art Form*. Paradox Press, 2000.

Mitchell, W. J. T. *Picture Theory: Essays on Visual and Verbal Representation.* Chicago, University of Chicago Press, 1994.

"Mon Bataclan: Vivre Encore / Fred Dewilde." *Avignon Bibliothèques*, Bibliothèque municipale d'Avignon, 2016. bibliotheques.avignon.fr/in/faces/details.xhtml?id=p%3A%3Ausmarcdef_0000479329%29. 26 nov. 2023.

Montémont, Véronique. "Avorter: scandale." Fort, Pierre-Louis, et Violaine Houdart-Merot. *Annie Ernaux: Un engagement d'écriture.* Presses Sorbonne Nouvelle, 2015, pp. 27–37).

Montaigne, Michel de. *Essais.* Librairie générale française, 2001.

Nabizadeh, Golnar. *Representation and Memory in Graphic Novels.* Routledge, 2019.

Nelson, Gareth. "Ontogeny, Phylogeny, Paleontology, and the Biogenetic Law." *Systematic Zoology*, t. 27. 3, sept. 1978, pp. 324–45.

"Omphalocèle: Complications De Grossesse Chez Le Fœtus." *Complications De Grossesse*, CHU Sainte Justine, 18 janv. 2018. www.chusj.org

Pagnon-Somé, Isabelle. "E. Weiss et G. Perec, ou la nécessité psychique de l'écriture autofictionnelle." *L'Évolution psychiatrique*, t. 76.3, juil. 2011, pp. 449–59.

"Paul John Eakin Emeriti Faculty Profile." Indiana University Bloomington, English Department, english.indiana.edu/about/emeriti/eakin-paul-john.html. 27 déc. 2013.

Park, Robert Ezra. *Race and Culture.* Free Press, 1950.

Peeters, Frederik. *Pilules bleues.* Genève, Atrabile, 2001.

Pennebaker, James W. "Background Information." The University of Texas at Austin, Department of Psychology, liberalarts.utexas.edu/psychology/faculty/pennebak. 28 oct. 2014.

———. *Emotion, Disclosure & Health.* American Psychological Association, 1995.

———. *Opening up: The Healing Power of Confiding in Others.* The Guilford Press, 1990.

———. *The Psychology of Physical Symptoms.* Springer-Verlag, 1982.

Piaget, Jean. *Six études de psychologie génétique.* Folio, 1987.

Pietrzak, R. H., Goldstein, R. B., Malley, J. C., Rivers, A. J., et Southwick, S. M. "Structure of posttraumatic stress disorder symptoms and psychosocial functioning in Veterans of Operations Enduring Freedom and Iraqi Freedom." *Psychiatry Research*, t. 178, no. 2, 2010. pp. 323–29.

Plée, Leslie. *L'effet Kiss Pas Cool: Journal d'une Angoissée de La Vie.* J.-C. Gawsewitch, 2011.

*Références bibliographiques*

Pratt, Murray. "Dramatizing the Self and the Brother: Auto/biography in David B's *L'Ascension du Haut Mal.*" *Australian Journal of French Studies*, 2011, pp. 132–52.

"Quelle est la différence entre Sida et Vih ?" *Lumni*, Arte, France Médias Monde, France Télévisions, INA, Radio France et TV5Monde, educateurs. lumni.fr/index.php/article/quelle-difference-entre-sida-et-vih. 7 juil. 2020.

"Rencontre Dessinée: Lewis Trondheim," *France Culture*. www.franceculture.fr/plateformes-les-territoires-de-la-bande-dessinee-rencontre-dessinee-lewis-trondheim.html. 3 déc. 2014.

Resick, P. A., & Schnicke, M. K. Cognitive processing therapy for sexual assault victims. *Journal of Consulting and Clinical Psychology*, t. 61, no. 4, 199, pp. 748–56.

Romero-Jódar, Andrés. *The Trauma Graphic Novel*. Taylor et Francis Group, 2019.

Rothman, Sheila. *Living in the Shadow of Death*. Johns Hopkins UP, 1995.

Scarry, Elaine. *The Body in Pain: The Making and Unmaking of the World*. Oxford UP, 1987.

Silverman, Kaja. *The Threshold of the Visible World*. Routledge, 1996.

———. *The Subject of Semiotics*. Oxford, Oxford UP, 1984.

Simon, Bernd. *Identity in Modern Society: A Social Psychological Perspective*. Blackwell Pub, 2004.

Stevenson, Robert Louis. *L'Étrange cas du docteur Jekyll et de M. Hyde*. Longmans, Green & Co., 1886.

Terrier, Raphaël. *46XY*. La Boîte à bulles, 2008.

Tisseron, Serge. *Psychanalyse de la bande dessinée*. Presses universitaires de France, 1987.

———. *La Honte, Psychanalyse d'un lien social*. Paris, Dunod, 1992.

"Traumatisme." Centre national de ressources textuelles et linguistiques, 2012. hwww.cnrtl.fr/lexicographie/traumatisme. 2 déc. 2014.

Trondheim, Lewis. *Approximativement*. Éditions Cornélius, 1998.

———. *Désœuvré*. L'Association, collection "Éprouvette," 2005.

Vertaldi, Aurélia. "Fluide Glacial a 40 Ans: L'histoire Du Journal En 10 Dates Marquantes." *Le Figaro*, 10 avr. 2015. www.lefigaro.fr/bd/2015/04/10/03014-20150410ARTFIG00020--fluide-glacial-a-40-ans-l-histoire-du-journal-en-10-dates-marquantes.php. 23 oct. 2023.

Walter, Natasha. "Marjane Satrapi: The Lipstick Rebellion." *The Independent*. 5 sept. 2004. independent.co.uk/arts-entertainment/books/features/marjane-satrapi-the-lipstickrebellion-40666.html. 21 mars 2019.

Wallon, Henri. *Les Origines du caractère chez l'enfant*. Presses universitaires de France, 2015.

Wawrzyniak, Richard, et Floriane Boillot. "Attentats." *Ministère de L'intérieur*, Délégation à l'Information et à la Communication (DICOM) du ministère de l'Intérieur et des Outre-mer, 2016. www.interieur.gouv.fr/Archives/Archives-des-dossiers/2016-Dossiers/Attentats. 12 mars 2022.

Wertham, Fredric. *Seduction of the Innocent*. Rinehart & Company, 1954.

Williams, Ian. "Graphic medicine: how comics are revolutionizing the representation of illness." *Hektoen International Journal*, t. 3, no. 4, 2011, www.hektoeninternational.org/index.html, 7 nov. 2013

World Health Organization. "Depression and Other Common Mental Disorders, Global Health Estimates." 2017, apps.who.int.

# Index

9ème art. *Voir* Bandes dessinées
13 Novembre. *Voir* Bataclan
*46XY* (Terrier), 14, 70, 74, 78, 82, 84, 88, 92, 101, 200

L'Abject/abjection, 92–93
Abstraction, 10, 24, 62, 95–96, 107, 115, 119; dans l'œuvre de Dewilde, 172; dans l'œuvre de Larcenet, 175
Absurde, théâtre de l', 189–92, 201
Adolescence, 31, 32, 33, 36, 185, 188
Adoption, 49–58, 66, 202; racisme et, 50–51; sentiments de honte et, 56–57
Amour, 14, 75–76, 82, 83–84, 86, 99
Animaux, 195; symboliques/métaphoriques/imaginaires 39–40, 62–63, 143, 146, 151, 155, 173; enfance et l'importance de, 63
Anxiété, 135–37, 143–44, 146–49, 152–53, 158–59
*Approximativement* (Trondheim), 135, 139, 143, 144, 147, 150, 154, 163, 202
*L'Ascension du Haut Mal*, 13, 19, 24, 38, 40, 41, 45, 62, 64, 66, 101, 105, 114, 184, 193
L'Association, 7, 19, 102, 105, 163
Astérix, 2, 7, 61
Autobiographie: comme genre majeur de la bande dessinée, 2; définition de, 3; mobiles pour écrire, 3; Montaigne et, 3–4; rapport auteur/lecteur et "le pacte autobiographique" dans, 3–4, 88–89, 121, 159; dimension théâtrale de, 4; l'individuel et le collectif dans, 4, 64; Rousseau et, 4. *Voir aussi* Bandes dessinées autobiographiques
Autopathographie, 9, 12, 15, 101–04, 131, 133. *Voir aussi* Pathographie
Autoportrait: dominance de dans l'autobiographie, 125
Avortement: dans la littérature en général, 72–74; dans l'œuvre de Terrier, 14, 70, 78–79, 86, 92–93, 98

B., David [pseud. de Pierre-François Beauchard], 7, 13, 19–30, 36, 38–48, 59–64, 66–67, 82, 87, 101–02, 104–05, 112, 114, 116, 121, 127, 130, 138, 159, 163, 184–85, 193, 196, 198, 200. *Voir aussi L'Ascension du Haut Mal*
Bandes dessinées: stratégies narratives de, 1; implications socioculturelles de, 1; ouvrages académiques

*229*

# Index

sur, 2; ouvrages sur la santé dans, 2; américaines, histoire des, 5–7; aspects commerciaux des, 7; médicales, 9; SIDA traité dans les, 71; pédagogiques, 71, 103, 178; Covid-19 traité dans les, 71, 203; l'avortement traité dans les, 72–73; alternatives, 102; sur les maladies, 103–04; adapté à montrer la douleur physique, 104, 131, 134, 200; la dépression traitée dans les, 138; histoire de la couleur dans, 139–41, 144; légitimation de dans les années 70s, 140; chick BD/BD girly, 150; comme médium idéale pour représenter le traumatisme, 169, 192, 201; comme médium idéale (hybride) pour représenter la mémoire, 175–76; comme médium idéale (hybride) pour représenter l'intériorité/l'intimité, 137, 157, 159, 199–201; comme médium idéale (hybride) pour représenter le bouleversement/la crise intérieure ou extérieure, 149

Bandes dessinées autobiographiques, 1; franco-belges, 1, 167, 201; ouvrages académiques sur, 2; ouvrages sur la santé dans, 2, 9; aux Etats-Unis, 5–7, 126, 201-202; naissance et croissance en France des, 7–8; possibilité de dire l'ineffable, 10; rapport auteur/lecteur dans, 13–14, 67–68, 88–89, 97; LBGTQIA+, 202. *Voir aussi* Bandes dessinées

Bataclan, 168, 171–73, 177, 179–83, 189–90

Baudelaire, Charles: *Spleen*, 138
Beckett, Samuel, 189. *Voir aussi* Absurde, théâtre de l'
Berlant, Lauren, 4–5, 8, 9, 43, 64, 98, 185, 196
Bernd, Simon, 55, 60, 67
Bertrand, Catherine, 16–17, 138, 168–69, 172–83, 186, 188, 190–92, 196, 201. *Voir aussi Chroniques d'une survivante*
*Binky Brown rencontre la Vierge Marie* (Green), 6
Blogs, 183; performance de l'intimité dans, 4–5, 196. *Voir aussi* Blogs BD
Blogs BD, 158, 163; comme point de départ de carrière, 136, 162; lectorat populaire dans les années 90s et, 141

Ça (freudien), 155–56, 200. *Voir aussi* Freud
Caroline, Mademoiselle, 136, 138–39, 141–47, 150–53, 155, 158, 161–62, 200, 202–03. *Voir aussi Chute libre*
Cerveau, 14, 105, 108, 113, 123, 124, 132
*Chroniques d'une survivante* (Bertrand), 16, 178
Chute, Hillary, 5, 6
*Chute libre* (Mademoiselle Caroline), 136, 153
Collages, 134
Comic Code Authority (CCA), 5
*Comix* (forme de "comics"), 5
"Comixtures" (Konture), 102, 104, 105, 119, 129–30
*Comixture Jointe* (Konture), 105
Confessionnel, besoin: dans l'autobiographie, 16, 164, 185, 190, 192, 201; dans la religion, 163
*Conversation avec ma mort* (Dewilde), 16, 168, 172
Coronavirus, 149, 150, 197, 203

## Index

Corps: dans l'œuvre des bédéistes *underground*, 8, 69; dans le développement d'identité/vision idéale/construction de soi, 13, 51, 116–18, 123, 119, 199; féminin, 14, 77–78, 81; objectification médical du, 15, 108–14, 124, 133; et race, différence, et souffrance dans l'œuvre de Jung, 50–55, 67; comme métonymie, 78, 125; et abjection/contamination, 92–93, 96, 126; "le corps morcelé", 123, 132

Couleur, 16, 136; histoire de dans la bande dessinée, 139–41; dans l'œuvre de Mademoiselle Caroline, 142–43, 155; dans l'œuvre de Plée, 143–44, 155; dans l'œuvre de Bertrand, 168, 183. *Voir aussi* Noir

*Couleur de Peau: Miel* (Jung), 13, 20, 36, 65, 202

Couple, 75, 89, 201; intimité de, 14, 97; comme signe de vie adulte, 69; dans l'œuvre de Peeters, 69–70, 76–77, 79–83, 86–87; dans l'œuvre de Terrier, 70, 76, 84, 92; et désir de l'autre, 78; échec de, 119

Covid-19, 149, 150, 197, 203

Crumb, Robert, 5, 7–8

Dépression, 15–16, 30, 137–39, 141–49, 152–53, 162, 165, 184; dans le deuil, 25, 28; tauxde, 136; dans l'œuvre de Mademoiselle Caroline, 136, 139, 141–44; représentation dans les romans graphiques, 138; masque pour dissimuler la, 157, 159; basse estime de soi et, 145–46, 184; isolement et, 145–46; conflit avec soi-même, 146–47; collective en France, 148–49; "l'absurdité" de, 153

Désir, 6, 96, 161; masculin, 77; de l'autre, 78–79, 93, 95, 96; d'enfant, 79, 86; de séduire, 119; socialement inacceptable, 29, 151

Dessin: comme forme thérapeutique, 87–88, 131–34, 168–69. *Voir aussi* Meta-commentaire

*Deuxième Génération* (Kichka), 13, 21, 30, 46, 53, 62, 65, 66

Deuxième génération, syndrome de la, 20, 47

Dewilde, Fred, 16–17, 168, 171–74, 176–77, 179–81, 183, 186, 189–92, 196, 201. *Voir aussi* œuvres *individuelles*

Dialogue: interne, 36, 60, 67, 158; entre auteur et lecteur comme émancipateur dans la bande

dessinée autobiographique, 16, 68, 164

Douleur, 15, 86, 92, 95, 96, 102–06, 110–11, 119–20, 125–27, 131, 182, 186, 200;expression visuelle de, 1, 10; "pain language" comme transactionnel, 134; de souvenirs, 174

Durand, Élodie, 15, 101–03, 106–08, 113–29, 131–34, 138, 196, 198, 200. *Voir aussi La Parenthèse*

Eakin, John, 23, 75, 84–85, 90

Ego, 22, 97

*L'effet kiss pas cool, journal d'une angoissée de la vie* (Plée), 136, 139, 154, 162

Epilepsie, 101; dans l'œuvre de

231

*Index*

David B, 19, 21, 24–30, 38–46, 63, 104, 196; dans l'œuvre de Durand, 107–08, 113–15, 126, 129

*L'Étrange cas du docteur Jekyll et de M. Hyde*: double personnalité dans, 29, 151–52
El Refaie, Elisabeth, 5, 50, 78, 90–91, 95, 97, 138, 142, 151, 161, 174–75
Enfance 14, 19–20, 22–53: comme moment clé de développement de l'identité, 13–14, 19, 199; dans les bandes dessinées autobiographiques, 13, 19–20, 22, 31, 58, 59 (de David B.); phases de développement/acquisition de langage, 22–23; mère comme premier objet d'amour de, 36; figures parentales dans la construction d'identité pendant, 53; transformation du mythe personnel par rapport à, 58–59; prise de conscience du corps en, 117, 123

Famille, 13, 22, 67, 69, 86, 96, 180; dans l'œuvre de David B., 19, 21, 25–30, 39–45, 60, 63; dans l'œuvre de Jung, 20–21, 33–36, 49–57; 196; dans l'œuvre de Kichka, 21, 30–32, 46–49, 65; liens de, 48; poids du passé et 49; métaphores pour la, 53–54; et parents dans la construction de l'identité d'enfant, 53–54; recomposée, 89–91; dans l'œuvre de Konture, 105; stigmatisée, 121; comme aide à la reconstruction de soi dans l'œuvre de Durand, 15, 106, 114, 121–23, 134; dans l'œuvre de Larcenet, 167, 179–80, 183
Féminité, 14, 77–78; nudité et, 80, 93, 96
Flashbacks, 76, 90, 104, 132, 144, 174
Foucault, Michel, 109–15, 124, 127
Fragmentation: de la bande dessinée, 17, 176, 192, 201; de l'être, 127, 176, 192, 201
Frank, Arthur W., 128, 130, 161, 165, 199; *The Wounded Storyteller*, 121, 124
Freud, Sigmund, 11, 22–23, 36, 47, 53, 64, 85, 99, 131, 145, 151, 155, 170, 173–76, 184, 186

Green, Justin, 8: naissance de la bande dessinée autobiographique avec, 6. *Voir aussi Binky Brown rencontre la Vierge Marie*
Grisi, Stéphane, 9, 11
Groensteen, Thierry, 6–8, 61, 139–40

Hergé, 140
Holocauste. *Voir* Shoah, la
Honte, 15, 36, 116, 133; en adolescence, 40, 145; définitions de, 56–57, 118–19; de l'enfant adopté, 56–57; et désintégration de l'être, 123; et le dessin comme mode pour combattre,131; des troubles mentaux, 159
Humeurs, théorie des, 141. *Voir aussi* Mélancolie
Humour, 16, 135, 136, 150–53, 158–59, 161, 164, 191; auto-dérision, 150-151; comme masque, 151, 157, 165; comique de caractère, 151–52, 164; comique de situation, 152, 164, 188, 190; Ionesco

sur, 153; dans l'œuvre de
Larcenet, 176, 186–89;
dans les récits traumatiques,
185–86, 201; dans l'œuvre
de Bertrand (comique des
mots), 188; dans l'œuvre de
Dewilde, 189

Identité, 1, 12; d'auteur/narrateur
dans l'autobiographie, 3,
126; fragmentation de par la
maladie, 11; dédoublement
de, 29, 41, 116, 127, 132,
155, 176, 192; masques
sociaux et, 32–33; liée à la
mère, 36, 67; métaphore
pour, 47; et le corps, 50–51,
67, 199; et adoption, 54–56;
et pays d'origine, 54–56,
et langage, 56; évolution
constante de, 65, 67, 135;
religion dans la construction
de 65; perte de en France
148–50. *Voir aussi* Mythe
personnelle

Intimité; bande dessinée autobiographique comme portrait
de, 1, 17, 74, 159; définitions de, 2, 195; partagée,
3, 12, 18, 68, 180, 196;
performée dans les réseaux
sociaux, 4, 12, 98, 196; de
couple, 14, 69–70, 76, 97;
familiale exposée, 19, 45, 87;
comme marque de l'humain,
19; sexuelle, 69, 78–79,
87, 97; émotionnelle, 78;
entre lecteur et auteur, 89,
152–53, 159; réciproque,
184–85, 198

L'invisible, 37, 48, 114, 124, 127,
141, 157

Ionesco, Eugène, 153, 189,
191–92. *Voir aussi* Absurde,
théâtre de l'

Jolly, Margaretta, 5, 8

Journaux intimes, 3, 143, 148,
202–03
Jung, 13, 20–22, 33–37, 48–67,
87, 196, 198, 202. *Voir aussi
Couleur de Peau: Miel*
Jurecic, Ann, 9–11, 70–71, 74

Kichka, Michel, 13, 20–21, 30–33,
46–48, 61–67, 87, 98, 101,
138, 199. *Voir aussi Deuxième Génération*
Konture, Mattt, 15, 102–13, 118–
20, 122–23, 125–34, 151,
163, 196, 198, 200. *Voir
aussi* œuvres *individuelles*
Kristeva, Julia, 92–93, 145–46,
149, 157, 159. *Voir aussi*
L'Abject
*Krokodile Comix* (Konture), 102

Lacan, Jacques, 22–23, 36, 47, 53,
116–17; "le corps morcelé"
dans la pensée de, 123, 132
Larcenet, Manu, 16–17, 167–68,
171, 174–76, 178–80, 183–
93, 201. *Voir aussi Presque*
Lejeune, Philippe, 4, 41, 88, 121
Littérature intime: types de, 3;
histoire de, 3–5, 9, 148.
*Voir aussi* Autobiographie;
Journaux Intimes

Maladie, 2, 9, 15–17, 70, 109,
128, 130, 133–34, 137;
comme blessure narcissique
et marque de différence, 11,
83, 101–02; dans l'œuvre
de David B., 19, 21, 24–30,
38–46, 59, 63–64, 67, 116;
le poids de la lutte contre,
60; du SIDA, 69, 71; dans
l'œuvre de Peeters, 74,
79–81, 87; comme obsta-
cle en couple, 69, 79, 91;
comme source de distance,
79; dans l'œuvre de Durand,

*Index*

101, 123, 132; dans l'œuvre de Konture, 102, 105–07, 110–11, 118–19, 131; débuts de, 104; Foucault sur, 114; infantilisement par, 117; peur des autres envers la, 120; désintégration de l'être et, 123; personnification de, 127; pandémie de Covid-19, 196, 202
"Mal du siècle," 148. *Voir aussi* Mélancolie
Marvel, 29, 141
May, Georges, 3–5
*Maus* (Spiegelman), 6, 20–21, 45–46
Médecine: critique de dans l'œuvre de David B., 19–20, 114; dans l'œuvre de Terrier, 84, 86; dans l'œuvre de Peeters, 69, 76, 80–83, 90; bandes dessinées et la, 103–04; dans l'œuvre de Konture, 105–13; dans l'œuvre de Durand, 106–08, 113–16; critique de la, 108–12, 133; *La Naissance de la clinique* (Foucault) sur, 109–15, 124, 127; et histoire de l'hôpital, 112; absente dans la dépression, 139
Médecines alternatives, 20, 105
Médias classiques, 16, 71, 99, 165, 182
Mélancolie, 145; histoire de la, 137, 141, 147; en France, 147–50
Mémoire: épisodique dans l'œuvre de Proust, 64; perte et reconstitution de dans l'œuvre de Durand, 107–08, 114, 121, 123; perte et représentation dans l'œuvre de Konture, 113, 132; ressemblance à la bande dessinée (médium fragmentée), 157, 175; reconstruction subjective de la, 161; perturbée par événements traumatiques, 173–75. *Voir aussi* Post-mémoire
Menu, Jean-Christophe. *Voir* L'Association
Masques: et identité en société, 32; et traumatisme, 33; de "normalité," 150–51, 157, 176–77
McCloud, Scott, 45, 61, 89
Meta-commentaire, 87–88, 122, 129–30
Métaphores visuelles, 103: dans l'œuvre de David B., 26, 39, 127; dans l'œuvre de Peeters, 76–77, 80–82, 91; dans l'œuvre de Terrier, 94; dans l'œuvre de Durand, 101; dans l'œuvre de Konture, 110, 125, 127; dépression dans les roman graphiques et, 138; dans l'œuvre de Mademoiselle Caroline, 155; dans l'œuvre de Trondheim, 155–56; dans l'œuvre de Bertrand, 169, 172–73, 181–82, 190; dans l'œuvre de Dewilde, 171–72, 177, 190; traumatisme et, 192; substitution pour les mots, 200
Miroir, stade du (psychanalyse), 116–18, 123. *Voir aussi* Lacan
Misanthropie, 146, 151
Moi (freudien), 23, 155–56, 200. *Voir aussi* Freud
*Mon Bataclan* (Dewilde), 16, 168, 176–77, 181, 189
Montaigne, Michel de, 3–4, 9
*La Morsure* (Dewilde), 16, 168, 172, 174, 177, 181, 190
Mort, 95, 147, 164, 168, 172, 174, 179, 181, 190; tête de, 171; comme archétype dans

le théâtre de l'absurde, 191; interrogation du sens de, 191, 201
Multiplicité de genres, 101, 134, 157, 167, 171, 173, 186, 192. *Voir aussi* Transgenericité
Multiplicité de la représentation de l'être, 11, 126, 153–57, 161, 164
Mythe personnel, 63, 64, 198; définition de, 58–59

Noir: dans l'œuvre de Trondheim, 143; dans l'œuvre de Mademoiselle Caroline 141–42, 147; associations de dépression et mort à travers le temps, 16, 141, 145, 147, 164; dans l'œuvre de Dewilde, 171, 174
Normalité, 83, 130, 150, 172, 177
Nourriture: comme marque d'identité, 52–53; comme représentation de culture, 57
Nudité, 76–78, 80–81, 84, 96, 114, 115

*La Parenthèse* (Durand), 15, 101, 106, 116, 122, 125, 126, 128, 131, 132, 202
Paternité, 89–90, 92, 96, 102, 135, 156, 199, 202; dans un couple, 79
Pathographie, 9, 12, 138; comme témoignage universel, 82–83; format général, 104; multiplicité des représentations d'états de santé dans, 126–27; types de, selon Frank, Arthur W., 128. *Voir aussi* Autopathographie
Peeters, Frederik, 14, 69–70, 74, 76–84, 86–91, 97–98, 122, 162, 196, 198. *Voir aussi Pilules Bleues*

*Pilules Bleues* (Peeters), 14, 69, 71, 76, 89, 108
Pinter, Harold, 189. *Voir aussi* Absurde, théâtre de l'
Plée, Leslie, 136, 138–39, 143–47, 150–52, 154–55, 158, 161–62, 196, 200. *Voir aussi L'effet kiss pas cool, journal d'une angoissée de la vie*
Post-mémoire, 33; définition de, 46
*Presque* (Larcenet), 16, 167, 179, 184, 193
Proust, Marcel, 64
"Public intime," 6, 43, 45, 67, 88, 159–60, 185

Récit de restitution, 128, 132, 161. *Voir aussi* Pathographie
Récit de quête, 128, 132. *Voir aussi* Pathographie
Récit de chaos, 128, 161. *Voir aussi* Pathographie
Regard: de l'autre, 14–15, 38, 40, 42–43, 45–46, 58, 82–83, 117–19, 134, 159, 184, 201; de l'auteur sur lui-même, 15, 42, 133, 162, 200; occidentale, 55; masculin, 77, 98; médicale, 109, 112–13, 115, 133; du personnage vers le lecteur, 124–25
"Rémission, société de," 123–24, 126
Réseaux sociaux, 180, 183; performance de l'intimité à travers les images dans, 5, 12, 98, 184–85, 196
Rousseau, Jean-Jacques, 4, 41

Santé: mentale, 1, 8–9, 11–12, 15–17, 135–39, 157, 202; physique, 1, 2, 8, 12, 14, 23; et construction de l'identité, 1, 11, 13; comme thème majeure dans les bandes dessinées autobiographiques,

## Index

11; et spectre de mortalité, 11; catégories de, 12. *Voir aussi* Anxiété; Dépression; Traumatisme; Maladie
Satrapi, Marjane, 7; et l'humour dans *Persepolis*, 185–86
Sclérose en plaques, 103, 105–06, 123, 126, 129, 196; définition de, 102; symbole pour dans l'œuvre de Konture, 125
*Sclérose en plaques* (Konture), 15, 102, 104, 106, 128, 132
Seconde Guerre mondiale: traumatismes de, 6, 177, 189
Shoah, la, 6, 33, 46–48, 61, 66, 169
SIDA (syndrome d'immunodéficience acquise), 9, 14, 69–71, 74, 79–83, 86–87, 95, 98, 103, 196. *Voir aussi* VIH
Silence, propre à la bande dessinée, 73, 178, 200; dans l'œuvre de Peeters, 83; dans l'œuvre de Terrier, 86; et autocensure, 107, 112–13, 158, 180
Silverman, Kaja, 22–23, 55, 98–99
Solitude/isolement, 120, 129, 142, 191, 201; dépression et, 164–65; de la victime survivante, 168; lié au traumatisme/stress post-traumatique, 178–79, 181; dans l'œuvre de Dewilde, 181; dans l'œuvre de Bertrand, 181–83; dans l'œuvre de Larcenet, 183–84
Souffrance, 48, 78, 104, 119, 203; stigmatisation et, 51; punitions corporelles et, 51; d'être dans un corps différent des autres, 54; et dépression, 158; l'autre comme cause de, 185; et humour dans la tragédie, 186

Spiegelman, Art, 6–7, 20, 45–46, 66. *Voir aussi Maus*
Stigmas: dénonciation de, 13, 68, 164; types de, 40; et maladie, 69
"Stream-of-consciousness," 170–92
Stress, 135–37, 139, 147. *Voir aussi* Anxiété; Stress post-traumatique
Stress post-traumatique, 17, 137, 138, 172; et l'isolement, 178, 181; et l'absurdité, 188, 190; gestion de, 191
Sublimation (freudien), 186, 196. *Voir aussi* Freud
Suicide, 27, 47, 48, 53, 136, 146–47, 165; attentats, 168; meurtre, 147
Superhéros: couleurs associées avec, 141; comme alterego, 177, 192
Surmoi (freudien), 153, 155–56, 200. *Voir aussi* Freud
Survivant, culpabilité du, 181
Syndrome d'immunodéficience acquise (SIDA), 9, 14, 69–71, 74, 79–83, 86–87, 95, 98, 103, 196. *Voir aussi* VIH

Temps: multiplicité dans l'œuvre de Peeters, 80, 90–91, 97; traduit en image dans les bandes dessinées, 138; dans l'œuvre de Terrier, 75, 78, 84, 91–92; multiplicité dans l'oeuvre de Durand, 122–23, 132; comme thème majeur dans les récits de dépression et d'anxiété, 144; dans l'œuvre de Larcenet, 175. *Voir aussi* Flashbacks
Terrier, Raphaël, 14, 70, 74–79, 84–89, 91–93, 95–98, 104, 107, 196, 198, 200, 202. *Voir aussi* 46XY
Terrorisme/terroristes, 167–68,

171–74, 178, 181, 183, 192. *Voir aussi* Bataclan
Tintin, 2, 61, 66
Tisseron, Serge, 118, 123, 131, 157
Tragédie, 41, 47, 186, 191
Transgenericité, 96–97, 107
Traumatisme, 3, 16–17, 38, 121, 167–68, 192, 201; dans l'œuvre de Kichka, 31–33; dans l'œuvre de Terrier, 85; définition de, 169–70; individuel vs. collectif, 169–70; représentation de dans la littérature, 170; dans l'œuvre de Larcenet, 171, 178–80; dans l'œuvre de Dewilde, 171–72, 177, 179, 181; dans l'œuvre de Bertrand, 172, 179, 181–82, 188; et dérèglement du système nerveux, 173; mémoire et, 173–76; déclencheurs émotionnelles, 174; soutien des autres dans le soulagement de, 184–85; non-résolution dans le, 191. *Voir aussi* Traumatisme par procuration; Stress post-traumatique
Traumatisme par procuration, 31, 33
Trondheim, Lewis [pseud. de Laurent Chabosy], 7, 102, 135, 138–39, 143–48, 150–52, 154–56, 158–63, 196, 198, 200, 202. *Voir aussi Approximativement Underground,* bédéistes/bandes dessinées, 5–8, 126; l'importance du corps dans, 8, 69

VIH (virus de l'immunodéficience humaine), 69, 71, 90. *Voir aussi* SIDA
Violence, 5, 28–29, 30, 43, 48, 57, 94, 107–08, 116, 146, 177; verbale, 35; de la dépression, 146–47; terroriste, 172; dans l'œuvre de Larcenet, 178–80, 187, 189, 191; du syndrome post-traumatique, 181
Virus de l'immunodéficience humaine (VIH), 69, 71, 90. *Voir aussi* SIDA

# About the book

*Santé, intimité, et identité dans la bande dessinée autobiographique de tradition franco-belge* examines the ways different autobiographical comic books explore the theme of health, and its influence on identity construction. How do artists represent abstract feelings of pain? How do illnesses influence our sense of self? What is the role of others in our personal history? Our state of health, both physical and mental, has a profound effect on our identity, and how we perceive and tell stories about this dimension of our lives is crucial to forming a sense of self, particularly in a contemporary digitalized world that is now flooded with information and images once considered too private for public consumption. All the works studied exhibit a constant tension between the anxieties of revealing intimacy and vulnerability, and the desire to make suffering meaningful, which is a crucial aspect of these authors' quest to recover and to reconstitute a sense of self. Informed by the insights of intimacy studies, psychoanalysis, comics studies, and visual studies, this book shows how these works participate in the process of meaning-making, and how the comics genre allows them to do so in particularly inventive and contemporary ways.

## About the author

Cynthia Laborde, PhD, is an associate professor of French at the University of Texas at Arlington. She specializes in twentieth-century French studies, and her research focuses exclusively on comics books. She has published various articles and book chapters on French classics, as well as lesser-known works of nonfiction. She also has led several pedagogical workshops related to bandes dessinées.

> This book is beautifully written and solidly anchored in bande dessinée theory, the medical humanities, and life writing. Laborde breaks new ground in both the medical humanities and the bande dessinée in that she is the first to focus entirely on autobiographical explorations of graphic medicine. With this book, Laborde makes an important contribution to the study of comics and the bande dessinée that focuses less on why this medium is worthy of our attention and more on what it has the potential to achieve.
>
> —Jennifer Howell, Illinois State University

www.ingramcontent.com/pod-product-compliance
Lightning Source LLC
Chambersburg PA
CBHW061440300426
44114CB00014B/1774